MÉLANGES

LITTÉRAIRES ET MORAUX.

MÉLANGES
LITTÉRAIRES ET MORAUX,

POUVANT FAIRE SUITE

AU LIVRE PUBLIÉ EN 1827,

AYANT POUR TITRE :

LA SOCIÉTÉ ACTUELLE,

OU

OBSERVATIONS

SUR

NOS MOEURS, NOS GOUTS ET NOTRE ESPRIT;

Par M^r. FOUQUIER-CHOLET,

PROCUREUR DU ROI DE SAINT-QUENTIN.

Quand on veut écrire sur les mœurs, il ne faut pas se rebuter des premières découvertes affligeantes qu'on fait dans la connaissance des hommes. Il faut, pour les connaître, triompher du mécontentement qu'ils donnent, comme l'anatomiste triomphe de la nature, de ses organes et de son dégoût, pour devenir habile en son art.

CHAMFORT. *Maximes et Pensées.*

SAINT-QUENTIN.

IMPRIMERIE DE TILLOY, GRAND'PLACE.

1830.

AVERTISSEMENT.

L'Histoire, dit-on, s'accommode également de tout : il faut ajouter, quand elle a une plume habile pour organe.

Avec la matière la plus ingrate, elle peut produire les tableaux les plus brillans : oui, mais quand la stérilité, qu'il lui est donné de féconder, est remise aux mains du talent.

En vain prétendrait-on que tout lui est sujet heureux, indépendamment du génie de l'écrivain.

Il y a pour elle des temps riches, et il y en a d'indigens ; il y a pour elle des circonstances favorables, et il y en a de contraires.

Nul doute que les plus avantageuses ne soient celles où, par la disparition d'une société, une espèce de combat s'établit entre celle qui descend dans les abîmes du passé, et celle qui, portée sur les ailes de l'avenir, s'avance pour la remplacer.

Les mœurs nouvelles font alors ressortir ce que les anciennes avaient de caractéristique, et les mœurs anciennes, à leur tour, manifestent avec plus d'éclat ce que les nouvelles ont de dissemblable.

C'est cette époque de fin et de renouvellement, dont parle un critique, qui ouvre à l'esprit humain un nouvel âge, une ère nouvelle à la société.

Et c'est le moment, pour le peintre, de saisir ses tablettes et ses pinceaux; l'homme tout entier est devant lui, il n'a qu'à regarder et à copier.

Mon tableau de la Société actuelle *doit la vie* à ces circonstances.

Lorsqu'en 1827, je le livrai au public, je ne déclarai point toutes mes pensées.

Une indépendance restreinte par la crainte de cet esprit ombrageux, méticuleux et tracassier des coteries, qui spécialise tout, *me fit retenir dans mon portefeuille des remarques fort justes*, mais dont des susceptibilités chatouilleuses au delà du possible, pouvaient, par des applications qui étaient pourtant loin de moi, ridiculement s'offenser.

Avant tout, il faut, autant que faire se peut, demeurer en paix avec ceux au milieu desquels on vit, quelque difficile que puisse être d'ailleurs leur caractère. C'est là la première condition du *bonheur : le plaisir de dire des vérités est acheté trop chèrement, quand des animosités personnelles, même injustes, en sont le prix.*

Je ne touchai donc point dans mon livre à ce que j'appelai alors le fruit de terroir.

Je me bornai aux généralités. En attaquant des ridicules, des défauts, même des vices qui, étant du domaine de tout le monde, se trouvent être en même temps, et nécessairement, du domaine de chacun en particulier, c'était déjà suffisamment me compromettre; car, comment pouvoir rendre inoffensive la proclamation de vérités sévères dont tout homme, pour ainsi dire, peut revendiquer sa part ?

Ma scrupuleuse réserve était donc sagesse.

Toutefois a-t-elle été sévèrement blâmée comme une faiblesse, et comme une transaction pusillanime avec des considérations locales.

Rentrant aujourd'hui dans le même sujet, je n'ai pas cru devoir encore m'en départir ; mais, pour remplir la lacune qu'elle devait laisser dans mon livre, généralisant toujours mon étude du cœur humain, j'ai tiré de cette source inépuisable d'observations, de nouvelles remarques dont les rapports ne sont pas sans analogie avec mes pré-

mières ; de sorte qu'avec ce supplément, auquel j'ai joint quelques articles qui ne paraissent que littéraires, mais qui pourtant tiennent par un coin à l'esprit général des hommes, on peut regarder comme complet le tableau du siècle qu'il est entré dans mon intention de peindre.

Pour en finir avec la malignité, si elle était tentée d'intervenir pour faire des applications injurieuses, je déclare solennellement que, dans cet exposé des mœurs de la société, pas plus que dans le premier, les individus, comme individus, n'ont été rien pour moi.

Comme La Fontaine, suivant la pensée d'un de ses apologistes, le mal que je peins, je l'ai rencontré ; d'autres l'ont cherché.

MÉLANGES
LITTÉRAIRES ET MORAUX.

QUELQUES RÉFLEXIONS

AU SUJET DES HOMMES DE LETTRES,

ET SPÉCIALEMENT DES OUVRAGES DONT LES MOEURS
SONT LA MATIÈRE,

POUVANT SERVIR

D'INTRODUCTION.

Dans l'avertissement, en tête de mon livre sur LA Société actuelle, j'ai dit, en parlant de ce livre :

Il doit avoir nécessairement des ennemis dans cette partie de la société dont il flétrit les habitudes, dont il tourmente les amours-propres, dont il contrarie les opinions; et ceux-là sont en grand nombre.

C'est en général et en effet le sort de tous les ouvrages qui mettent les contemporains en scène, avec leurs bonnets de nuit, leurs robes de chambre, et la triste vérité.

J'ai dit aussi dans mon épilogue :

Mes jugemens déplairont à ceux sur lesquels ils s'exercent. Ce n'en sera pas moins la vérité. Les clameurs prouveront plus encore que ces jugemens sont vrais, d'autant plus vrais qu'on les critiquera davantage.

On voit que j'appréciais parfaitement le terrain sulfureux sur lequel, en écrivant, je me plaçais.

Que l'on relise l'article *Combien nos mœurs rendent aujourd'hui difficile le choix d'un sujet quand on écrit*, page 203, et les deux articles suivans, sur *la Critique*, pages 206 et 209, et l'on reconnaîtra également que je ne m'étais rien dissimulé sur les périls de la matière et sur l'esprit des temps.

Aussi étais-je résigné à tout.

Rien de ce que l'on pouvait dire de désobligeant sur mon livre, n'était dans le cas de m'offenser ; il était fait en conscience et en vérité. Pour le faire différemment, je ne l'eusse pas entrepris. Pouvais-je raisonnablement espérer qu'il passerait, sans criailleries, à travers tant de délicatesses malheureuses qu'il n'encensait pas ?

Quoique trompé dans mes prévisions par le silence absolu de la désapprobation, qui n'est venue, chose étrange, mêler aucune amertume aux acclamations encourageantes de l'indulgence, j'ai dû faire les mêmes observations, prendre le même parti en me déterminant à mettre en lumière une suite et comme un complément de mon premier ouvrage.

Au désavantage de la matière, je joignais encore, comme la première fois, ma position sociale; car, pour parler comme un célèbre magistrat, qui écrivait sous l'empire de mœurs et de circonstances analogues, *j'ai le malheur d'être fonctionnaire public.*

Et c'en est un grand, quand on veut être en même temps homme de lettres.

Dans mon premier ouvrage, j'ai dit : Je dirai encore dans celui-ci quelles dispositions haineuses accueillent généralement ceux qui occupent les emplois publics, *buttes contre lesquelles se dirigent,* pour parler comme Sterne, *la vengeance de l'un, la malice de l'autre, l'envie de tous; où les hommes les plus honnêtes ne peuvent pas même échapper au soupçon, et dont les fripons cherchent sans cesse à vous détrôner.*

Vulnérable sous ces divers rapports, que doit faire l'écrivain, si la basse envie, le haineux amour-propre, la jalouse médiocrité viennent lui faire des blessures ?

Je réponds avec Cabanis :

« Trop souvent la critique que suscite une plus
« ou moins grande célébrité, et qui en est le
« cortége nécessaire, afflige vivement les hommes
« de lettres, ou même les décourage dans leurs
« travaux.

« Trop souvent encore le désir irréfléchi de
« repousser ces atteintes, les entraîne dans des

« querelles qui troublent leur repos, et nuisent
« presque toujours à leur considération.

« Leurs fautes, et, si l'on veut, leurs torts
« les plus graves, viennent presque tous de la
« même source.

« Le sentiment de leur mérite méconnu les en-
« traîne quelquefois au delà des bornes d'une
« défense légitime.

« Mais s'ils pouvaient bien sentir que cette
« défense même est presque toujours inutile ou
« superflue; s'ils étaient convaincus, comme ils
« devraient l'être, que l'opinion publique finit
« toujours par être équitable; que l'impatience
« de se faire justice à soi-même peut seule empê-
« cher de l'obtenir; enfin s'ils savaient recon-
« naître qu'on s'abaisse presqu'autant, lorsqu'on
« se montre trop sensible aux fureurs de l'envie,
« que lorsqu'on est assez malheureux pour les
« éprouver, ils trouveraient presque toujours dans
« leur vie laborieuse autant de paix que de jouis-
« sances ; et, suivant l'expression d'un grand
« poète, ils habiteraient véritablement *les sanc-*
« *tuaires sereins de la sagesse.* »

Il est vrai que, pour cela, il faut avoir le courage de savoir mépriser la méchanceté, la haine,
l'envie :

L'envie, *qui accuse toujours, et juge toujours sans preuves ;*

Qui grossit les défauts ;

Qui a des qualifications énormes pour les moindres fautes;

Dont le langage est rempli de fiel, d'exagération et d'injure;

Qui s'acharne avec opiniâtreté et avec fureur contre le mérite éclatant;

Qui est aveugle, emportée, insensée, brutale; (Vauvenargue.)

L'envie, *qui devrait être si indulgente, quand elle a besoin elle-même de tant de pardon;* (Sénèque.)

L'envie qui a fait dire à un académicien: *Il suffit d'un succès pour se faire plusieurs ennemis; l'homme qui, dans la confiance de ses talens, aspire à quelque célébrité, ne semble-t-il pas appeler sur lui toutes les haines de l'innombrable médiocrité que partout il écrase sans la voir?* (Villemain.)

L'envie, qui a fait dire à un autre académicien: *Celui qui se fait connaître par quelque talent, se dénonce à la bienveillance inactive de quelques honnêtes gens, et à l'action malveillante de tous les hommes malhonnêtes. Comptez les deux classes et pesez les deux forces.* (Chamfort.)

C'est après avoir compté et pesé que j'ai écrit, et que j'ai écrit en présence de *cet esprit de parti dont les flétrissures,* selon la pensée d'un littérateur, *peuvent souiller l'existence la plus pure.*

Je savais, avec Millevoye, que,

<small>Quand la haine prononce, il n'est plus d'innocence,</small>

et que c'est toujours la haine qui prononce dans ces cas-là, c'est-à-dire l'injustice.

Or, *il y a deux choses*, a dit encore Chamfort, *auxquelles il faut se faire, sous peine de trouver la vie insupportable : ce sont les injures du temps, et les injustices des hommes.*

On vous calomniera donc !

Mais, *la calomnie est comme la guêpe qui vous importune, et contre laquelle il ne faut faire aucun mouvement, à moins qu'on ne soit sûr de la tuer, sans quoi elle revient à la charge, plus furieuse que jamais.* (Chamfort.)

La lutte ici n'est pourtant pas à armes égales.

« Celui qui offense attaque toujours avec vio-
« lence, tandis que celui qui se défend soutient
« le combat avec le désavantage que, dans cette
« guerre, comme dans toute autre, une défensive
« purement passive a contre une agression opi-
« niâtre et souvent même répétée.

« Les talens n'y font rien, les partis n'en recon-
« naissent ou n'en supposent que dans ceux qui
« les servent.....

« Aux yeux du vulgaire, une défensive calme
« et raisonnée paraît faible et décolorée auprès
« d'une attaque audacieuse et qui ne respecte rien.

« On attaque avec un mot, un trait ; il faut
« des volumes pour répondre et pour défendre.

« C'est ainsi qu'un grain de poison donne la
« mort à l'homme, et qu'il faut des quantités
« d'alimens pour le nourrir. » (de Bonald.)

Tirerons-nous de là la conséquence que l'écrivain qui a des yeux, des oreilles, une âme, des entrailles, une plume, doive, par la crainte de faire siffler les serpens, laisser les serpens régner et s'étaler pompeusement dans leur fange ?

A Dieu ne plaise ! *On doit reprendre devant tous, les erreurs et les fautes commises devant tous.* (Saint Augustin.)

« L'histoire, a dit un littérateur, (et mon livre
« est un chapitre d'histoire de mœurs) l'histoire
« est la récréation aussi noble que naturelle de
« l'homme de talent qui manie les affaires pu-
« bliques.

« Là aussi, il y a des justices à faire.

« Nous savons bien que ces justices n'effraient
« guère, dans ce siècle, ceux qui se sont accou-
« tumés au mépris public.

« Il y a des hommes qui ne font pas plus de
« cas de leur mémoire que de leur cadavre, peu
« importe qu'on la foule aux pieds, ils ne le sen-
« tiront pas.

« Mais ce n'était pas pour punir les morts,
« c'était pour épouvanter les vivans que l'on traî-
« nait autrefois sur la claie les corps de certains
« criminels. »

Ecrivez, me dira-t-on, mais montrez un peu plus d'indulgence.

Ce qui équivaut à ceci : dissimulez, déguisez, mentez.

De l'indulgence !

Siècle malade, vous en avez grand besoin en effet.

De l'indulgence !

Mais pour qui de l'indulgence ?

Ah ! *on pardonne aux hommes, non aux reptiles.* (Byron.)

Et c'est pour ne pas être reptile nous-même que nous nous sommes élevé dans notre composition à cette force de vérité qui est une grande lumière pour tous ceux à l'égard desquels elle n'est pas une flamme brûlante.

Mais quel orgueil !

Je ne m'en défends pas.

C'est le sentiment qui dominait un poète célèbre, auquel je n'ai pourtant pas la présomption de me comparer, quand il écrivait :

> Il est un orgueil légitime
> Qui, jaloux de ravir l'estime,
> Enflâme toujours un grand cœur ;
> Et pour vaincre dans la carrière,
> Il faut même, dès la barrière,
> Sentir l'espoir d'être vainqueur.
>
> Le Brun. Ode xix du livre iv.

COUP D'ŒIL GÉNÉRAL
SUR LA SOCIÉTÉ.

En 1769, époque à laquelle chacun avait encore à peu près le caractère de sa position, et où *le précepte d'être comme tout le monde n'avait point fait de la société*, selon la pensée judicieuse d'un orateur de ces temps-là, *un bal masqué où nous sommes tous cachés sous le même déguisement*, la société offrait dans ses divisions des caractères spéciaux, étrangers les uns aux autres, et *les conditions seules payaient tribut de ridicule* ou *à la scène*, ou à la satire, ou à la plume du peintre de mœurs.

Ce n'est plus la même chose, aujourd'hui. Les conditions n'ont que des *nuances* pâles et insignifiantes, *sur lesquelles le microscope ne peut s'arrêter*. Le cercle des travers n'est plus déterminé par celui des professions. Il s'est étendu sur la société entière qu'il embrasse uniformément. Celui qui les raconte met tout le monde en scène à la fois; il attaque les jouissances, les amours-propres, les faiblesses dont le monde entier fait sa vie, son orgueil et son bonheur.

Comme des coupables puissans que la multitude de leurs complices met à l'abri des recherches, nos défauts et nos vices *ont trouvé une faveur générale qui semble anéantir à leur égard* le pouvoir de la critique.

Ils sont devenus une habitude universelle, puis un caractère uniforme, puis un besoin du siècle, une chose indispensable conséquemment dans un état de société comme le nôtre, une chose bonne, une chose utile, et *dans la possession de laquelle on ne veut point être inquiété*.

C'est ainsi que vous trouvez dans toutes les positions sociales, même les plus contradictoires,

Cet égoïsme sec et stérile, qui est comme le fond de tous les caractères, et qui fait que les hommes sont seuls au milieu des hommes, quand les affaires de la fortune ne les approchent pas les uns des autres;

Ce mépris superbe de tout ce qui, sous les noms de traditions, usages, doctrines, opinions, courbait la raison de nos pères et courba notre enfance;

Cet amour effréné de l'indépendance, qui effarouche nos délicatesses et nos susceptibilités, au point de nous faire violer jusqu'à de simples convenances, si elles ont l'air d'être imposées;

Ce besoin de domination relative, qui inspire aux médiocrités la suffisance, la morgue, l'impertinence, d'autant plus de suffisance, d'impertinence, de morgue, que l'on touchera davantage à la boue par son origine, au néant par ses qualités ;

Cette cupidité insatiable, qui met l'immensité dans nos convoitises et dans nos espérances, la témérité dans nos entreprises, l'audace dans leurs moyens, et, par la fortune, le sceptre du monde dans nos mains ;

Ces rapports, que l'amitié nouait après l'épreuve des caractères, des goûts et des sentimens, et qui ne sont plus que des rapports d'intérêts et d'un jour sans lendemain ;

Cette indifférence pour le public, qui est à notre égard comme s'il n'existait pas; pour ses jugemens, dont nous sommes appris à ne plus redouter ni les épines, ni les flétrissures, ni la honte ;

Cette exagération bruyante et fastueuse dans nos manières, si pleines d'expression, de mouvemens, d'exaltation, que personne n'y croit; si chatouilleuses, malgré leur fausseté, que chacun les demande ;

Cet empressement à faire des actions louables en elles-mêmes, non pour le bien qui est en elles, mais pour la peine qu'elles peuvent causer à d'autres, et comme moyen soit de manifester sa haine envers eux, soit d'insulter au pouvoir ;

Ces vertus pâles, que le vice n'indigne plus, qui font de l'indulgence extrême, une loi politique, une obligation de morale, un devoir de société, un élément de bonheur et de perfection ;

Ces caractères mous, décolorés, indécis, flexibles, insignifians, famille immense et souple avec laquelle il n'y a sur la terre ni bien ni mal moral, avec laquelle on peut toujours compter sur des concessions, avec laquelle on achève les révolutions commencées, avec laquelle on n'élève rien qui puisse durer.

C'est ainsi encore que vous trouvez partout cet esprit

De réflexion et de calcul dans toutes les choses qui tiennent à l'obéissance et au sentiment, et qui demandent de l'entraînement ;

De turbulence, d'ascension, de gravitation, d'orgueil, de taquinerie, d'aigreur, qui remue, qui soulève, qui exalte tout ce qui est petit, tout ce qui est faible, tout ce qui rampe ; et remplit de haines et de convoitises les infériorités morales, les infériorités civiles, et les infériorités politiques ;

D'indifférence pour tout ce qui ne touche ni à nos intérêts matériels, ni aux opinions que le siècle ou que notre position nous a données ;

De scepticisme pour tout ce que croyait le passé, et pour tout ce que le présent ne nous apporte pas d'utile et de personnel ;

De société, qui a détruit parmi nous l'esprit de famille, et individualisé les hommes au préjudice de leur bonheur domestique ;

De circonspection, de réserve, qui met, dans bien des cas, la réflexion à la place de l'action, qui donne à la franchise le nom d'imprudence, au dévouement le nom de folie ; qui engourdit, sans bénéfice pour personne, et au grand détriment de la société, les mouvemens généreux de l'âme;

De concentration enfin qui ne nous fait estimer que ce qui nous est matériellement utile, et qui nous rend étranger à tout noble sentiment.

Ces caractères, je les ai touchés dans le livre que j'ai publié en 1827, sur *la Société actuelle*. Il me suffit alors d'ouvrir les yeux; ils étaient partout, et dans un seul homme, je pouvais voir tous les hommes.

De même, je ferais encore aujourd'hui leur histoire, si, avec un panégyriste de Molière, je racontais

L'abus que nous avons fait de la philosophie, en exagérant ses conséquences, *comme nous avons fait de la société*, par cet excès de civilisation qui use les nations à force d'en énerver la rudesse, et avec elle le principe vital;

Et *cette jeunesse, qui a perdu*, dit-il, *toute morale à quinze ans, toute sensibilité à vingt* : effet d'une émancipation précoce qui fait mûrir le cœur avant même que l'esprit soit dégrossi;

Et *cette habitude malheureuse de vivre ensemble, sans avoir besoin de s'estimer*, qui prend sa source dans la nature de nos relations où le sentiment des convenances est pour rien, où l'intérêt est le seul nœud, dont les gains et profits sont le véhicule;

Et *cette difficulté* qu'il y a aujourd'hui *à se déshonorer;* et, quand on y est parvenu, *cette facilité de recouvrer son honneur et de rentrer dans cette île autrefois escarpée et sans bords.*

La difficulté de se déshonorer!

Le mot est profond, il est énergique, il est vrai, il est dans la nature des choses actuelles; car, qui est-ce qui se déshonore aujourd'hui?

A quelque degré d'opprobre et de bassesse que l'on soit descendu, où est aujourd'hui l'infamie?

Depuis l'homme riche, qui renonce à la succession de ses pères pour ne pas payer leurs dettes, et qui insulte encore, par son arrogance et par son faste, aux droits, ou à la misère, ou aux ressentimens de leurs créanciers, jusqu'à cet autre homme riche, qui se libère avec dix pour cent, dans une faillite qui n'est plus qu'un mode de liquidation comme un autre, où est l'homme qui se croit flétri?

Quelle action, quelque vile qu'elle soit, est imputée à faute, quelle position engendre la honte, si celui qui commet l'une, qui occupe l'autre, a fait un pacte avec la fortune, et par la fortune fait alliance avec les hauteurs de la société?

Va-t-on s'enquérir des noms de ses pères, des enseignemens de son enfance, des exercices de sa jeunesse, de l'origine de ses biens, à la table de celui qui traite, dans le salon de celui qui reçoit, en présence de l'équipage de celui qui commande à des valets?

Ailleurs, ce qui de près n'est pas aperçu, est transformé en *accident* où la volonté n'a aucune part, dont l'effet ne peut être que matériel; et, le lendemain, ce petit brouillard a déjà cessé d'exister lui-même.

Qu'à force de chutes, de rechutes, d'infamies peut-être, un de ces hommes-là parvienne enfin à recevoir une flétrissure morale, il disparaîtra; l'orage cessera de gronder; la mémoire oublieuse et complaisante des hommes, ne retiendra plus de lui que le souvenir de sa première position. Qu'il reparaisse alors avec de l'opulence, le monde, qui l'avait encensé avant sa défaite, négligé pendant son éclipse, s'agenouillera encore une fois devant lui.

CE QU'IL Y A
DANS LA PLUPART
DE NOS DÉMONSTRATIONS.

Quand je lis dans un moraliste : « Tous les cœurs « volent comme de concert sur les pas d'un riche, « dont la main ne s'ouvre que pour donner, » je dis, cela peut être encore vrai aujourd'hui, comme dans ce temps-là ; car les belles actions produisent toujours sur nous cet effet, que, lors même que nous ne les imitons pas, nous ne pouvons ne pas y applaudir.

Quand ce même moraliste ajoute : « L'homme « qui marche accompagné d'une foule d'indigens et « de malheureux, obtiendra presque des autels, » je dis, cela n'est plus vrai aujourd'hui. Celui qui le prétendrait n'aurait pas compté avec le siècle. Le siècle est fort avare de statues et d'apothéoses. S'il lui arrive d'en décerner, ce n'est pas à l'humble vertu, à la vertu religieuse, à l'homme obscur qui n'est que charitable. Il lui faut quelque chose de plus éclatant, quelque chose qui retentisse dans les échos, quelque chose qui caresse son orgueil superbe et qui intéresse ses passions. C'est donc l'homme de parti dont il couronnera le front de ses guirlandes.

« Dès qu'on le voit, (l'homme bienfaisant)
« continue le moraliste, mille bénédictions re-
« tentissent sur son passage, mille bouches de-
« mandent au ciel la conservation de ses jours.
« Sont-ils en péril, ces jours si précieux ? quel
« trouble ! quelle affliction ! On regardait sa vie
« comme une faveur du ciel, on en redoute la
« perte comme une calamité publique. La mort
« enlève-t-elle enfin un mortel si digne de vivre
« toujours ; ce ne sont point quelques larmes
« contrefaites qui coulent sur son tombeau, comme
« sur celui du riche qui n'a vécu que pour lui-
« même. Autour de son corps, un peuple d'indi-
« gens fait entendre les cris de sa juste douleur.
« Ils redemandent leur père, leur consolation,
« leur soutien. Ils se croient ensevelis dans le
« même cercueil. Soupirs, gémissemens mille fois
« plus glorieux que ces superbes monumens, où
« l'orgueil des vivans semble vouloir augmenter le
« triomphe de la mort. Ces pompes magnifiques,
« que la mort attache à son char, nous apprennent
« ce qu'ont possédé, ce qu'ont perdu, et ce que
« laissent après eux, ceux auxquels on les con-
« sacre, et non pas ce qu'ils ont fait de bien. Ces
« éloges funèbres, où l'éloquence la plus ingé-
« nieuse est réduite à ne louer que ce qu'auraient
« dû faire ceux qui en sont le sujet, sont souvent

« démentis par la voix publique. Mais les larmes
« des malheureux, qui honorent les funérailles
« du riche charitable, sont autant de panégyristes
« éloquens et unanimes de ses vertus. »

Que toutes ces démonstrations, dans un cas semblable, soient vraies, la chose n'est pas douteuse ; mais qu'en descendant dans les profondeurs du cœur humain, on y découvre moins de chasteté dans le principe de mouvemens en apparence si nobles et si généreux, la chose n'en est pas moins certaine.

Supposez pour un moment que la personne ainsi regrettée, ait été mise, avant sa mort, par quelque tort de la fortune, dans l'impossibilité de répandre davantage ses largesses, oseriez-vous bien me soutenir que le deuil de toutes les personnes qu'elles faisaient vivre, serait le même ?.

Dans les manifestations éclatantes d'une vive et pénétrante affliction, soit à la nouvelle, soit en présence d'un malheur arrivé à un individu, dont l'existence avait pour nous des bénéfices, vous vous tromperiez étrangement, si vous y voyiez le seul sentiment d'une affection désintéressée.

Semblablement, dans des démonstrations de plaisir à l'avènement de choses avantageuses dont le même individu pourrait être doté, vous seriez dans une grande erreur, si vous n'y découvriez que le même sentiment.

Dans l'un comme dans l'autre cas, je veux bien

que l'affection soit réelle, c'est-à-dire la peine dans le premier cas, le plaisir dans le second; mais comme résultat d'un intérêt quelconque, soit par les biens que nous perdons, soit par le bien que nous recevons.

Mais, me dira-t-on, peut-être, attribuer ainsi à l'égoïsme ce qui est vraisemblablement l'effet de la générosité du cœur, c'est calomnier les hommes !

Hélas! je ne fais que raconter mon siècle tel qu'il est, tel que je l'ai bien étudié dans une longue vie qui n'a pas été sans orages, tel qu'il se montre à toute heure, tel que doivent le voir tous ceux qui ont eu à lui demander quelque chose d'honorable pour le redire, et auxquels il n'a pu répondre que par de la dissimulation et de la tartuferie.

Cela est pénible à affirmer, mais les hommes sont faits ainsi.

En général, au fond de nos douleurs et de nos joies, il y a toujours un intérêt personnel qui en soulève, qui en mesure et qui en règle les mouvemens.

COMMENT NOUS SOMMES AMIS
DE TOUT LE MONDE.

Nous aimons sans amour, nous haïssons sans animosité.

Voilà ce que j'écrivais au chapitre de *nos Amitiés et nos Haines*, page 105 de mes *Observations*.

Comment se fait-il donc qu'avec si peu d'aigreur personnelle, nous livrions tant de monde aux morsures sanglantes de la diffamation et de la calomnie?

Nous étudierons, dans des chapitres postérieurs, ce côté singulier de nos mœurs.

De ce que nous aimons sans amour, et de ce que nous haïssons sans animosité, il s'ensuivrait donc qu'il n'y aurait que de la mollesse et que de l'indifférence dans les cœurs?

Mais alors de cette mollesse qui est moins de la complaisance qu'absence de caractère; de cette indifférence qui concentre sur nous tous nos moyens d'activité, et qui met tout le reste en dehors de nous.

Après avoir bien examiné la société, impossible de ne pas reconnaître qu'elle est faite ainsi.

Ce qui, comme on voit, n'exclut pas un principe de malveillance, que des mœurs plus fortes que les nôtres féconderaient au grand préjudice de la paix des familles.

Car il faut, à mon avis, des mœurs fortes pour que le sentiment de la haine soit aigu.

Pascal, qui vivait sous l'empire de ces mêmes mœurs, disait dans une de ses pensées, la soixantième de la première partie, article IX :

« Tous les hommes se haïssent naturellement.
« Je mets en fait que s'ils savaient exactement
« ce qu'ils disent les uns des autres, il n'y aurait
« pas quatre amis dans le monde. Cela paraît par
« les querelles que causent les rapports indiscrets
« qu'on en fait quelquefois. »

Je demande s'ils se nuisaient plus qu'aujourd'hui, que des mœurs lâches nous font amis de tout le monde, sans aimer réellement personne ?

J'ai dit ailleurs comment et pourquoi nous aimions.

Il me reste à dire comment et pourquoi nous aimons tout le monde.

A quelque hauteur de fortune ou de considération que l'on soit parvenu, a dit un spirituel écrivain, *il règne aujourd'hui une liberté d'opinion* devant laquelle toute sommité doit venir s'abaisser, *et qui rend* même *l'élévation d'autant plus dangereuse que les points d'attaque sont plus faciles et plus multipliés.*

Il faut dès lors dissimuler auprès des autres, auprès surtout de ceux qui exercent plus spécialement cette liberté d'opinion, en proportion de ce que l'on a à redouter; et porter les apparences du dévouement là où on ne porte réellement aucun intérêt d'affection.

De là, selon la remarque du même écrivain,

Ces craintes pusillanimes de nous compromettre en la moindre chose, qui inspirent, qui règlent et qui dominent nos mouvemens;

Cette attention scrupuleuse à ne pas éveiller celle des autres sur l'origine plus ou moins suspecte de notre puissance, de notre fortune *et de notre crédit;*

Ces ménagemens, qui coûtent à la conscience, mais qui sont commandés par l'intérêt;

Ces soins méticuleux de nous faire les hommes de tous, et de nous arranger de manière à ce que l'on ait toujours à combattre une accusation, ou à faire taire un reproche, par le souvenir d'un service tenté ou rendu, sans âme, il est vrai, *sans effusion, sans générosité, uniquement en vue de sa considération personnelle,* mais enfin rendu, et qui a produit des fruits.

Siècle calculateur, vous me comprenez!

Qui a eu des fruits! et dès lors peu importe le sentiment qui les a fait éclore.

Quand nos intérêts sont satisfaits, nous ne nous occupons guère des intentions qui ont pu dicter le procédé d'après lequel ils ont été servis.

Dans l'opinion, ce qui sort des entrailles de l'homme est-il quelque chose auprès de la réalité?

Dans l'opinion, les choses ont-elles une autre valeur que par leur matérialité?

Dans l'opinion, le mérite est-il ailleurs que dans le profit?

Obligez-moi, et je vous quitte des démonstrations.

Celui-là est mon ami qui me sert.

Si c'est par amour, par reconnaissance, par bonté, par obligeance, par calcul ou par intérêt personnel, je ne m'en inquiète pas.

Chacun pouvant être à mon égard un élément d'utilité, je dois à chacun d'être et de faire comme il peut lui convenir.

C'est ainsi que nous sommes amis de tout le monde.

DE L'ÉTAT DU POUVOIR

ET

DES SUPÉRIORITÉS

PARMI NOUS.

Je l'explique par un seul exemple.

Un temps fut où il n'y eut d'usages, de manières, d'habitudes, de goûts, que ceux qu'imposaient par l'exemple les hauteurs souveraines de la société.

Tel était leur énorme empire, que, sans lois, elles réglaient la vie civile de tous les hommes, et dominaient, comme législatrices, jusqu'à leurs plaisirs.

Ce sont les mêmes familles qui sont en haut, accrues, il est vrai, de celles que la fortune et que le temps leur ont jointes, toutes avec des mœurs de position et une étiquette qui n'ont pas changé.

Mais en bas, ce sont des générations nouvelles, avec moins de sentimens et de docilité dans le cœur, de souplesse et de foi dans l'esprit.

Les premières, qui donnaient le ton, le reçoivent aujourd'hui. Dans les choses sur lesquelles

elles ne fléchissent pas, elles sont regardées comme une anomalie. On vit socialement dans une entière indépendance de leur exercice, et le foyer domestique a secoué leurs lois.

En voilà assez pour connaître l'état du pouvoir et des supériorités parmi nous. Le reste se devine.

QUE
L'ESPRIT D'INDÉPENDANCE
EST CONTRAIRE
A L'ESPRIT DE CIVILISATION.

Voila une proposition irritante.

Elle est irritante, parce que depuis qu'une civilisation extrême nous a émancipés pour toutes les choses de l'intelligence, l'indépendance paraît être le besoin universel. C'est le mot à la mode : on en parle sans cesse, on en parle partout, on en parle à tout âge, même l'enfant sur les bancs de l'école ; on en parle dans toutes les positions. C'est comme une conjuration contre tout ce qui a le caractère de l'autorité, à partir des doctrines du passé, à finir par le pouvoir de nos jours.

Dans tous les temps, l'indépendance a été le penchant général des hommes. Comme elle est ennemie de l'ordre, de la sécurité, de la paix qui ne sont pas là où il n'y a pas de subordination, la société a été établie contre elle. C'est contre elle que les lois ont été faites, les distinctions créées, les pouvoirs constitués ; et chose étrange, les hommes, que cette organisation protége contre leur perversité et contre leur propre faiblesse, sont les premiers à invoquer l'indépendance, à se roidir contre ces modes qui font leur sûreté et leur repos. Ces modes les subordonnent à l'action de quelques supériorités, et c'est ce qui les blesse; ils leur subordonnent en même temps des infériorités relatives, et c'est ce qu'ils ne veulent pas voir.

C'est ainsi qu'en même temps qu'ils recueillent les bénéfices de l'état social, ils en répudient les moyens. Ils voudraient pouvoir vivre affranchis du joug dès qu'ils ne l'imposent pas, et ce joug, c'est tout ce qui constitue la force que les institutions mettent dans l'état de société.

Remarquez que cet élan vers l'indépendance est toujours en proportion de la civilisation. Là où elle est plus grande, là il y a moins de souplesse dans les manières, de soumission dans les esprits, de bienveillance dans les cœurs, de flexibilité dans les volontés; l'amour pour l'indépendance y est plus vif, c'est-à-dire pour cette manière d'être qui détruirait la civilisation elle-même, si elle n'était pas comprimée ou circonscrite.

Le premier élément des sociétés, ce sont les pouvoirs, qui font la sujétion, sans laquelle il n'y a pas de société possible: pouvoir des lois, pouvoir des opinions, pouvoir des doctrines, pouvoir des traditions, pouvoir des usages, pouvoir des mœurs, pouvoir des renommées, pouvoir des hommes enfin. Eux seuls tiennent noué le faisceau. Otez-les, affaiblissez-les seulement, subordonnez-les aux passions capricieuses qu'ils doivent asservir, au contraire, dans l'intérêt de la communauté, et la société n'est plus qu'un mélange confus et désordonné d'élémens hétérogènes, qu'une agglomération déréglée d'individus sans liens. Elle appartient à toutes les passions et au premier orage.

C'est pourtant contre ces pouvoirs que l'indépendance est si universellement réclamée !

Supposez un moment qu'elle vienne à prévaloir contre eux, et l'extrême civilisation, dont elle est la fille, amenera aussitôt la destruction du plus puissant moyen qu'elle a constitué pour se faire fleurir elle-même : la société.

Et comme celui qui se fait indépendant au milieu de toutes les dépendances de convention et de nécessité, est un homme que ne captive rien de ce qui fait l'état de sujétion dans la société ; qui ne tient ses opinions, ses goûts, ses affections que de lui ; qui n'obéit que quand il ne peut pas faire autrement, un tel homme est dans une sphère d'orgueil et un état d'isolement qui le rendent hostile ; son cœur est sans amour, son esprit sans générosité, sa pensée sans bienveillance. Il est anti-social.

DE LA SUSCEPTIBILITÉ,

DE SES CAUSES ET DE SES EFFETS,

DANS NOS MOEURS ACTUELLES.

Il y a un genre de caractère qui prend le nom de susceptibilité.

Ceux qui le portent sont les plus insociaux des hommes, parce qu'il est très-difficile de vivre avec eux, et qu'eux-mêmes ne trouvent dans leurs rapports avec les autres que des causes et des moyens de pointilleries et de tracasseries perpétuelles.

L'homme susceptible est comme en dehors du monde qu'il habite.

Ne pouvant prendre les hommes tels qu'ils sont naturellement, il les fait au gré de son humeur fantasque, et c'est toujours pour en recevoir des contrariétés.

Rien ne s'offrira à ses yeux tel qu'il est, tel que tout le monde le voit et l'entend. La chose la plus ordinaire et la plus simple n'arrive à lui que sous les couleurs étrangères que son interprétation lui a données.

Ainsi,

Il s'offensera d'un mot, auquel un autre n'eût pas plus pensé que celui qui l'a proféré, mais dont il se sera fait une application maligne;

Il s'indignera d'un geste dont l'intention aura été innocente, mais qui recevra, dans sa manière de juger, une signification désobligeante;

Il s'offensera du silence observé à son égard dans un cas où ses exigeances extrêmes auraient demandé soit une improbation, soit une couronne;

Il prendra en mauvaise part tantôt une démarche faite pour lui plaire, tantôt une démarche qu'on n'a pas faite pour ne pas lui déplaire.

Un oubli de sa présence aigrira son humeur, un sourire à sa vue enflammera sa colère.

Une question faite de telle ou telle manière, une visite ou tardive ou prématurée, une salutation mal donnée, une attention manifestée pour un autre, lorsqu'une négligence lui paraît commise à son égard, et le voilà heurté, boudeur, mécontent, blessé.

L'homme susceptible n'est pas un homme heureux. Il ne peut se passer des hommes auxquels sa vanité impose des soins, des attentions et des égards, et leur société lui est nécessairement et sans cesse inopportune.

La susceptibilité est un des plus grands travers de l'esprit.

Elle a sa source dans une affection de l'âme qui nous porte à nous considérer comme une importance dans l'échelle des êtres.

C'est la vanité qui se pèse, se mesure et se compte au milieu des autres vanités.

C'est l'amour-propre s'admirant sans cesse, et demandant partout des hommages.

Jusque-là il n'y a que du ridicule.

Mais l'esprit du siècle, entrant à son tour dans cette enflure de l'âme, lui a donné des principes d'une toute autre gravité. La susceptibilité a des racines dans les passions qui exaltent. Elle est aujourd'hui fille de l'orgueil, et elle est elle-même de l'orgueil.

Ainsi faite, c'est une aigreur de caractère, une indocilité de raison, une suffisance d'esprit, une bouffissure de prétentions, une immodération de vues, une incandescence d'affections qui attaquent pour monter, qui regimbent pour ne pas descendre.

Dans ce dernier cas, il suffit du plus léger contact pour prendre feu, car tout froisse; et comme, dans cette disposition d'esprit, on s'estime à l'égal de tous, on se dédommage par l'insolence et par la fierté de la nécessité qui nous fait occuper un rang secondaire.

Vous trouverez cette affection irritante dans

toutes les positions qui aspirent à une supériorité, et qui sont dans un état d'infériorité relative.

Rien de subordonné qui ne croie avoir brisé son cercle, quand il a pu atteindre celui d'en haut avec l'insulte. La sphère qu'il occupe captive son essor, mais il y a dans l'injure un moyen d'indépendance qui devient un moyen de supériorité, quand on sait en faire usage.

Etre pensant, il a une raison comme un autre; pourquoi fléchirait-il devant des positions sociales qui ne sont que des hauteurs de convention ?

Ainsi raisonne l'orgueil.

Homme supérieur, qui avez des sentimens à exprimer, ne distribuez donc que la louange ! S'il vous arrive une seule fois de vous écarter de ce conseil, vous piquez des reptiles. Ils s'élanceront; leurs sifflemens se feront entendre partout où ils trouveront un écho, et vous aurez été sali avec de l'écume.

Si vous êtes philosophe, vous penserez avec Sterne, « qu'il existe une malheureuse classe de
« gens qui cherchent continuellement à faire de
« la peine à ceux qui valent mieux qu'eux ; vous
« ne vous formaliserez pas des éclaboussures qu'on
« jettera sur votre habit, car elles n'en passeront
« jamais la doublure, surtout celles qu'auront
« lancées cette envie, cette ignorance et ces carac-
« tères pervers qui se trouvent à une aussi grande
« distance de vous..... Voudriez-vous donner dans

« une défense l'immortalité qu'ils ne trouveront
« jamais dans leurs attaques?.... Laissez les ânes
« braire, comme il leur plaît; c'est traiter leurs
« seigneuries comme elles le méritent, et cette
« manière leur plaira moins qu'aucune autre. »
(*Lettres*. T. III, p. 404.

L'ORGUEIL
DES INFÉRIORITÉS.

DE SES EFFETS SUR LA SOCIÉTÉ.

*O*N *doit aux grands l'honneur et le respect, à ses égaux les égards et la politesse, à ses inférieurs la bonté et les services.*

C'est en 1772, que cela s'écrivait.

Dix ans s'écoulèrent :

Les *grands* descendirent, pour se faire peuple, des hauteurs où ils s'ennuyaient de n'être point des hommes, et où l'encens les fatiguait, parce qu'ils n'étaient pas non plus des dieux;

Avec des prétentions aux supériorités, les *égaux* ôtèrent de leurs démonstrations ce caractère de *politesse* et de déférence qui donne aux manières le ton de la soumission;

Les *inférieurs*, un peu plus confians à leur tour en eux-mêmes, se crurent assez indépendans pour pouvoir dédaigner les *services*, et pour n'avoir besoin des *bontés* de personne.

Dix autres années encore s'écoulèrent :

Il n'y eut plus ni grands, ni inférieurs. Tous les hommes se trouvèrent confondus dans une égalité universelle, avec un esprit universel d'ascension qui, moins général, eût fini par la détruire; mais cette universalité même la maintint par l'équilibre et par la pondération des ambitions et des moyens : égalité non d'abaissement mais d'orgueil, non de déclinaison vers plus bas que soi, mais d'envahissement de tout ce qui était au-dessus, de sorte que la société n'offrit plus qu'une masse composée d'élémens homogènes quant aux positions, ennemis quant aux intérêts par la rivalité des prétentions.

Du sein de ces positions diverses naquit avec le temps, l'ordre de choses actuel, et c'est de cet ordre de choses que sont sorties les générations nouvelles.

Les grands ont bien reparu, mais ils ne sont pas remontés.

Ceux qu'ils avaient laissés petits, avaient pris le sceptre avec de l'opulence ; et ils ne se soucièrent pas de le partager.

Ceux qu'ils trouvèrent encore petits, les avaient vu finir comme ils avaient vu commencer les autres ; or, il n'y a point de respect dans une grandeur qu'on a vu naître, comme il n'y en a plus dans celle qu'on a vu mourir.

Le temps avait opéré de grandes émancipations.

L'esprit qui a fait un pas en avant, ne rétrograde jamais.

Ce langage, *on doit aux grands l'honneur et le respect, à ses égaux les égards et la politesse, à ses inférieurs la bonté et les services*, paraîtrait donc aujourd'hui bien ridicule.

L'honneur est pour la fortune, quelques infirmités qu'elle déguise, quelque bassesse qu'elle couvre, quelques taches qu'elle dissimule.

Les égards et *la politesse* sont en raison de nos rapports d'utilité, des besoins de notre position, des calculs mêmes de notre orgueil qui donne un peu quand il s'attend à davantage.

Le respect.... oh! celui-là pour personne.

Comme on ne reçoit plus rien de ses inférieurs, il n'y a plus pour eux ni *bonté*, qu'ils ne demandent même plus; ni *services*, dont ils savent bien se passer. Ce lien, qui tenait fortement noué, par la réciprocité des rapports, les différentes classes de la société, n'est plus. Elles vivent entre elles dans l'indifférence et dans l'isolement, quand des intérêts communs ne les rapprochent pas. Mais alors, l'intérêt satisfait, le chaînon se brise, et la communication est finie.

C'est ainsi qu'avec l'affaiblissement des supériorités, l'égalité des conditions, la fureur de s'élancer, l'indépendance des mœurs sociales, le ciment des grandes sociétés se dissout et tombe en poussière.

Honorons les grands, continue le même écrivain, *parce qu'ils sont grands et que nous sommes petits, et qu'il y en a d'autres, plus petits que nous, qui nous honorent.*

Conseil sans application.

Sans être tous grands, nous ne sommes personne petits.

Les supériorités ne sont plus que matérielles ; nous ne leur reconnaissons plus le droit de nous dominer.

Ceux que la fortune a classés après nous, ont cessé eux-mêmes de nous honorer.

En général, chacun s'estime et n'estime plus personne : suite de ce caractère d'égoïsme qui fait de tous les hommes des solitaires au milieu du monde, et des étrangers au milieu de leurs foyers.

Le bon ordre, ajoute encore le même écrivain, *a toujours imposé la subordination, la subordination suppose de la supériorité, et la supériorité demande du respect et de la considération.*

Très-vrai en principes, très-nécessaire en matière d'ordre public.

Mais dans une société où ceux qui appartiennent à la foule, ont la présomptueuse prétention de ne pas paraître assis trop bas ; où, croyant *ne pouvoir s'élever qu'à mesure que vous descendez*, pour monter jusqu'à vous, il faut qu'ils vous abaissent ; où l'insolence devient alors moyen d'ascension pour eux, d'avilissement contre vous, que me parlez-vous de subordination, de supériorité, de respect !

(46)

En fait de subordination, aujourd'hui, il y a celle de la nécessité.

En fait de supériorité, il y a les positions que la fortune a faites, et ces positions, bien souvent, ne sont encore élevées que pour recevoir plus d'affronts.

C'est l'orgueil qui donne à présent le mouvement et la vie aux masses sur lesquelles il pesait jadis.

Mettez le pouvoir, les dignités, la naissance au milieu de toutes ces exaltations, et cherchez-y des élémens de soumission, de foi, de considération, d'amour, de respect, d'obéissance et d'égards !

UNION. — AMOUR.
PHILANTHROPIE.

Nos pères appelaient fréquemment à leur table des *amis*, pour s'y réjouir cordialement et librement avec eux.

Nous assemblons autour de la nôtre des *personnes* avec du faste, du silence et de l'ennui.

Dans les hauts rangs, c'est là le bon ton.

Celui qui se permettrait d'y manger comme quand on a faim, d'y parler comme quand on veut se faire entendre de tout le monde, d'y rire autrement que du menton, aurait l'air de sortir d'un cabaret.

Dans les rangs immédiatement inférieurs il y a de la conversation, du mouvement, de la gaîté, de la polémique, partant de la vivacité.

D'abord un peu de lieux-communs : c'est pour se connaître.

Ensuite de la religion et de la politique :

De la religion, pour la baffouer, pour proclamer l'indépendance où l'on s'est mis de ses lois;

De la politique, pour déployer orgueilleusement la trempe fière de son âme, la force de ses pensées, par la manifestation des opinions les plus exagérées, les plus fausses et les plus absurdes;

De l'une et de l'autre, pour blâmer, pour flétrir, pour condamner :

Car, dans cette faim d'indépendance et de supériorité, que rien n'assouvit, nous n'avons plus d'esprit que pour résister et que pour dénigrer.

Jamais pourtant nous n'avons tant aimé; jamais nous n'avons mieux connu, mieux pratiqué le bien ; jamais plus de bienfaits, plus d'actions généreuses n'ont signalé les temps anciens; jamais nous n'avons eu plus d'entrailles pour nos semblables. Il faut lire nos livres de morale, entendre nos discours de tribune et de salon, assister à nos assemblées théâtrales et académiques! Que l'humanité est heureuse! comme nous l'aimons!

Union! union, s'écrie-t-on de tous les côtés! Soyons tous frères, tous amis; ne faisons qu'une famille, qu'un faisceau, qu'un tout homogène!

Union! Et les âmes sont divisées par tout ce qui peut diviser les hommes: les ressentimens du passé, les offenses du présent, les menaces fâcheuses de l'avenir!

Union! Et le procès s'agite entre une génération réfléchie, qui souffre dans ses intérêts, dans ses mœurs, dans ses doctrines, dans ses espérances; et une génération turbulente, impatiente de tous les jougs, téméraire et moqueuse, qui la précipite en dehors de la société, avant que le temps l'ait précipitée en dehors de la vie !

Union ! Et par le mépris, par l'outrage nous flétrissons à toute heure des habitudes qui étaient chères, nous chagrinons des préjugés, nous avilissons des supériorités, nous violons avec cruauté des illusions pleines de charmes, nous attaquons sans ménagemens des opinions qui ont leurs racines dans le cœur, nous blessons des affections vives, nous foulons aux pieds de pieuses croyances !

Union ! Et pas une de nos actions qui ne mette l'amertume dans des cœurs où nous ne nous lassons pas de faire résonner le mot *philanthropie !*

Union ne voudrait-il pas dire ici *soumission ?*

Siècle sophiste et cauteleux, les ruses de votre jargon mielleux sont connues.

C'est ainsi que nous parlons d'amour.

Il me semble que nous avons aussi bonne grâce à prêcher l'amour que l'union.

Or, Dieu sait comme nous nous aimons !

Dieu sait qui nous aimons, quand nous parlons de notre amour pour tous les hommes !

Oh ! que ce mot de l'auteur de la comédie des Philosophes est vrai et profond !

En parlant des philosophes qu'il asseyait sur la sellette, dans son poème, il s'écrie :

> . . . . *Pour moi, je les soupçonne*
> *D'aimer l'humanité, mais pour n'aimer personne.*

Voilà l'arrêt prononcé, et il est d'une justesse admirable.

Hors les cas, fréquens il est vrai, où nous témoignons de l'amour pour les uns, parce que cette démonstration peut faire éclater la haine que nous portons aux autres, qui aimons-nous en effet?

Nos adeptes? — nos complices? — tous ceux qui pensent comme nous?

Oui, mais pourquoi encore?

Parce que cet amour, ou plutôt cette manifestation extérieure d'amour est un étendard que nous levons contre d'autres.

Nous aimons par esprit de coterie, de parti, de taquinerie, d'opposition.

Ce penchant de nos cœurs a fait la matière de deux chapitres dans mon livre, *la Société actuelle*, pages 326 — 328.

Nous aimons pour repaître des animosités affamées de contradictions et d'hostilités.

Si nous faisons du bien quelquefois, c'est de cette source empoisonnée qu'il sort avec bruit, pour y rentrer fastueusement chargé..... de paroles sublimes et de magnifiques sentences.

Mais l'amour, qui est l'amour des hommes et non l'amour de nous-mêmes; l'amour, que l'évangile appelle de *la charité*; l'amour, qui, comme l'a remarqué un orateur chrétien, met Belzunce au milieu de cent mille pestiférés; enchaîne Vincent-de-Paule sur les bancs d'une galère; amène le missionnaire comme aliment aux brasiers et aux festins sanglans du sauvage; approche le prêtre chrétien de la hache suspendue et menaçante du bourreau; livre le père de la rédemption aux périls des tempêtes, aux affronts de la servitude, à la cupidité et aux caprices insensés ou furieux du despotisme ; rompt enfin le sommeil de l'homme pieux, pour le faire voler là où un besoin appelle des secours, des malheurs une consolation, cet amour où est-il ?

Pour voir véritablement de l'amour, il faut entrer dans le grand édifice que la religion a bâti. Là seulement sont les dévouemens, là sont tous les dévouemens, les dévouemens, sans lesquels il ne peut jamais y avoir d'amour, sans lesquels l'amour est un mot plein d'orgueil et d'imposture. Hors de là, il n'y a que des passions basses et orageuses.

Comment se fait-il que cette religion, qui non-seulement enseigne l'amour, mais qui le commande, bien mieux qui l'inspire, que cette religion soit l'objet de la haine de ceux qui ne parlent que d'amour !

De l'amour ! Ils savent en parler, mais où en ont-ils laissé des monumens ?

De l'amour ! Leurs lèvres ne distillent que la calomnie, leur bouche ne sourit que pour l'hostilité, leur plume n'exprime que des sentimens chagrins et des affections malignes !

Le Ciel est dans leur bouche, et l'enfer dans leur cœur.

C'est très-bien de parler d'aimer, mais ceux qui ont le plus ordinairement d'amour, sont ceux qui en parlent le moins.

Vous parlez d'aimer, lorsque seulement vous ne savez rien respecter :

Ni le pouvoir, qui vous offusque et qui vous gêne ;

Ni la religion, qui vous incommode ;

Ni la naissance, qui vous manque ;

Ni les services, que vous n'avez pas, et qui, rendus par d'autres, vous irritent ;

Ni la splendeur des noms, qui vous humilie ;

Ni la vertu, qui n'est que du ridicule, si c'est celle des temps anciens ; qui soulève votre pitié, si elle est chrétienne ; que vous irez implorer, si vous devenez malheureux.

Vous aimez !... Eh quoi ?... Ah oui ! le plaisir.... l'indépendance de tout ce qui est joug en morale, en religion, en politique, dans l'état de société.... l'argent, l'argent qui donne l'indépendance, et avec lequel on obtient le plaisir.... tout ce qui enfin est antipathique avec l'amour que nous appelons la charité : cette charité, qui produit les sacrifices parce qu'ils sont de son essence, et qui les multiplie parce qu'elle ne sait que donner; qui enfante le dévouement comme un besoin, qui s'exerce dans l'ombre, qui s'enveloppe du mystère, qui vit dans le silence, qui ne dit pas qu'elle aime, qui ne dit pas qu'elle rend des services, qui fait du bien sans croire faire beaucoup de bien, qui le verse à pleines mains en cachant ses mains, qu'elle seule voit, que les malheureux seuls savent, que Dieu seul enfin récompense.

Offrez-moi un amour qui ait ces caractères, et je croirai à la bonté de vos entrailles et à la sincérité de vos protestations.

DE

L'ESPRIT DE DIFFAMATION
ET DE CAUSTICITÉ.

Il n'y a qu'un cri sur la méchanceté des hommes. Interrogez toutes les positions de la vie, et vous verrez ce qu'elles vous répondront.

Il n'y a qu'un cri sur leur malignité. Interrogez toutes les positions que l'orgueil peut convoiter, et que l'envie peut mordre, et vous verrez encore ce qu'elles vous répondront.

Qui n'a pas à se plaindre des passions orageuses des hommes, et de l'intempérance des langues qui leur donnent une voix si souvent cruelle?

Les supériorités morales et politiques, civiles et intellectuelles, jusqu'ici dans une région inaccessible à la perversité de l'esprit et aux exagérations de la vanité, ne sont-elles pas le but des agressions journalières et des plus lâches insultes de toutes les médiocrités, parties de la boue pour escalader les cieux?

N'est-ce pas comme une conjuration de toutes les passions basses contre ce qu'il y a de plus noble dans la société ?

Alors qu'une moins grande émancipation des esprits imposait encore une retenue, dont on s'est depuis bien affranchi ; et que des réserves, inspirées par ce délicat esprit de société que nous avons perdu, captivaient dans beaucoup de circonstances le penchant de l'homme à déchirer, un anglais gravait sur marbre ce tableau :

« Les hommes ne sont nés que de l'amour, ne
« subsistent que par l'amour, ne goûtent de bon-
« heur qu'à s'aimer, n'ont pour s'aimer qu'un
« instant que le destin reprend aussitôt et abîme
« dans une nuit éternelle ; et il n'y a point dans la
« nature de monstre plus étrange et plus affreux.
« Jusque dans ses caresses, il est perfide. S'il se-
« court son semblable, son orgueil distribue les
« affronts avec les bienfaits. Sa pitié outrage l'in-
« fortuné en lui tendant la main. Qu'il doit donc
« être terrible quand il se venge ! L'homme est
« pour l'homme le fléau le plus cruel et le plus
« inévitable. Le grain noircit l'horizon et présage
« la tempête ; avant de s'abîmer les tours s'en-
« trouvrent ; un tonnerre souterrain annonce l'ex-
« plosion enflammée des volcans ; la terre trem-
« blante avertit qu'elle va dévorer ; la fumée on-
« doyante décèle l'incendie ; mais la foudre qui
« part des mains de l'homme, ne brille, ne tonne
« qu'à l'instant où elle écrase. Il cache de plus en

« plus son poignard sous le manteau de l'amitié,
« jusqu'à ce qu'il l'ait appuyé sur le cœur de sa
« victime. »

Ainsi fait la diffamation.

C'était ainsi qu'elle opérait jadis, et c'est ainsi qu'elle opère encore de nos jours.

Toujours la même dans son caractère et dans ses moyens, elle ne diffère aujourd'hui que parce qu'elle est plus générale.

C'est le pain quotidien dont nous nous nourrissons.

Elle arme jusqu'aux mains débiles de l'enfance.

« Quelle pitié, s'écrie à ce sujet un moraliste,
« quelle pitié, que la langue d'un chrétien, que
« la plus douce des religions a appris à bien dire
« et à louer, devienne le bourreau de ses sem-
« blables !

« La plus grande partie de notre temps est em-
« ployée à dire ou à ouïr du mal. Le théâtre sur
« lequel nous nous plaçons est toujours occupé
« par quelqu'infortuné; et comme nous jugeons
« sur les apparences, c'est derrière les démons-
« trations que se cachent le mensonge et la ruse.
« Dans ce cas, la vérité, comme une femme mo-
« deste, méprise une justification, et dédaigne
« de paraître dans le cercle de ses accusateurs
« pour les éblouir de sa lumière. C'en est assez
« pour le soupçon; il a déjà porté sa plainte,
« la malice qui l'a écouté, sourit des rapports
« qui la justifient; elle ordonne les préparatifs

« du supplice, et le jugement téméraire se lève
« ensuite pour en prononcer la sentence finale.

« Chose honteuse ! pour immoler ainsi, quel-
« quefois même jusqu'à son propre ami, il ne faut
« que le désir de paraître homme d'esprit, en
« faisant des réflexions malignes et piquantes sur
« tout ce qui se passe dans la société. On établit
« une espèce de trafic sur les faillites des autres,
« et peut-être sur leurs malheurs. Mais que nous
« importe s'ils peuvent faire la fortune d'un bon
« mot !

« Comme ce commerce ne demande pas de
« grands fonds, beaucoup trop de personnes s'y
« livrent. Tant que les méchans seront caressés,
« et que de mauvaises têtes seront les juges des
« cercles, ce ton perfide passera pour l'esprit
« honteux d'une telle parenté, et il voudra lui
« appartenir malgré lui. Quoiqu'il en soit de leur
« affinité, il a donné un nom méprisable à l'esprit
« dont l'essence ne fut jamais la satire. De même
« qu'il y a une grande différence entre l'amertume
« et le sel, il en est une entre la méchanceté et
« la gentillesse du badinage. La première est une
« brutalité dépourvue de principes ; l'autre n'est
« qu'une vivacité aimable. Elle est si pure, et fait
« tellement abstraction des personnes, qu'elle ne
« les offense jamais volontairement, ou si elle
« touche un ridicule, c'est avec la dextérité du
« vrai génie qui enlumine légèrement une absur-
« dité, en la laissant passer.

« Censeurs téméraires, esprits brillans, votre
« crédit ne tient-il pas assez de place dans les
« halles du monde, sans chasser encore, de celles
« que vous n'occupez pas, les hommes à qui le
« sort les a assignées? N'avez-vous pas une haute
« région dans laquelle vous planez, sans vous
« abaisser encore et vous tapir dans les cavernes
« ténébreuses de l'envie et de la calomnie? Ne
« vous reste-t-il d'autre siége à occuper que celui
« du mépris de vos semblables? Eh quoi! parce
« que l'honneur peut-être se sera mépris dans sa
« route; que la vertu, dans ses excès, se sera
« trop approchée des confins du vice, faudra-t-il
« pour cela les précipiter dans les abîmes? La
« beauté sera-t-elle foulée aux pieds et trainée
« dans la boue pour un seul.... un seul faux pas?
« Ne restera-t-il pas une vertu, une seule qualité
« à la belle pénitente, parce qu'elle aura péché?
« Ah! la raillerie est indigne d'un haut caractère,
« et ceux-là ne sont adroits à la manier que parce
« qu'ils sont les plus vils. »

Esprits méchans ou caustiques, donnez l'essor
à votre génie malfaisant ou tracassier; voilà le
caractère au sceau duquel vous serez marqué, et
c'est de vos propres mains qu'il sera imprimé sur
votre front!

QUE
LA HAINE DES SUPÉRIORITÉS
POUSSE SOUVENT LES HOMMES
AUX
PROFESSIONS PUREMENT LUCRATIVES.

Qu'il y ait une conjuration contre tous les hommes que les dignités ennoblissent, ou que le pouvoir arme de quelqu'influence, nous l'avons établi au chapitre qui précède.

Cela est dû à un esprit d'indépendance qui a enflé toutes les médiocrités, et à un esprit de supériorité qui a exalté toutes les prétentions; de telle sorte que la société se trouve comme partagée en deux camps : d'un côté, tout ce qui tient à l'administration par des professions publiques; d'un autre côté, tout ce qui, en étant exclu, cherche à se créer une magistrature par des moyens tirés de soi-même.

Mais comment arriver là sous le joug, pour la plupart du temps, d'une naissance quelquefois abjecte, presque toujours obscure?

Comment? avec de l'effronterie.

Avec de l'effronterie on saura dissimuler la première, relever la seconde, non pas toutefois en se mettant sur la ligne des autres, c'est la chose impossible; on verrait de trop près la bassesse. Le nain à côté du géant paraît encore plus nain; mais en mettant le pied sur eux, seul moyen de se soustraire à une comparaison fâcheuse : comme on ne peut pas monter, par la nature de son tempérament qui est de ramper, c'est en écrasant les hauteurs que l'on parvient à les dominer.

. . . . *insulter*,
C'est prétendre aux honneurs où l'on ne peut monter.

De là tant d'insolences, d'impertinences, de brutalités, d'injures grossières contre tout ce qui occupe une place dans la sphère des pouvoirs.

Et, comme pour être insolent de cette manière-là, et à l'abri de toute action de la part de celui qui a reçu l'outrage, il faut tirer d'une position éclatante les moyens de l'être, il ne reste à celui qui, né dans la boue, n'a pas reçu de son éducation ou de la nature des ailes pour en sortir, qu'à amasser des richesses.

Là, est une des causes de ces spéculations innombrables et ardentes qui semblent avoir mis le feu dans la société, et qui nous la montrent comme dans un état d'agitation et d'enfantement perpétuel.

Vous en êtes surpris?

Dès que tout ce qui peut nous manquer pour avoir du bruit dans notre nom, l'opulence le donne, si, moi, une chose m'étonne, c'est qu'il y ait encore parmi les hommes d'autres professions que celles qui enrichissent et qui dispensent d'aussi grands biens.

DES CAUSES GÉNÉRALES

QUI POUSSENT LES HOMMES

AUX

PROFESSIONS PUREMENT LUCRATIVES.

Dans mes Considérations sur l'histoire en général, je me faisais cette question :

Pourquoi tout le monde se jette-t-il dans le commerce: le fils du chevalier de S^t.-Louis, comme celui du médecin ; l'enfant du barreau, comme l'élève du sanctuaire ?

La réponse que j'y fis, trouve ici naturellement sa place.

Cette déviation d'une destination première est générale :

Parce qu'avec une épée on n'a plus de supériorité dans le monde, ni avec un ruban de consistance dans la société, quand cette épée et ce ruban ne sont pas rehaussés par une grande opulence ;

Parce que dans l'église on est aujourd'hui dépendant de tous ceux qui paient, et la proie de ceux qui se sont affranchis de toute dépendance ;

Parce que, dans le siècle des jouissances, il est dur d'avoir à lutter avec un état qui, comme dans le sacerdoce, demande sans cesse aux passions du silence, à la nature des sacrifices, pour ne donner que des tribulations pendant la vie, et ne placer les espérances que par de là le tombeau;

Parce que la magistrature a des exigences qui épouvantent nos habitudes et qui ne répondent pas à nos calculs : d'abord des études profondes, complètes et dispendieuses, pendant lesquelles on n'est encore rien, on ne peut rien, on ne gagne rien; des études de vingt années pour y arriver, et des études de toute la vie pour la parcourir honorablement : ensuite des mœurs austères, un esprit sage et éclairé, une âme religieuse et inébranlable, un cœur élevé et incorruptible, un amour du travail que rien ne puisse rebuter, un dévouement sans bornes, des goûts simples, des sentimens magnanimes, de l'honneur dans les habitudes, de la modération dans les désirs, de l'irréprochabilité et de la conscience dans toute la vie.

Voilà les causes premières qui poussent au commerce, jusqu'à ceux qui étaient nés pour les supériorités morales.

Il y a encore un esprit général de cupidité qui fait convoiter la fortune, parce qu'elle est aujourd'hui un grand levier dans notre état social; et que l'argent est entré comme premier élément dans les choses du Gouvernement, comme dans celles de la vie privée.

Il y a encore un esprit d'orgueil qui fait convoiter la fortune, parce qu'elle donne la domination.

Il y a encore un esprit d'indépendance qui fait convoiter la fortune, parce qu'elle affranchit de tous les jougs.

Et comme la fortune ne peut s'acquérir que par le commerce, chacun se livre à une profession qui d'ailleurs est en harmonie avec les goûts et la manière d'être de la jeunesse.

Elle n'aime pas l'école ; il ne commande pas d'études.

Elle est indocile ; il n'impose aucune servitude.

Elle est avide de jouissances ; il en procure abondamment les moyens.

Elle est présomptueuse ; il sourit aux témérités.

Elle fuit l'extrême application ; il demande plus de mécanisme que de pensées, plus de main que d'esprit dans le travail.

Elle est incrédule ; il l'affranchit, par ses déplacemens continuels, des démonstrations extérieures d'une croyance.

Elle ne tient point au sol ; il est cosmopolite.

Elle est sceptique ; il ne procède qu'avec des chiffres.

Elle entreprend tout sans mesure et sans doutes ; il ne vit que dans les chances, il ne se complaît que dans les hasards et les périls.

Elle est licencieuse ; il la place dans un état d'indépendance et dans un besoin de plaisirs qui ne sont point ailleurs.

Elle est turbulente ; il donne un exercice continuel à ses facultés physiques.

Elle est superbe ; il ennoblit le néant et la bêtise.

Elle aime enfin l'éclat et le luxe ; il dispense l'or.

Et vous voudriez qu'avec des élémens semblables, on fît des hommes pour l'épée, pour l'autel, pour le barreau !

SUITE
DES CAUSES GÉNÉRALES
QUI POUSSENT LES HOMMES
AUX
PROFESSIONS PUREMENT LUCRATIVES.

Nous lisons dans Rollin : *Il est difficile, pour ne pas dire impossible, que ce qui fait l'objet de l'admiration publique, ne devienne tôt ou tard le goût des particuliers.*

Et il remarque aussitôt, avec un historien, *que dès qu'on eut commencé, à Rome, à faire entrer le marbre dans la construction des temples, qu'on eut bâti des théâtres et des portiques, le luxe des particuliers suivit de près la magnificence publique.*

Cela était dans l'ordre, et il en sera toujours ainsi, parce que cela est dans les affections des hommes, qui doivent s'attacher à ce que tout le monde recherche, qui doivent aimer ce que les autres ambitionnent, qui doivent regarder comme moyen de distinction pour eux ce qui sert à distinguer leurs semblables.

De là doit sortir la conséquence que dès qu'avec

la possession de telle ou telle chose, on peut arracher les hommes à leur indifférence envers nous, et captiver une attention qu'ils ne donnent qu'à ce qui force leurs dédains ; tout ce qui peut nous conduire à cet effet doit nécessairement devenir la matière de nos désirs et le sujet de nos efforts.

C'est ce qu'a encore pensé ce même Rollin, quand il a dit, dans son Traité des études : *Dès qu'on vient à désirer passionnément la magnificence, les grands équipages, les beaux meubles, l'abondance et la délicatesse de la table, c'est une suite naturelle et nécessaire qu'on aime, sans bornes et sans mesure, l'argent, qui est le prix de toutes ces choses, et sans lequel on ne peut se les procurer.*

Je le demande, dans nos mœurs actuelles, comme dans celles des temps dont parle Rollin, la magnificence n'est-elle pas, dans quelque position que l'on soit, le premier élément de la supériorité ?

Ce goût, toujours ruineux, descendu des hautes classes dans les classes inférieures, n'en a-t-il pas dérangé l'économie, troublé les habitudes ?

Ne voyons-nous pas l'artisan, tourmenté lui-même de la passion du luxe, dont il a été souvent un moyen dans les mains du riche, se donner, au péril de sa petite fortune, des choses que n'ont pas connues ses pères, non pour les commodités qu'elles procurent, mais pour l'éclat qu'elles impriment ?

Chacun, dans sa sphère, s'il ne peut en sortir, ne cherche-t-il pas du moins à se mettre à la tête des autres?

Et comme le moyen le plus facile, parce qu'il ne descend ni de l'esprit, ni de l'illustration, ni des capacités, est tout entier dans la splendeur des dehors, ne doit-on pas s'attaquer partout à ce qui la donne?

Voilà bien ce qui explique cette activité brouillonne qui, dans toutes les professions, précipite les hommes, ceux-ci dans les spéculations les plus hasardeuses et les témérités aveugles, ceux-là dans les emplois qui sont payés par l'opulence, quelques-uns dans des entreprises sans honneur, mais fécondes par la fortune et ennoblies par ses faveurs; tous dans des travaux sans règle, sans repos, sans mesure qui, plus ils produisent, plus ils creusent le gouffre insatiable des besoins, loin de le combler.

Quand on est arrivé là, va-t-on s'enquérir des moyens qui vous y ont porté?

Va-t-on demander à l'homme puissant par ses richesses, s'il a des mœurs?

Va-t-on lui demander s'il a de l'esprit?

Sous le faste qui l'illumine, va-t-on rechercher quelle a été son origine, quels instrumens ont armé les mains de sa jeunesse?

N'est-on pas prosterné partout aux pieds de celui qui étale fastueusement toutes les pompes de la fortune?

(69)

Et vous vous étonnez de l'ardeur de notre cupidité et de l'immensité de nos convoitises !

Et vous voudriez qu'on ne se jetât pas à corps perdu dans les professions qui fournissent plus abondamment les moyens de les satisfaire !

Otez donc aux choses du luxe leur prix et leur empire !

DES EFFETS DES RICHESSES,

SUR

L'ESPRIT DE CEUX QUI LES POSSÈDENT;

ET, EN MÊME TEMPS,

DU COMMERCE,

DANS SES RAPPORTS AVEC LA PROSPÉRITÉ PUBLIQUE
ET AVEC LES MOEURS PRIVÉES.

C'est chose connue qu'avec de l'or, on est dispensé d'avoir du génie, de l'éducation, un nom; et que l'on a dans le monde une considération que ni le génie, ni l'éducation, ni un nom ne donnent pas au même degré.

C'est chose connue également que l'or drape merveilleusement les nudités, et vernisse admirablement ce qu'il y a de plus vulgaire et de plus grossier.

C'est encore chose connue qu'il met de l'honneur et de la noblesse dans les familles qui n'avaient ni l'un ni l'autre, et avec cela de l'orgueil sur le front, de la fierté dans les regards, de l'arrogance dans les paroles, de la force dans les volontés, de l'aisance et même de la grandeur dans les manières, de la confiance et de l'audace dans les attitudes : riche, on ne parle plus, même au pouvoir, qu'en grondant.

C'est chose connue enfin qu'une fois dans les grandes spéculations, on devient homme important, homme nécessaire, homme dont l'administration ne peut plus se passer : tenir des livres en parties doubles, mesurer à l'aune ou à la balance, expédier des ballots, cela s'appelle à présent tenir les rênes de l'Etat.

Quand on considère en effet ce que le commerce embrasse aujourd'hui dans ses rapports, quelle est son importance dans les rouages de l'administration, quels sont ses effets sur la force et sur la splendeur des nations, combien merveilleux sont ses prodiges, quel pouvoir ils exercent sur la civilisation générale, on ne saurait trop admirer d'une part son utilité, d'une autre part la simplicité des moyens avec lesquels il opère. Achetez, vendez, spéculez, gagnez le plus d'argent que vous pourrez, enrichissez votre famille, et vous aurez servi l'Etat : votre fortune privée est une branche essentielle de la fortune publique; plus vous accroîtrez la vôtre, plus vous ferez le bien de celle-ci. Peut-on être, je le demande, bon citoyen à de plus douces conditions? un homme excellent à meilleur marché? est-il quelque chose au monde de plus commode, de plus agréable, de plus facile, de plus à la portée de bien des gens? Tel pourtant le commerce !

Je me représente le commerce, enveloppé d'hermine et de pourpre, le front couronné de feuilles d'or, assis sur des balles de marchandises, des livres-journaux sur ses genoux, un mètre dans une main, une balance dans l'autre. Ce roi du siècle verse autour de lui l'abondance et la paix, les richesses qui les suivent, le luxe et les jouissances, enfans des richesses ; l'extrême civilisation, produit de tous ces biens. La société s'anime sous ses regards, fleurit, prospère et développe dans un haut degré toute la puissance industrielle de l'homme.

Mais les valeurs morales, dans cet océan de splendeur extérieure, se détériorent dans des proportions équivalentes. La société, qui n'est que mécanique, n'a qu'une vie matérielle. L'opulence passe, plus de virilité ; l'orage gronde, aucune puissance de résistance. Sa force n'était pas en elle, elle ne tirait point de l'âme ses moyens, le ressort physique brisé, elle est par terre. C'est ainsi que Rome, pauvre, tempérante et religieuse, devient la *ville éternelle*, et que Carthage, opulente et vicieuse, meurt et disparaît.

Pourquoi l'administration s'est-elle ainsi matérialisée ? c'est que les gouvernemens ayant perdu cette force morale qui les protégeait contre tout esprit d'hostilité et contre tout élément de révolution, n'ont plus de vie que dans l'argent : l'argent devenu nerf, ceux qui le possèdent sont nécessairement moyens. Et peut-être est-ce là une des causes de la valeur morale que l'argent a acquis dans notre société civile.

Après avoir vu ses rapports, et ceux du commerce, qui le produit, avec la prospérité publique, nous devrons trouver moins vitaux ces mêmes rapports avec les mœurs privées; car, que d'élans généreux l'esprit de spéculations étouffe! que de sentimens honorables il dessèche!

Les merveilles du commerce enfantent les arts et le luxe par lesquels vivent les états modernes, finissent les mœurs simples, naissent le besoin et la nécessité de l'argent.

De là un esprit d'égoïsme qui nous isole de tout ce qui ne peut nous être utile.

De là un esprit de cupidité qui nous fait convoiter sans cesse des profits.

De là un esprit de concentration en nous-mêmes, ennemi naturel des grandes pensées, qui faisait dire à une dame célèbre, à l'occasion des partis qu'on lui offrait dans le commerce :

« L'esprit du bijoutier comme celui du petit
« mercier, au-dessus duquel il se croit, et du
« riche marchand de draps qui s'estime plus qu'eux
« tous, me semblait tout entier dans la convoitise
« de l'or, le calcul d'en ramasser, la ruse d'en
« multiplier les moyens; *il est étranger aux idées*
« *relevées, aux sentimens délicats* par lesquels
« j'appréciais l'existence. Occupée dès mon enfance
« à considérer les rapports de l'homme en société;
« nourrie de la plus pure morale, familiarisée

« avec les grands exemples, n'aurais-je vécu avec
« Plutarque et tous les philosophes, que pour
« m'unir à un marchand *qui ne jugerait, ni ne sen-*
« *tirait comme moi ?* »

Cela est pourtant vrai, très-vrai. Parlez à un marchand, honnête homme d'ailleurs dans sa profession, estimable même au dehors sous des rapports étrangers à cette même profession, parlez-lui de tout ce qui fait battre un noble cœur, il vous répondra avec M. Viennet, dans son épître aux Muses, sur les romantiques :

> J'aime mieux, me moquant de la postérité,
> Escompter en lingots mon immortalité :
> L'argent et les honneurs valent mieux que la gloire ;
> Il faut soigner sa vie et non pas sa mémoire.

Il me semble que voilà précisément où nous en sommes.

Pour vivre sans honneur, on n'en vit pas moins bien, a dit un homme de lettres qui avait étudié à fond beaucoup de ses contemporains. Il aurait pu ajouter avec autant de vérité :

Pour vivre sans écus, vaudrait mieux n'être pas ; car là se trouve la philosophie de bien des gens qui, n'estimant rien à l'égal de l'or, et ne connaissant dans le monde que des balances, des caisses, un mètre et un livre-journal, pourraient dire encore avec le même Viennet :

> Redresse qui voudra les erreurs des mortels !
> Je cède au vent qui souffle, et, comme tels et tels,
> J'aime mieux être enfin un seigneur en nature,
> Un Chapelain vivant, qu'un Homère en peinture.

Que cela soit honorable ou non, ce n'est pas ce qui inquiète. Si on n'est pas riche, on comptera pour rien dans le monde; or, quelle position plus malencontreuse, aujourd'hui, que chacun veut résonner à tout prix! mais, si on est riche, on ne vous demandera pas d'où viennent vos richesses. Or, leur mesure seule fera celle de votre probité et de votre importance.

POUR FAIRE SUITE

AU CHAPITRE QUI PRÉCÈDE.

J'aime toujours à trouver la justification de mes principes et de mes opinions dans ceux de nos écrivains qui ont de la célébrité ; mais davantage encore, lorsque ces principes et ces opinions sont de nature à troubler des systèmes complaisans, à heurter des amours-propres nombreux et violens, à mettre enfin des épines sur des fronts accoutumés par la flatterie à ne ceindre que des couronnes de roses.

J'appelle donc à l'appui des idées que je viens d'énoncer sur l'argent et sur le commerce, l'autorité de Montesquieu et de Volney.

Je transporterai ici les citations que j'ai eu déjà occasion de faire dans un autre livre.

Qui, plus que Montesquieu, a exalté le commerce, considéré comme agent de civilisation et de prospérité ?

Qui, plus que Volney, était pénétré de son importance, comme moyen de force et de splendeur ?

Eh bien, écoutons ces deux écrivains illustres, jugeant le commerce dans tous ses rapports avec l'état de société, et portant sur lui ce coup d'œil d'aigle auquel n'échappe aucune conséquence.

Au livre xx de son Esprit des Lois, voici ce que dit Montesquieu :

« Le commerce guérit des préjugés destructeurs :
« et c'est presque une règle générale, que, par-
« tout où il y a des mœurs douces, il y a du
« commerce ; et que partout où il y a du com-
« merce, il y a des mœurs douces........

« On peut dire que les lois du commerce per-
« fectionnent les mœurs, par la même raison que
« ces mêmes lois perdent les mœurs. *Le commerce*
« *corrompt les mœurs pures :* c'était le sujet des
« plaintes de Platon ; il polit et adoucit les mœurs
« barbares, comme nous le voyons tous les jours.

« L'effet naturel du commerce est de porter à
« la paix..... mais si son esprit unit les nations,
« il n'unit pas de même les particuliers. Nous
« voyons que dans les pays (la Hollande, par
« exemple) où l'on n'est affecté que de l'esprit
« du commerce, *on trafique de toutes les actions*
« *humaines et de toutes les vertus morales. Les*
« *plus petites choses, celles que l'humanité de-*
« *mande, s'y font ou s'y donnent pour de l'argent.*

« L'esprit de commerce produit dans les hommes
« un certain sentiment de justice exacte, opposé
« d'un côté au brigandage, et de l'autre *à ces*
« *vertus morales qui font qu'on ne discute pas*

« *toujours ses intérêts avec rigidité, et qu'on peut*
« *les négliger pour ceux des autres.* »

Voici maintenant comme s'exprime Volney, dans ses Considérations sur la guerre des Turcs, en 1788 :

« On nous séduit par l'appas d'un commerce
« immense ; et que sont des richesses qui cor-
« rompent nos mœurs ? qui accroîtront nos dettes
« et nos impôts par de nouvelles guerres ? qui, en
« résultat, se concentreront dans un petit nombre
« de mains ?

« Depuis cent ans, l'on a beaucoup vanté le
« commerce ; mais si l'on examinait ce qu'il a
« ajouté de réel au bonheur des peuples, l'on
« modérerait cet enthousiasme. A dater de la dé-
« couverte des deux Indes, l'on n'a pas cessé de
« voir des guerres sanglantes causées par le com-
« merce ; et le fer et la flamme ont ravagé les
« quatre parties du globe, pour du poivre, de
« l'indigo, du sucre et du café.

« Les gouvernemens ont dit aux nations qu'il
« s'agissait de leurs plus chers intérêts ; mais les
« jouissances que la multitude paya de son sang,
« les goûta-t-elle jamais ? n'ont-elles pas plutôt
« aggravé ses charges et augmenté sa détresse ?
« Par un autre abus, les bénéfices accumulés en
« quelques mains ont produit plus d'inégalités
« dans les fortunes, plus de distances entre les
« conditions, et les liens des sociétés se sont re-
« lâchés et dissous ; l'on n'a plus compté dans

« chaque état qu'une multitude mendiante de
« mercenaires, et un groupe de propriétaires
« opulens.

« *Avec les grandes richesses sont venus la dis-*
« *sipation, les goûts dépravés, l'audace et la li-*
« *cence ; l'émulation du luxe a jeté le désordre*
« *dans l'intérieur des familles, et la vie domes-*
« *tique a perdu ses charmes : le besoin d'argent,*
« *plus impérieux, a rendu les moyens de l'acquérir*
« *moins honnétes, et l'ancienne loyauté s'est éteinte.*
« *Les arts agréables, devenus plus importans, ont*
« *fait mépriser les arts nécessaires ; les campagnes*
« *se sont dépeuplées pour les villes, et les labou-*
« *reurs ont laissé la charrue pour se rendre laquais*
« *ou artisans.*

« L'aspect intérieur des états en a été plus bril-
« lant; mais la force intrinsèque s'en est diminuée,
« aussi n'est-il pas un seul gouvernement en Eu-
« rope, qui ne se trouve épuisé au bout d'une
« guerre de quatre ou cinq ans ; tous sont obérés
« de dettes ; et voilà les fruits des conquêtes et
« du commerce. Pour des richesses lointaines,
« l'on néglige celles que l'on possède ; pour des
« entreprises étrangères, on se distrait des soins
« intérieurs ; on acquiert des terres, et l'on perd
« des sujets : on soudoie des armées plus fortes ;
« on entretient des flottes plus nombreuses ; on
« établit des impôts plus pesans ; la culture de-
« vient plus onéreuse, et diminue ; les besoins
« plus urgens rendent l'usage du pouvoir plus

« arbitraire ; les volontés prennent la place des
« lois ; le despotisme s'établit, et de ce moment
« toute activité, toute industrie, toute force dé-
« génère ; et à un éclat passager et menteur, suc-
« cède une langueur éternelle : voilà les exemples
« que nous ont offerts le Portugal, l'Espagne, la
« Hollande ; et voilà le sort qui nous menace
« nous-mêmes, si nous ne savons pas profiter
« de leur expérience. »

DU COMMERCE,

CONSIDÉRÉ DANS SES RAPPORTS

AVEC LES GRANDES FACULTÉS DE L'ESPRIT, ET AVEC LES CÉLÉBRITÉS.

J'AI eu l'occasion de remarquer dans un autre ouvrage que celui-ci, que, quand il s'élevait quelque part un nom, il était donné ou par l'épée, ou par l'église, ou par le barreau, ou par quelqu'autre de ces professions dont les arts, les sciences, les lettres sont le domaine; qui font leur vie du travail de l'esprit, leur fortune de la renommée.

Dans cette rivalité de moyens d'illustration, y disais-je, vous n'apercevez pas le commerce.

Le commerce ne met point dans l'histoire de ces noms qui vivent de la durée des siècles.

Toute contrée où domine le commerce, recevra de ses dons la plus haute importance; elle ne recevra de ceux qui le font, aucune distinction.

La chose enfantera des merveilles de civilisation, les hommes appartiendront à l'oubli.

La splendeur, pour le travail et pour les produits; le néant, pour l'ouvrier.

C'est une masse d'hommes dont les mains industrieuses enrichissent, mais qui n'ont en eux aucun de ces élémens qui ennoblissent.

Peu de renommées particulières à tirer d'un pays livré exclusivement au négoce.

Rien de ce qui retentit parmi les hommes ne peut sortir d'un magasin, d'un comptoir ou d'une boutique.

Toute contrée, où le commerce aura envahi les supériorités et étendu son domaine utile dans toutes les classes, ne confiera plus de noms à la postérité.

Elle donnera des valeurs positives qui pèsent bien autrement aujourd'hui dans la balance de l'économie politique.

A cet égard, elle sera en harmonie parfaite avec l'esprit du siècle qui, comme je l'ai dit dans les chapitres qui précèdent, dans la grande machine administrative, n'en estime guère que les rouages mécaniques.

Mais de ces valeurs morales, qui ont produit par l'imagination ou par le sentiment de si grandes choses; de ces valeurs qui entrent par la renommée dans tous les siècles, aucune ne sortira plus de son sein.

Dans ces pays, jetez les yeux sur l'état de l'instruction publique, et vous acquérerez la preuve du dépérissement.

Considérez quels sont ceux qui étudient, le but, le mode, le terme de leurs études, et vous ne devrez plus vous attendre à rien de généreux.

Voyez l'infériorité des classes élémentaires, le vide des classes supérieures, et l'avenir se développera sans voiles devant vous.

A quoi bon, en effet, une instruction longue, pénible, dispendieuse, et sans analogie avec la profession que l'on doit embrasser?

A quoi bon des études complètes, pour des individus qui doivent ne manier de livres, que des livres de caisse, d'entrée ou de sortie?

A quoi bon la connaissance des antiquités latine et grecque, pour des hommes qui n'auront jamais rien à demander aux anciens?

A quoi bon l'éducation des colléges, pour des êtres qui sont destinés à n'avoir de rapports avec leurs contemporains que par achats et ventes; avec la postérité, que par leurs contrats et leurs généalogies?

Quand l'histoire rappellera les temps où ils auront vécu, elle racontera les choses qui auront été faites; d'eux personnellement, elle ne dira pas un mot.

Si cette semence féconde qui engendre les grands personnages, là où le commerce ne vient point enfler les richesses et appauvrir les célébrités, n'existe point avec lui, il y a lieu pourtant de s'en consoler: on n'a point ce qui fait vivre long-temps, mais on a ce qui fait vivre agréablement....., on a de l'argent !.....

De tout cela, la conséquence que là où le commerce domine toutes les positions sociales, et devient la profession universelle, les moyens qui produisent les hautes facultés de l'esprit cessent, et ces facultés elles-mêmes se retirent.

SI
LES SIÈCLES DE L'INDUSTRIE
PORTENT EN EUX
LE GERME DE LA PERPÉTUITÉ.

Au sujet d'un tableau des mœurs françaises, au temps de la chevalerie, un critique a dit :

« Les femmes préféreront toujours les chevaliers « aux industriels; les trouvères, les troubadours « et même les ménestrels et les jongleurs, aux « banquiers, aux agioteurs et à la bourse toute « entière. »

Cela est vrai, parce que cela est dans la nature de leur goût et dans le caractère de leurs affections; mais ce n'est pas toute la vérité.

Aux femmes, le critique aurait dû ajouter les hommes qui lisent, les hommes qui pensent, les hommes que l'intérêt, les spéculations et la grande affaire de la fortune n'ont point glacés; les hommes enfin qui ont dans leur imagination cette espèce de besoins que ne connaissent pas les hommes du *réel* et du *positif.*

Ceux-là auront toujours du plaisir à se trouver en présence de vieux siècles, qu'il est d'usage de flétrir de ses dédains, sans pouvoir les déshériter du privilége d'émouvoir, sans pouvoir renoncer au besoin de leur demander continuellement, et dans toutes les positions, des souvenirs.

Le nôtre n'aura pas cet avantage.

Notre siècle, qui vit pour lui, n'a pas les mêmes élémens de durée et de résurrection que ceux-là.

Il n'y a d'élémens de durée, dans la mémoire des générations, que dans les choses qui tiennent au cœur ou à l'esprit. Or, notre siècle, tout argent, a ce qui fait bien vivre, mais non ce qui éternise.

Dans ce sens, tout ce qui est mercantile n'a pas de lendemain.

Et notre siècle est le siècle marchand par excellence.

Il compte très-bien, il calcule à merveille, il est ingénieux, habile, inventeur, ce qui est fort utile; mais avec cela on ne vit qu'une vie.

Avec sa brillante opulence, qui le revêt de splendeur, et qui n'est que sécheresse et stérilité pour les siècles qui lui succéderont, il sera sans génération.

Les siècles qui lui succéderont ne vivront pas beaucoup avec lui, comme il vit, lui, de la mémoire des siècles qui l'ont précédé.

Il entasse des monts d'or; cela peut embellir l'existence, mais cela n'ennoblit pas.

L'or est le passe-port universel; pour aller à l'immortalité, il n'est rien.

Il n'y a pas d'avenir dans l'or.

Chaque âge confie sa mémoire à des monumens ou à des mœurs.

Des mœurs marchandes, qui sont sans flammes, ne transmettront rien; des monumens, qui sont vides d'imagination, resteront muets.

Des fabriques et des ballots de marchandises ne donnent rien à l'histoire, à la poésie, à la littérature, à la philosophie, à l'éloquence, aux beaux-arts.

Et c'est par-là que vivent les siècles.

La poussière des hommes qui ont vécu dans des ateliers, des manufactures, des magasins, n'a point en elle ce feu créateur qui fait parler les tombeaux.

Les noms qui se remuent dans cette région mécanique ne sont pas des noms sonores, et les comptoirs n'ont pas d'échos. Nous l'avons dit tout à l'heure.

Lors donc que tout est comptoir, tout doit rester sourd pour la postérité. Nous l'avons dit encore au chapitre qui précède.

Je suis d'autant plus hardi à émettre cette opinion, qu'elle n'est pas seulement la mienne.

C'est encore le même critique qui a dit:

« Ceux qui sont les plus fiers du progrès des
« lumières et de la civilisation, et qui opposent
« avec tant d'orgueil nos institutions, notre com-

« merce, notre industrie, nos manufactures, nos
« écoles d'enseignement mutuel et nos académies,
« aux siècles d'ignorance, privés de tous ces avan-
« tages, avouent pourtant que l'histoire de ces
« temps a quelque chose de poétique et de pitto-
« resque qui manque souvent à celle du nôtre.
« Ces chevaliers qu'ils n'aiment guère, ces sei-
« gneurs féodaux qu'ils détestent, ces immenses
« châteaux, ces vieilles tours, ces antiques mo-
« nastères, ces commanderies tout à la fois re-
« ligieuses et militaires qu'ils ont vu abattre et
« tomber avec tant de plaisir, parlent plus à
« l'imagination que les frêles édifices, les élégantes
« maisons de ville et de campagne qu'on élève
« aujourd'hui,........ ET LES MAÎTRES QUI LES
« HABITENT....... »

C'est par ces choses antiques que les vieilles générations vivent dans leur sépulcre ; c'est par ces choses et par ces hommes de nos jours que nous sommes déjà morts avant d'avoir cessé de vivre.

SUR

LA RAPIDITÉ DES FORTUNES.

Si, comme l'a dit Ménandre, *il n'est pas d'honnête homme qui fasse une prompte fortune* ; combien donc de malhonnêtes gens parmi nous !

La rapidité de l'élan faisait révoquer en doute, par le poète grec, la légitimité des moyens. Il prétendait que *ce n'était qu'à force d'économie que l'honnête homme amassait ce qu'il possédait.*

Ne contestons pas à Ménandre son opinion : il la formait sur des modèles, et sans doute il avait raison.

Nous avons tant de rapports avec les anciens sur ces coups de main, qui, d'une basse-cour ou d'un atelier, nous portent et nous asseoient, comme par enchantement, dans des salons dorés, que l'opinion de Ménandre, appliquée aux choses contemporaines, mérite qu'on l'examine.

Il n'est pas d'honnête homme qui fasse une prompte fortune. L'arrêt est tranchant. En lui-même il serait dur ; dans sa généralité il serait injuste. Il est d'honnêtes gens qui ont été vite, sans cesser d'être honnêtes ; il est vrai que ce n'est pas le plus grand nombre, et la raison, prise dans nos mœurs, en est simple.

La cupidité, cette cruelle et impure maladie du siècle ; la cupidité, qui remplit toute l'âme de ceux qui lui sont en proie ; qui inspire toutes leurs pensées, qui suscite, qui domine et qui règle tous leurs mouvemens, la cupidité est trop ennemie de la délicatesse, pour que la conscience querelle beaucoup les moyens, quand les résultats doivent être féconds.

A cet égard, nous sommes, en grande partie, ce qu'étaient les hommes de l'ancien monde, je veux dire du monde romain.

Le gain a toujours bonne odeur, quel qu'en soit le principe, écrivait Juvénal, au temps de la plus grande corruption connue. *On ne s'informe point aujourd'hui d'où viennent les richesses ; il suffit d'être riche.*

Nous avons avec ces mœurs de bien tristes analogies.

Comme du temps de Juvénal, *les richesses d'autrui sont bien attrayantes.*

Comme du temps de Juvénal, *de toutes les passions* qui nous tyrannisent, *aucune ne distille plus de poisons, n'aiguise plus de poignards que l'âpre cupidité d'une immense fortune. Le désir d'être riche ne souffre point de délai.*

Nous en sommes là. Ce tableau sous les yeux, un nouveau Ménandre ne manquerait pas de dire de nous, comme le disait l'ancien, des Athéniens, ses contemporains : *Il n'est pas d'honnête homme qui fasse une prompte fortune. Ce n'est qu'à force d'économie qu'il amasse ce qu'il possède. Le fripon s'enrichit tout d'un coup de la dépouille d'autrui.*

Cependant toutes les fortunes rapides n'ont pas cette source empoisonnée.

Quelques-unes sont l'ouvrage de la fortune elle-même, c'est-à-dire de ce que peuvent la sagesse dans la combinaison des entreprises, l'habileté dans leur conduite, le bonheur dans leur exécution, la règle dans l'application de leurs résultats. Le gain en est le principe ; l'économie un des élémens.

Quelques autres, et c'est ce que n'avaient vu ni Ménandre, ni Juvénal, quelques autres, pour n'être point le produit de lambeaux arrachés de tous les côtés par l'injustice ou par l'indélicatesse, n'en sont guère plus honorables.

Le désir de s'enrichir peut n'avoir en lui-même rien de repréhensible. Il est dans le cœur de l'homme et dans la nature de sa position de vouloir et de tenter tout ce qui peut améliorer sa vie et la réjouir. Qu'il en trouve les moyens dans l'opulence, la chose est incontestable. Mais, si ce désir devient une passion effrénée, faisant taire dans ses violences tous les sentimens honnêtes, il emporte l'homme dans tous les excès, et le vil appétit qu'il lui donne l'engage dans tout ce qu'il y a de plus téméraire et de plus honteux.

Voilà comme il arrive que ce qui était la condition du travail, l'occupation de la vie entière, le fruit et la récompense d'un labeur honorable et persévérant, n'est plus guère parmi nous que l'effet d'une intempérance de besoins qui envahissent toutes les possibilités, et que rien ne peut satisfaire; d'une intempérance d'ambition qui s'élance plus elle monte, et que le succès enivre, irrite, exagère; d'une intempérance de cupidité qui s'exerce par la convoitise sur l'infini, et que le gain affame, loin de la rassasier; d'une intempérance d'efforts enfin qui nous lancent, les yeux fermés, au milieu de tous les orages, au risque cent fois d'y périr.

Accoutumés au fracas des tempêtes, nous en avons mis dans notre vie l'agitation impétueuse et les violences soudaines. Nous ne pouvons plus guère aller que par secousses. Il semble que nous n'ayons plus qu'une manière d'être; l'exaltation. Celle de la gloire nous a long-temps tourmentés; elle nous a légué, en finissant, celle des richesses; et dans l'une comme dans l'autre, c'est la force qui est toujours le moyen. On brusque la fortune comme on brusquait la gloire; ce que l'on demandait à l'épée par le courage, on le demande aux hasards par les plus audacieuses témérités. Les chutes sont fréquentes; elles sont quelquefois épouvantables, à raison des hauteurs dont on tombe. Vous croyez qu'elles intruisent?..... Mais la génération qui y assiste, porte gravée sur le front cette maxime où vit tout son esprit : LE NÉANT OU LE SCEPTRE.

D'UNE CONTRADICTION

DANS NOS MOEURS,

ET, A CE SUJET,

DE LA RICHESSE.

Il est convenu parmi nous, et depuis long-temps, que les richesses doivent être un sujet d'anathème dans nos églises, de joie dans nos salons, d'honneurs dans la vie civile, de recherches et de labeurs en matière d'économie politique.

Comment accorder ces contradictions?

Nous apprenons,

Par l'Evangile, qu'*il sera difficile aux riches d'entrer dans le royaume des cieux*;

Par les discours des hommes d'état, que les grandes richesses privées font celles des royaumes de la terre;

Par les moralistes, qu'elles enfantent la cupidité avec son immense cortége de corruption;

Par les philosophes, qu'elles opèrent *la ruine d'un grand nombre de familles, en mettant dans tous les cœurs la nécessité de paraître quelque chose pour le devenir;*

Par l'exemple universel et par nos mœurs, que, sans fortune, il n'y a pour nous dans la société que du néant.

« Les richesses, disent encore l'homme de la « chaire et l'homme de la morale, sont la plus « dangereuse bénédiction du ciel, et celle dont « il est le plus mal-aisé de profiter. Elles nous « environnent de flatteurs et de faux amis qui « concourent à l'envi à notre perte. Elles multi- « plient nos fautes, et souvent nous les cachent. « Elles se prêtent journellement à toutes nos ten- « tations. Elles ne nous donnent ni le temps de « réfléchir sur nos erreurs, ni l'humilité qui peut « nous en faire repentir. »

Dans le langage de l'administration, les richesses sont l'âme, le foyer, le véhicule de la civilisation; elles sont la vie des sociétés, le nerf des états, le premier moyen de la splendeur des nations et de la force des gouvernemens.

L'homme des écus vous dira à son tour que, par l'abondance qu'elles répandent, les richesses, qui font l'éclat des peuples, leur lien et leur repos, font aussi le bonheur des individus.

Tous ont raison :

L'homme de la chaire et celui de la morale, parce qu'ils mesurent les richesses dans leurs rapports avec l'homme moral et intellectuel;

L'homme de l'administration, parce qu'il les mesure dans leurs rapports avec le mécanisme des gouvernemens ;

L'homme des écus, parce qu'il les mesure dans leurs rapports avec les besoins et avec les passions de l'homme matériel.

Tous ont raison ; tous ne parlent pourtant pas avec la même sagesse.

Celui dont l'œil voit de plus haut que d'en bas, et dont la voix ne sort pas de la terre, et qui a observé que *le cœur de l'homme se resserre à mesure que ses richesses s'étendent ; que, plus il s'emplit d'or, plus il est vide ;* celui-là a trouvé le principe de vie qui soutient, et le principe de détérioration qui décompose.

Dans l'état de société, l'homme matériel ne peut être un élément de durée.

Dans l'état de société, les moyens mécaniques n'ont qu'une action d'un moment, si l'âme n'en vivifie pas les rouages.

Dans l'état de société, on ne fait pas de l'éternité avec des bras, ni avec de la boue.

Dans l'état de société enfin, et c'est un moraliste anglais qui me fournira cette pensée, *l'or ne peut faire la balance de l'honneur, la balance de la vertu, la balance enfin de tout ce qui est grand et bon.*

CE QUE NOUS RECHERCHONS

DANS LES EMPLOIS.

Ce vers de La Fontaine :

L'ambitieux, ou, si l'on veut, l'avare....

A fait dire à un de ses commentateurs : *En effet l'ambition, dans nos états modernes, n'est guère que de l'avarice. Cela est si vrai qu'on demande, sur les places les plus honorables : Combien cela vaut-il? quel en est le revenu?*

L'ambition n'est que de l'avarice, parce que la fortune est dans l'estime des hommes au premier rang.

Autrefois, et alors que la magistrature était vénale, on vendait le champ héréditaire, pour payer le droit d'y occuper une place, pleine d'exigences et de stérilité. On ne voyait que la considération dont elle était le moyen. C'était toute une fortune; pour un jeune homme, une dot immense; pour des enfans, un patrimoine opulent.

Aujourd'hui, ôtez les traitemens avec lesquels on paie l'exercice des dignités, et vous ne trouverez personne pour les remplir.

Bien plus, attachez à des emplois subalternes des traitemens supérieurs, et la dignité, mal émolumentée, ne sera recherchée que par ceux qui n'auront pu parvenir aux premiers.

Qu'un jeune magistrat se présente pour entrer dans une famille, la première question sera celle-ci : Combien lui vaut sa place ? Pas d'autre intérêt, comme pour celui qui la convoite. Aujourd'hui, tout est là.

DU LUXE,

CONSIDÉRÉ

DANS SON RAPPORT ÉCONOMIQUE

ET

DANS SON RAPPORT MORAL.

Nous venons, dans les chapitres qui précèdent, de donner le *pourquoi* de cette cupidité universelle, qui est comme l'âme de la société, par les mouvemens violens et convulsifs qu'elle lui imprime.

Nous avons donné assez à comprendre :

Que nous aimions l'argent, non comme avares, mais comme somptueux ;

Que nous travaillions avec efforts à en gagner, non pour amasser, mais pour dépenser ;

Qu'il était pour nous le souverain bien, parce qu'il pouvait fournir non à nos nécessités, mais à nos superfluités ;

Que nous le recherchions, non à cause de nos besoins, mais à cause de nos fantaisies ; moins parce qu'il nous rendait indépendans, que parce qu'il nous donnait de la supériorité ;

Que, dans notre amour de l'argent, il n'y avait que de la vanité ; que c'était là son principal caractère.

Il ne nous en faut tant en effet, que parce que nos désirs sont immenses, que parce que nos goûts sont ambitieux, que parce que, quand la nature nous refuse la domination de la société par l'esprit, notre position par le pouvoir, il n'y a que le luxe qui nous donne abondamment les moyens d'entrer en partage avec eux.

Mais, s'écriera le siècle, le luxe est un bien ; il donne à l'industrie de plus grands développemens ; aux arts, plus de splendeur ; aux Gouvernemens, plus de moyens de richesses ; aux nations, une plus grande prospérité !

Le siècle me permettra-t-il de n'être point sur ce chapitre, comme sur tant d'autres, de son avis ?

Pour me faire pardonner une opinion qui attaquera des préjugés très-chatouilleux, je vais la produire sous les propres paroles d'un écrivain distingué, que sa position élevée appelle à émettre un suffrage dans les hautes questions d'administration publique.

« Le luxe, a dit le comte Destutt de Tracy,
« dans son Commentaire sur l'Esprit des lois, le
« luxe consiste dans les dépenses non productives,
« quelle que soit d'ailleurs la nature de ces dé-
« penses..... Cela seul nous montre combien est
« absurde l'idée de ceux qui ont prétendu que
« l'accroissement du luxe pouvait enrichir une

« nation : c'est comme si on conseillait à un né-
« gociant d'augmenter la dépense de sa maison,
« pour rendre ses affaires meilleures ; cette dé-
« pense peut bien être un signe, quoiqu'assez
« équivoque, de sa richesse ; mais assurément
« elle ne saurait en être la cause. Comment ! on
« convient qu'il faut qu'un fabricant diminue ses
« frais pour avoir plus de bénéfice sur ce qu'il
« produit, et on veut qu'une nation soit d'autant
« plus opulente qu'elle dépensera davantage ! Cela
« est contradictoire. Mais, dit-on, le luxe favorise
« le commerce et encourage l'industrie, en ani-
« mant la circulation de l'argent. Point du tout :
« il change cette circulation et la rend moins
« utile ; mais il ne l'augmente pas d'un écu..... »
Et ici l'auteur entre dans les preuves, puis il
reprend :

« Je me crois donc en droit de conclure que,
« sous le rapport économique, le luxe est tou-
« jours un mal, une cause continuelle de misère
« et de faiblesse. Son véritable effet est de détruire
« incessamment, par la trop grande consomma-
« tion des uns, le produit du travail et de l'in-
« dustrie des autres ; et cet effet est si énorme,
« quoiqu'on l'ait souvent méconnu, que, dès
« qu'il cesse un moment dans un pays où il y a
« un peu d'activité, on y voit tout d'un coup
« un accroissement de richesses et de forces tout-
« à-fait prodigieux.

« Ce que la raison nous démontre à cet égard,

« l'histoire nous le prouve par les faits. Quand la
« Hollande a-t-elle été capable d'efforts vraiment
« incroyables ? C'est quand ses amiraux vivaient
« comme ses matelots, quand tous les bras de
« ses citoyens étaient employés à enrichir l'état
« ou à le défendre, et que personne ne s'occu-
« pait à faire croître des tulipes et à payer des ta-
« bleaux.... Faites d'Amsterdam la résidence d'une
« cour galante et magnifique ; changez ses vais-
« seaux en habits brodés, et ses magasins en salles
« de bal, et vous verrez si, dans très-peu d'années,
« il lui restera seulement de quoi se défendre
« contre les irruptions de la mer.

« Pourquoi les Etats-Unis de l'Amérique voient-
« ils doubler tous les vingt-cinq ans leur culture,
« leur industrie, leur commerce, leurs richesses
« et leur population? C'est parce qu'ils produisent
« plus qu'ils ne consomment.....

« On pourrait faire un ouvrage tout entier sur
« le luxe, et il serait très-utile, car ce sujet n'a
« jamais été bien traité. On montrerait que le luxe,
« c'est-à-dire le goût des dépenses superflues, est,
« jusqu'à un certain point, l'effet du penchant
« naturel à l'homme pour se procurer incessam-
« ment des jouissances nouvelles, dès qu'il en a
« les moyens, et de la puissance de l'habitude qui
« lui rend nécessaire le bien-être dont il a joui,
« même alors qu'il lui devient onéreux de conti-
« nuer à se le procurer ; que, par conséquent,
« le luxe est une suite inévitable de l'industrie

« dont pourtant il arrête les progrès, et de la ri-
« chesse qu'il tend à détruire; et que c'est pour
« cela aussi que, quand une nation est déchue
« de son ancienne grandeur, le luxe y survit à la
« prospérité qui l'a fait naître, et en rend le re-
« tour impossible, à moins que quelque secousse
« violente et dirigée vers ce but, ne produise une
« régénération brusque et complète. Il en est de
« même des particuliers.....

« Le luxe est donc un grand mal, sous le rap-
« port économique; c'en est un plus grand encore,
« sous le point de vue moral, qui est toujours le
« plus important de tous, quand il s'agit des in-
« térêts des hommes. Le goût des dépenses super-
« flues, dont la principale source est la vanité,
« la nourrit et l'exaspère. Il rend l'esprit frivole
« et nuit à sa justesse. Il produit dans la conduite
« le déréglement qui engendre beaucoup de vices,
« de désordres et de troubles dans les familles. Il
« conduit aisément les femmes à la dépravation,
« les hommes à l'avidité, les uns et les autres
« au manque de délicatesse et de probité, et à
« l'oubli de tous les sentimens généreux et tendres.
« En un mot, il énerve les âmes en rapetissant
« les esprits, et il produit ces tristes effets, non-
« seulement sur ceux qui en jouissent, mais
« encore sur tous ceux qui y servent ou qui
« l'admirent. »

DES

RAPPORTS DU COMMERCE

ET

DE LA PROPRIÉTÉ,

AVEC L'ÉTAT POLITIQUE ET AVEC L'ORDRE PUBLIC.

La série d'articles que je viens de donner successivement sur l'argent, les richesses, le commerce, me paraîtrait incomplète, si je n'y ajoutais pas le développement de la proposition qui se trouve en tête de ce chapitre.

J'ai bien déjà traité ce sujet dans un autre ouvrage, où il occupe parfaitement sa place. Mais ce n'est pas, ce me semble, une raison pour ne pas lui ouvrir celui-ci, dont il devient, à raison de la matière que je viens de traiter, un élément indispensable.

Tout ordre public repose sur deux grandes bases : la propriété et l'industrie.

Dans les mains du gouvernement qui sait les faire valoir à propos, en combinant avec sagesse leur action, elles sont des moyens de splendeur et de prospérité.

La première, dont les racines tiennent au sol, est plus stable. Son esprit n'est point d'acquérir, mais de conserver. Par cela seul elle est plus amie des institutions et des lois du pays; elle s'inquiète peu de leur nature : ce sont des institutions, ce sont des lois; elle y voit des moyens de protection, elle leur est soumise. Tout ce qu'elle demande c'est l'ordre, le repos, la paix. Les obtient-elle? ses besoins sont satisfaits.

La seconde n'a pas le même caractère, et n'offre pas la même garantie : elle est mobile, sans assiette et sans fixité; elle est hasardeuse; entreprenante, hardie, quelquefois téméraire; elle aime les chances, elle livre sa voile à tous les vents, elle poursuit la fortune, quelque part qu'elle se trouve, l'attaque quelque rebelle qu'elle soit, la terrasse ou en est terrassée; elle est bien partout où elle peut asseoir son camp. Une secousse, toujours nuisible à la première, qui n'a rien à gagner aux tremblemens politiques, peut ne pas lui être désavantageuse; elle ne craint point des orages qu'elle peut fuir : elle-même a une existence très-orageuse. Elle est donc moins sûre que la propriété; mais elle occupe des milliers de bras, elle avive des populations entières, elle détruit l'oisiveté, principe funeste de toutes les désorganisations, et l'indigence, cause habituelle de toutes les irrégularités qui troublent la vie civile et la vie des sociétés.

Tels sont les caractères principaux auxquels on

peut reconnaître les deux classes principales dans lesquelles se distribue la population.

Tout occupés d'habitudes douces et domestiques, les propriétaires se complaisent uniquement dans la jouissance tranquille des biens que l'hérédité leur a transmis, et que l'économie perpétue. Tout leur soin est de les conserver; tout leur bonheur, de vivre dans ce calme où ont vécu leurs pères, et qui est dans leur intérêt comme dans leur goût.

Plus turbulens, parce que le mouvement est de leur essence; plus agités, parce qu'ils sont dévorés du désir jamais satisfait d'accroître, les autres travaillent et font travailler, s'enrichissent et enrichissent, donnent à la civilisation un mouvement rapide qui ne se repose jamais, et aux richesses une circulation qui multiplie, sans que l'on puisse les apprécier, les ressources et les prodiges.

De ces divers modes résultent les différences politiques qui distinguent la propriété et l'industrie, en faisant de la première l'amie de l'aristocratie, de la seconde l'amie de la démocratie.

Un publiciste contemporain l'a observé avec beaucoup de justesse. « Les ports de mer, ou, « en d'autres termes, les villes de grand com- « merce, les villes de fabrique, appartiennent « exclusivement, a-t-il dit, à la démocratie, et « les faubourgs S^t.-Germain sont essentiellement « méditerranés.....

« L'aristocratie anglaise, fort grande dans les
« comités, est inaperçue, insensible à Londres.....
« L'aristocratie russe est à Moscou, et non à Pé-
« tersbourg, ville de cour, de gouvernement et
« de commerce. Il n'y a pas d'aristocratie à Ham-
« bourg, à Amsterdam ; mais il y en a à Vienne ;
« il y en avait à Varsovie. L'aristocratie espagnole
« se trouve à Madrid, au centre de la Castille ; la
« démocratie est à Cadix, et borde tout le littoral
« de la péninsule. Paris est moitié moins aristo-
« crate depuis qu'il est devenu la seconde ville
« commerciale de l'Europe, et la première ville
« manufacturière de France. »

Il en est de même dans toutes les autres villes
où le commerce domine. D'un quartier à un quartier, la différence est sensible.

Dans celui-ci, où sont en plus grand nombre
les hommes d'affaires, les rentiers, tous ceux,
en un mot, qui vivent d'autre chose que du commerce, l'esprit public est plus favorable aux institutions fortes, qui retranchent à l'indépendance
pour accroître les moyens de sécurité, d'ordre
et de repos.

Dans ceux-là, où dominent au contraire ceux
que le commerce alimente, et ce sont les plus
nombreux, les institutions ne paraissent bonnes
que moins elles pèsent, moins elles enchaînent,
moins elles gênent, moins elles s'aperçoivent.

De là l'attachement des premiers au gouvernement monarchique, plus absolu, mais protecteur; des seconds, au gouvernement populaire, orageux, mais plus indépendant.

Ceci explique l'esprit de la majeure partie des élections dans les pays de grand commerce, depuis que, par la révolution d'abord, par la nature de nos institutions ensuite, ils ont été appelés à en faire.

De ce que, dans leurs choix, sont rarement entrés des élémens monarchiques, il ne faut pas en conclure pourtant que leur humeur ait toujours été hostile.

Dans les temps ordinaires, livrée tout entière à ses spéculations, l'industrie ne cherche qu'à acquérir, et comme, en obtenant l'opulence, elle la répand autour d'elle, tout vit et s'anime avec elle; or, l'aisance n'est pas séditieuse.

Aussi, quelle que soit, dans ces contrées, la diversité des affections et des opinions, l'ordre public s'appropriant le bénéfice de ces dispositions diverses, il est difficile, avec des élémens hétérogènes, d'y voir régner plus de soumission aux lois et plus de tranquillité.

Que ce soit l'empressement à bien faire, mieux encore l'amour qui opère cette disposition, non, puisque l'esprit industriel est démocratique par sa nature; mais comme il n'est pas factieux, s'il ne se dévoue pas il sert, et l'obéissance prompte et volontaire est une vertu dans un temps, où, habituellement, on la raisonne, et où, en l'accordant, on semble faire encore une concession.

Ceci me rappelle une forte pensée d'un grand écrivain, avec laquelle la mienne n'est pas sans analogie. Elle fait partie d'un tableau de mœurs que je reproduis avec d'autant plus de raison qu'il est applicable aux temps, aux choses et aux hommes qui font la matière de cet article.

« Le caractère de la démocratie, dit-il, est une
« mobilité continuelle; tout sans cesse y est en
« mouvement, tout y change avec une rapidité
« effrayante, au gré des passions et des opinions.
« Rien de stable dans les principes, dans les ins-
« titutions, dans les lois; on n'y connaît la puis-
« sance du temps ni pour établir, ni pour détruire,
« ni pour édifier. Une force irrésistible pousse et
« agite les hommes; ce qui se trouve sur leur
« route, quel qu'il soit, est foulé aux pieds. Ils
« avancent, reviennent, avancent encore, et tout
« l'ordre social devient pour eux comme un che-
« min de passage. Le pouvoir ne donne pas l'im-
« pulsion, il la reçoit. Je ne sais quoi d'indéfi-
« nissable emporte et le peuple et ses chefs. Il
« y a dans l'esprit une certaine indocilité, dans
« les cœurs un certain mépris haineux et méfiant
« pour l'autorité, qui fait qu'on lui cède et qu'on
« n'obéit pas. Censurer est le besoin de tous; c'est
« un soulagement pour l'orgueil, et aussi une
« vengeance. »

Sont-ce les propriétaires, je vous le demande, à qui ces couleurs appartiennent?

Voyons maintenant quelques conséquences. Le même écrivain nous les fournira.

« L'esprit d'égalité, qui est généralement celui
« des gens de commerce, ne laissant subsister
« d'autres distinctions que celles de la fortune,
« produit une cupidité extrême, une soif insa-
« tiable de l'or ; car, quoiqu'on fasse, les hommes
« veulent s'élever, c'est-à-dire se classer ; et
« comme la richesse participe elle-même à la mo-
« bilité de la société, elle devient corruptrice au
« plus haut degré. Les désirs sans bornes et sans
« règles se précipitent vers tout ce qui promet
« cet or, seule noblesse désormais, seul honneur,
« seule considération ; et dans ce mouvement ra-
« pide, le temps manquant à tous pour apprendre
« à posséder, tous se jettent dans les jouissances
« avec une sorte de fureur. Nulle prévoyance pour
« les siens, nulle pensée d'avenir ; le présent est
« tout pour l'homme concentré dans l'abjection
« des sentimens personnels, et les mœurs tendent
« de concert à l'anéantissement de la famille. »

N'est-ce pas là la société telle que nous l'avons aujourd'hui ?

Qu'une société semblable soit peu religieuse, cela est inévitable. On ferait un gros livre, tout effrayant de vérités, si l'on voulait traiter la question du rapport de l'esprit démocratique avec l'esprit d'indifférence en matière de religion, et on aurait l'explication de ce fait incontestable, que l'esprit du commerce, qui est démocratique, et l'esprit religieux sont antipathiques ; que le premier *ne s'élève jamais plus haut que l'homme*, et que, dans la société qu'il s'est faite, *on ne voit que des marchandises, des bras et de l'argent.*

DU GENRE DE NOS ÉTUDES,

ET

DE NOS GOUTS

EN MATIÈRE DE SCIENCES EXACTES
ET D'ARTS DE CONVENTION.

Depuis que nous avons matérialisé la vie, tout est analogue à cette position.

Partout les choses du temps ont succédé à celles de l'avenir.

Dans beaucoup de circonstances, la main a pris la place de la pensée.

Nous ne voyons plus guère de bénéfices que dans ce qui peut servir nos besoins, nos goûts; illustrer une position, donner de la splendeur à nos jouissances.

Si l'esprit continue d'entrer dans ce que l'on enseigne et dans ce que l'on fait, c'est pour l'appliquer plus spécialement aux utilités physiques.

Mais le cœur, mais l'âme, mais ces nobles affections d'où découlent le désintéressement, le dévouement, l'honneur, la délicatesse et toutes ces chastes inspirations par lesquelles seules les sociétés reçoivent de la durée, qui oserait dire ce qu'elles pèsent aujourd'hui?

Une riche pendule, une belle gravure, un harmonieux instrument, une ingénieuse pompe à feu sont de fort bonnes choses sans contredit. Ceux qui les produisent en reçoivent de la réputation et des profits ; ceux qui en jouissent, d'incontestables plaisirs, ou de non moins incontestables avantages ; le siècle qui s'en enrichit, de l'éclat et de la renommée. Mais cette force, cette puissance vitale, cette éternité dont les sentimens du cœur sont les premiers élémens, sont-elles au fond de ces magnificences matérielles ?

Et pourtant, d'après la direction de notre esprit, si l'on donne aujourd'hui la préférence, c'est à tout ce qui a pour objet la perfection des moyens d'user agréablement des choses de la vie.

« Les sciences, les arts, les voyages, les ma-
« chines à vapeur, les bateaux à vapeur, les che-
« mins de fer, les laines longues et courtes, les
« tissus de coton, l'industrie et les manufactures,
« a dit un publiciste contemporain, n'est-ce pas
« là aujourd'hui, aux yeux d'un certain parti,
« toute la société ? Et faut-il autre chose pour
« la prospérité des nations, que de l'industrie et
« des manufactures ? et leurs perfectionnemens ne
« sont-ils pas le thermomètre infaillible de la per-
« fectibilité humaine et du progrès des lumières. »

Cette invasion des doctrines du mécanisme dans le domaine de l'intelligence et du sentiment, pressentie déjà vers la fin du grand siècle, faisait dire au milieu des plus vives splendeurs d'une époque

où le spiritualisme dominait encore la société :
« On se sert de la raison comme d'un instrument
« pour acquérir les sciences, et on se devrait servir
« au contraire des sciences comme d'un instru-
« ment pour perfectionner sa raison. » La partie
morale de la société était celle à laquelle alors on
donnait *sa principale application.*

Ce sentiment faisait dire au même écrivain :
« Les hommes ne sont pas nés pour employer
« leur temps à mesurer des lignes, à examiner
« le rapport des angles, à considérer les divers
« mouvemens de la matière. Leur esprit est trop
« grand, leur vie trop courte, leur temps trop
« précieux, pour l'occuper à de *si petits objets.*
« Mais ils sont obligés d'être justes, équitables,
« judicieux dans tous leurs discours, dans toutes
« leurs actions, et dans toutes les affaires qu'ils
« manient ; et c'est à quoi ils doivent particu-
« lièrement s'exercer et se former. » (L'Art de
penser, cité dans Rollin.)

Nous avons fait bien du chemin depuis que cela
a été écrit. Celui qui parlerait ainsi aujourd'hui,
ferait crier au blasphème, à l'ignorance. Voilà
pourquoi j'ai donné une citation au lieu de livrer
les réflexions que j'avais faites moi-même, et qui
lui étaient analogues.

LES PARVENUS.

Il s'est fait, dans les fortunes, des révolutions étranges qui ont singulièrement multiplié parmi nous la classe des *parvenus*.

J'appelle parvenus ceux qui, sortis des ténèbres du néant, ont roulé leur enfance dans la poussière, se sont réveillés un jour sur des tas d'or, et ont pris place, avec cet auxiliaire, à côté de toutes les notabilités sociales, ordinairement dédaigneuses pour ce qui est nouveau, jamais pour ce qui est riche.

Mais quelqu'attitude qu'ils empruntent à leur position acquise, ils ont un cachet ineffaçable auquel vous les reconnaîtrez toujours : il leur est impossible de déguiser leur origine.

Nés très-bas, leur esprit n'a pu contracter d'élévation; leurs rapports et leurs goûts conservent, malgré la dissimulation des prétentions, l'infirmité du berceau et la couleur de famille.

Avec des sentimens analogues, et quoique leurs nouveaux intérêts les aient séparés de cette partie de la société qui est démocratique par nature, par instinct et par goût, leur cœur est toujours hostile envers le pouvoir, et ennemi de ces distinctions politiques, élémens nécessaires de tout gouvernement qui vise à la paix et surtout à la durée.

Tout mode, dès qu'il est un joug, les épouvante.

Sans autre éducation que celle qu'ils ont pu recevoir de leur contact avec les hommes, ils jugent tout selon les préjugés qu'elle leur a donnés. C'est ainsi, par exemple, que toutes les choses de la religion n'obtiendront d'eux que de la dérision et du mépris.

Etrangers au ton de la bonne société, qu'ils ont connu trop tard pour s'y asservir, ils sont impatiens dans leurs désirs, bruyans, tranchans, emportés dans leurs conversations, impétueux dans leurs mouvemens, turbulens dans leurs joies et dans leurs plaisirs.

Peu familiarisés avec un éclat et une somptuosité qu'ils n'avaient connus d'abord, comme leurs pères, que pour en être émerveillés, ravis, étourdis, ils exaltent avec une emphase ridicule les arts par lesquels le luxe se manifeste et se nourrit; et, de leurs habitations où ces mêmes arts sont appelés à étaler leurs prodiges, ils font des monumens dans lesquels leurs pères, s'ils revenaient, ne marcheraient qu'avec la réserve et la timidité de l'embarras.

Livrés tout entiers aux spéculations qui les ont décrassés, ils ne connaissent, pour la plupart, aucun de ces sentimens nobles qui font battre le cœur pour tout ce qui est beau, ce qui est bon, ce qui est bien, dès qu'il n'est pas fructueux pour eux. *Profits et pertes*, c'est là tout leur cœur, tout leur esprit, tout leur langage. Si, par hasard, leur vocabulaire s'enrichit de quelques mots honorables, faites état qu'il y a encore là dedans une pensée *personnelle*, et que des paroles généreuses servent de voile à l'intérêt, à l'égoïsme ou à l'amour-propre.

Ce qui trahit peut-être encore davantage leur extraction, c'est leur insolence, et surtout leur insolence envers ceux qui valent mieux qu'eux.

C'est, encore et principalement, la haine qui accompagne la manifestation de leur insolence.

Si vous me demandez, comment haïr un homme parce qu'on a été insolent envers lui? Je vous répondrai avec Tacite: *Proprium humani ingenii est odisse quem læseris*. (In vitâ Agricolæ.)

Voilà qui est parfaitement dans le cœur de l'homme. Dix-huit siècles ont confirmé cette observation fine, judicieuse et profonde.

Déjà, avant lui, un philosophe avait dit: *Le plus grand vice des hommes rendus insolens par une haute fortune, c'est de joindre la haine à l'offense.*

Eh bien, considérez nos parvenus, et dites si ce n'est pas cela tout-à-fait?

DE QUELQUES
GRANDEURS MODERNES.

Les grands, disait le frénétique auteur des Révolutions de Paris, *les grands ne nous paraissent grands que parce que nous sommes assis; levons-nous !*

Ceux à qui il adressait ces paroles incendiaires se sont levés !... Nous n'avons personne oublié quelle mêlée s'en est suivie.

Les grands disparurent.

Comme il faut, dans toute société, qu'il y ait des supériorités, quelque contraire que leur soit l'esprit des temps, une autre grandeur a succédé, qui, bien que vide de tout mérite, même de simple tradition; bien que défectueuse par sa bassesse et par sa nullité, n'en reçoit pas moins des hommages et un culte.

Je rougis pour certains orgueils, quand je vois les festons qu'ils vont attacher au cou de ces divinités factices et d'emprunt.

Il y a soixante années, c'étaient les emplois qui faisaient l'importance, non parce qu'ils exerçaient sur les hommes une action qui leur aurait fait honorer ce qui leur était utile et pouvait leur devenir dommageable, mais parce qu'ils étaient une émanation de l'administration supérieure, et que tout ce qui descendait des hauteurs souveraines de la société, participait de la magie attachée au nom seul de pouvoir royal, le seul qui imposât parmi nous de grandes pensées, et jusque-là inviolable.

Ainsi, si, comme l'a dit un philosophe ancien, *la source de nos erreurs et de nos illusions* sur les hommes, *vient de ce que ce n'est jamais l'homme lui-même que nous jugeons*, c'est qu'alors *nous lui joignions les ornemens dont il était décoré.*

Cela est bien différent aujourd'hui. Dans l'opinion, l'opulence a pris la place des dignités ; et si, au temps du philosophe et depuis, *il n'y avait de grandeur dans les hommes élevés au-dessus des autres, que par les honneurs*, aujourd'hui elle est tout entière dans les richesses.

Mais alors je demanderai, toujours avec le même philosophe : *pourquoi donc* ces enrichis qui n'avaient peut-être pas même de voisins avant qu'ils eussent une livrée, *vous paraissent-ils grands?*

Et je répondrai avec lui : *c'est que vous les mesurez avec leur piédestal d'or;* c'est que vous les pesez avec leurs terres, leurs maisons, leurs contrats, leurs portefeuilles et leurs magasins, au lieu de mettre hors de la balance, comme dit Sénèque, *leur argent et leurs possessions.*

Mais de même qu'*un colosse conserve sa gran-*

deur, même au fond d'un puits, un nain est toujours petit quoiqu'au sommet d'une montagne.

Si vous voulez connaître la juste mesure et les vraies proportions de cet homme dont la fortune vous émerveille, *voyez-le nu ;* c'est-à-dire, *dépouillez-le de son patrimoine et de toutes les illusions* qui en jaillissent à l'infini. Vous ne serez pas tenté, ma foi, de fléchir le genou devant ce qui restera.

Avec ses draperies, le sujet n'a gagné que *du fard et un masque.* Or, *la teinte légère d'un enduit extérieur ne peut en imposer qu'à peu de gens.*

Le vrai, de quelque côté qu'on le regarde, est toujours le même.

La fausseté n'a pas de consistance.

Le mensonge est transparent.

Avec de l'attention, on peut voir au travers.

C'est ce roi schyte, qui se fait remarquer par l'ornement de sa tête. Voulez-vous le bien connaître? déliez son diadème, vous trouverez au-dessous bien des difformités.

Osez donc vous approcher, osez toucher, c'est le néant sous une broderie de diamans et de perles.

C'est le cas de placer ici cette réflexion d'un ancien : *Quand la fortune va trouver certaines gens, c'est comme si une pièce de monnaie tombait dans les latrines.*

❋

QUE LA CIVILISATION

MET

LA SUPÉRIORITÉ HORS DE LA FORCE.

La terre, dit-on, est livrée au plus fort.

Je mets de côté les rapports de cette opinion avec la politique.

L'envisageant seulement dans ceux qu'elle a avec l'état civil ordinaire, je dis qu'elle n'est pas vraie.

Je vais plus loin : je prétends même que, partout où il y a des hommes en société, la supériorité de la société est toujours aux mains des plus faibles.

Expliquons cela.

La nature fait l'homme vigoureux, fier, hardi, robuste. Elle met dans son cœur des désirs, dans ses bras des moyens de domination avec lesquels il doit soumettre tout ce qui est moins robuste que lui.

Voyez, pour exemples, les peuplades, non encore dégrossies par notre contact et par nos arts; au milieu de nous, ces classes inférieures que nos délicatesses n'ont point énervées. Toute force est là.

Appelez une grande civilisation au milieu de

tous ces élémens, celui qui en subira le joug, mis par elle à la tête des autres, disposera de leurs forces sans résistance ; et pourtant la civilisation aura détruit en lui l'homme physique.

Appauvri par elle dans ses organes, il se trouvera inférieur à l'homme dont les mœurs de la société n'ont pas assoupli le caractère indépendant, dompté les mouvemens irréguliers, les passions impétueuses ; et il exercera cette prééminence qui subordonne un être faible à un être plus fort que lui !

C'est qu'armée d'institutions, de lois, de doctrines, la civilisation accable de mille nœuds la force matérielle qui, en face des supériorités morales, obéit toujours au sentiment de son imperfection.

Devant l'intelligence, fruit de l'éducation, elle semble abdiquer ses priviléges.

L'homme nerveux, qui fait les deux tiers de la population, cède ainsi, par instinct, comme être pensant, à l'être faible et isolé qui a sur lui l'avantage d'une raison enrichie par l'étude.

De même, celui qui sait, mais qui sait moins, s'incline devant celui qui sait davantage.

De même encore, l'homme, que des habitudes sociales quelconques ont poli, fléchit devant celui qui tient du genre de son éducation une politesse plus exquise.

Et c'est ainsi que se forment l'échelle des distinctions, et par elles la hiérarchie sociale.

Voilà l'effet de la civilisation.

Voilà aussi comme elle met la domination aux mains de l'homme qu'elle a corporellement efféminé.

Et en effet, si vous cherchez où est le pouvoir parmi nous, ce ne sera jamais dans les mains que la nature a fait les plus fortes, mais dans celles de l'homme dont l'éducation au contraire a amolli la rudesse.

Vous le trouverez dans les mains de celui qui, sous le joug de tous les caprices que donne une exubérance de sociabilité, paraît être dans la dépendance de ceux qui ont des bras pour les satisfaire.

Vous le trouverez dans les mains de ceux que des besoins factices et de convention, nés en foule de leur faiblesse, asservissent.

Vous le trouverez dans les mains de ceux que tyrannisent des habitudes et des opinions qui, étrangères à l'ordre de la nature, sont davantage de l'ordre de la société.

Enfin, vous le trouverez dans les mains de ceux que la civilisation a affaiblis comme espèce, et comme individus, mais qu'elle a rendus forts comme êtres intelligens.

Tout le mécanisme de la société se trouve là expliqué.

QUE L'ÉTAT DE SOCIÉTÉ

MET SOUVENT ENTRE LES HOMMES

DES RAPPORTS INOFFICIEUX.

Si les hommes doivent désirer avant tout leur bien-être, la proposition qui fait la matière de ce chapitre est vraie, car ils ne peuvent opérer leur bien-être, pour la plupart, qu'au détriment des autres.

Cette pensée, sortie de la lecture d'un traité de morale, écrit il y a plus de 1700 ans, est encore vraie aujourd'hui. Il n'y a qu'à ouvrir les yeux, et à regarder autour de soi.

Le philosophe moraliste a dit : « Qu'on s'inter-
« roge soi-même, qu'on approfondisse ses vœux
« secrets; combien de vœux qu'on n'ose pas s'a-
« vouer! combien peu qu'on puisse former devant
« témoins ! »

Pourquoi ce mystère, pourquoi ce secret dans l'expression d'un sentiment ?

Parce que d'autres ne peuvent recevoir de son objet que du préjudice.

« Combien d'hommes, a dit Sénèque, dont le
« gain n'est fondé que sur le dommage des autres!

« Quand un guerrier souhaite la gloire, c'est la
« guerre qu'il désire ;

« La cherté des vivres est l'espoir du labou-
« reur ;

« La multitude des procès est le salaire de l'é-
« loquence ;

« Une année féconde en maladies, fait le profit
« du médecin ;

« L'artisan du luxe est enrichi par les vices de
« la jeunesse ;

« Qu'il n'y ait point de tempêtes, point d'in-
« cendies qui ruinent les maisons, les arts lan-
« guissent dans la misère ;

« Et ce vœu que vous condamneriez dans un
« seul homme, c'est le vœu de tout le monde. »

Aussi que d'exemples à pouvoir ajouter à ceux-là !

Je me borne à une courte série.

Ce marchand, dont le voisin, de même profession que lui, vient à faire de mauvaises affaires, croyez-vous qu'au fond du cœur il ne rira pas d'embarras qui accroîtront nécessairement les siennes ?

Ce jeune officier, qui aspire après des grades supérieurs ; ce soldat, après un pillage, que ne souhaitent-ils pas, tout haut même, la veille d'une bataille, l'un à son supérieur à la table duquel il est assis, l'autre au citoyen paisible qui peut-être lui a donné déjà l'hospitalité ?

Cet homme en place, immobile parce qu'aucune mutation n'arrive dans la sphère où il exerce, avec quelle joie intérieure n'apprend-il pas la maladie, la faute, la disgrâce de celui dont la disparution opérerait un vide ?

Ces capitalistes, qui aperçoivent dans les embarras des gouvernemens, dans ceux des particuliers, dans les malheurs des temps, les moyens de tripler leurs capitaux, à quels *calculs affreux*, dont tant d'autres seront les victimes, *leur avarice toujours indigente se livre! quelles sanglantes extorsions leur usure toujours affamée se permet!*

Ces débitans de boissons, comme ils s'intéressent au spectacle d'une intempérance qui porte le ravage, la faim, la misère, la ruine dans les familles, mais qui multiplie la consommation !

La rigueur des hivers, l'ardeur brûlante des étés, les intempéries des saisons, quelle ivresse homicide elles versent dans les âmes de ceux qui ont des combustibles, des huiles, des vins, des blés à écouler !

Parlerai-je de tous ces hommes qui convoitent : l'héritier, une succession ; le débiteur en viager, un décès ; le fossoyeur, des épidémies ; l'homme du fisc, des contestations judiciaires et des délits ; l'appareilleur, des égaremens dans la jeunesse ; le perturbateur, des catastrophes ; le pervers, des désordres ?

Les besoins, les passions, les maladies, les sottises, les fléaux, la mort enfin ne sont-ils pas des objets de spéculations?

Dommageables pour les uns, ils produisent pour d'autres.

L'intérêt qui en résulte fait que, sans haine, les hommes sont, à l'égard les uns des autres, dans un état d'hostilité intérieure que des démonstrations amicales dissimulent, et qu'assez souvent cependant l'empressement à jouir trahit.

C'est l'effet de l'état de société dans lequel, d'après les rapports nécessaires des hommes entre eux, il n'y a bien souvent de succès, de profits et d'avantages pour les uns, qu'ils n'aient pour élémens les revers, les pertes ou les disgrâces des autres.

QUESTIONS A FAIRE

SUR L'IGNORANCE et SUR LE SAVOIR.

Il arrive assez souvent aux hommes studieux de prendre un livre, futile en apparence, pour reposer leur imagination, et d'y trouver, comme à leur insçu, les moyens de l'y exercer davantage.

Il ne faut alors qu'une pensée grave, quelquefois moins encore, pour éveiller les leurs. C'est l'étincelle qui tombe sur la poudre.

Ma poudre s'est ainsi plus d'une fois allumée.

Un assez bon nombre des pages que j'ai consacrées à l'observation, doivent leur naissance à cette action soudaine, sur mon jugement, d'une réflexion trouvée dans un livre.

Quand on écrit, cela est commode pour la paresse. On n'est pas affranchi de la peine de réfléchir soi-même, mais au moins on n'a pas celle de chercher, on n'a pas celle de *faire*; et c'est là qu'est le principal labeur, toujours la plus grande difficulté, souvent l'écueil.

Celui qui veut parler des hommes doit les observer; ce n'est pas un petit travail. Pour saisir leur caractère, lorsque la plupart du temps ils se produisent sous une physionomie mensongère ; pour distinguer, souvent dans des riens, dans des choses fugitives que personne ne remarque en eux, parce qu'elles sont de tous les jours, de tous les instans, ce qu'ils renferment de décisif pour leur appréciation, il faut du tact.

Il en faut encore davantage pour savoir démêler ce qui est à prendre ou à laisser parmi les divers élémens qu'ils offrent à vos investigations. Ici le tact devient finesse. La sagacité et la justesse de l'esprit mettent ensuite en œuvre ce qu'elle leur a livré.

Autre est la position de celui qui prend l'homme dans les livres. Il trouve l'observation faite ; il n'a qu'à s'en emparer. C'est un architecte sous la main duquel se placent d'elles-mêmes des pierres dégrossies qu'il n'a pas l'embarras de choisir. Son ciseau n'a qu'à se jouer.

Je procède souvent ainsi. Quand je vais lisant tout ce que le hasard me donne à lire, et qu'une observation me frappe, je la saisis avec ardeur, et voilà un article ajouté à d'autres articles qui sont nés semblablement.

C'est en lisant Sterne, l'original, le facétieux, le frivole Sterne, que je suis tombé aujourd'hui sur cette observation : *Le public est partagé en deux classes, dont l'une admire tout ce qu'elle ne comprend pas, et l'autre déchire tout ce qu'elle comprend.*

Rien de plus vrai : c'est en France, c'est partout comme dans la patrie de Sterne, aujourd'hui comme hier, comme alors; rien de plus judicieux.

Quand il ajoute : *Il y a encore une troisième classe, mais réduite à un si petit nombre ! ce sont ceux qui jugent sans prévention, critiquent sans humeur, louent sans partialité;* (Tristram, t. 2, 146) cela n'apporte aucune modification au principe de sa grande division entre les hommes non pensans et les hommes pensans; ou, pour parler comme lui, entre ceux qui *admirent tout ce qu'ils ne comprennent pas,* et ceux qui *déchirent tout ce qu'ils comprennent.*

Voilà bien le monde, tel qu'il est en général: d'une part l'ignorance, de l'autre le savoir, ou, si vous le voulez, la civilisation.

L'ignorance, qui fait tout admettre sans juger, qui consacre l'erreur, qui réduit l'homme à l'état de pure machine.

Le savoir ou la civilisation, qui lui fait douter de tout, qui lui fait rejeter la vérité comme l'erreur; qui met dans l'homme, avec l'esprit d'examen, celui de contention, d'orgueil, d'envie, de résistance.

Je ne mets point dans la balance les biens, les maux qui sont les produits de l'une et de l'autre, parce que, si je le faisais, je trouverais dans cette seule combinaison la matière d'un gros livre, et la nécessité de prononcer un jugement.

Mais je suis tout honteux de trouver ce résultat. Il y aura plus de bienveillance dans le cœur de celui qui accepte tout avec la confiance de l'ignorance, plus de soumission dans ses actes, de dévouement dans ses services, de franchise et de simplicité dans ses inspirations; et en même temps plus de dissimulation et de passions vaniteuses, jalouses, frondeuses, inquiètes dans l'esprit de celui qui fait de sa pensée un tribunal où il couronne ou condamne.

De là cette conséquence inévitable : Il y a dans l'ignorance des moyens d'ordre que n'a pas la civilisation.

Que de hautes questions politiques couvre cette première vérité !

DE

DEUX CHOSES VRAIES

EN MORALE,

ET

POURTANT CONTRADICTOIRES.

On lit ce précepte dans un poète :
Avec les inconnus usez de défiance ;
Et cette maxime dans un autre :
Quiconque est soupçonneux, invite à le trahir.
Un commentateur se fait cette question :
Comment concilier deux maximes également sages, qui paraissent si opposées ?

Cela semble, en effet, ne pas devoir être aisé.

Cependant, de suite il ajoute : *Rien de plus facile. Pensons mal des hommes en général, pensons bien de chacun en particulier.*

Ceci appelle quelques explications.

Dans l'homme qui sait observer une grande réserve à l'égard des individus qu'il ne connaît pas, il y a du discernement, une raison éclairée et de la sagesse.

Savoir retenir sa pensée, davantage encore ses actions en face des autres, c'est le propre de la prudence.

Je connais peu de vertus qui, appliquées aux habitudes de la société, soient d'un usage plus nécessaire, d'une utilité plus universelle que celle-là.

Elle dépose en faveur de l'esprit et du jugement de celui qui sait la pratiquer.

Il ne peut jamais y avoir que des bénéfices dans des rapports avec un homme comme celui-là.

D'un autre côté, la candeur d'un caractère qui accepte tout comme bien, parce que le mal n'est pour lui nulle part, répand sur la personne de celui qui le possède un ton d'amabilité qui captive l'affection, un ton de bonne foi et de simplicité qui impose l'estime. Une telle confiance, et c'est mon commentateur qui le dit, révèle *un grand fonds de probité. Plus on est honnête homme, plus on soupçonne difficilement les autres d'être méchans: un bon cœur, une belle âme ont de la peine à croire les autres capables de ce qu'ils ne voudraient pas faire.*

Dans une semblable disposition, il y a un moyen de sociabilité qui rend les relations plus douces, les rapports plus intimes; qui crée des intérêts, des sentimens et des liens; qui met, par les égards, par les complaisances, par la bienveillance, plus d'harmonie dans la société.

Et pourtant quand on songe à tant de bassesses

de la part du cœur humain, à tant de dissimulations honteuses, à tant de démonstrations perfides, que de raisons pour armer d'une défiance qui devient sagesse, une candeur qui n'est plus que de la duperie!

Je conviens, toujours avec le même écrivain, que *nous ferions de la prudence un vice affreux, si elle nous portait à nous défier tellement de tous les hommes, que nous craignissions toujours de trouver dans chacun d'eux un méchant homme, un traître, un fourbe, un fripon;* que *nous ne saurions former une telle idée, sans détruire les principes de la justice et de notre propre bonheur;* que *nous sommes donc doublement intéressés à penser bien de ceux avec qui nous avons à vivre.*

Mais en même temps, et c'est encore lui qui le dit, *attendons-nous à trouver dans le monde peu de bonne foi, peu de probité, peu de désintéressement, peu de vérité, peu de justice.*

Et voilà en effet le monde, tel qu'il est fait; voilà le monde, tel que dans toutes les positions de la vie, on se plaint de le trouver; voilà le monde où chacun est en défiance d'un chacun, n'en reçoit que des démonstrations gracieuses, n'en attend que des actes hostiles, vit dans une continuelle sollicitude qui, plus elle éloigne les hommes les uns des autres pour la bienveillance, plus elle les rapproche par le mensonge perpétuel de leurs paroles, de leurs visages, de leurs manières et de leur attitude.

Que faire donc pour n'être tout à la fois ni insociable par ses soupçons, ni dupe par sa confiance ?

Répétons avec notre auteur : *Penser mal des hommes en général, penser bien de chacun en particulier.*

QUE LES HONNEURS
DE LA POPULARITÉ
NE SONT BIEN SOUVENT
QUE DE L'OPPOSITION
DE LA PART DE CEUX QUI LES DÉCERNENT.

Il y a des popularités qui étonnent.

En fait de popularités pourtant, il n'y a rien qui doive surprendre, puisque ce sont des hommes, c'est-à-dire ce qu'il y a de plus mobile sur la terre, qui les décernent.

Ce qui m'étonnerait davantage, c'est ce qui, bien souvent, les termine.

De ce que des hommes politiques, en possession de recevoir des hommages quand, après absence de leur pays, ils y reviennent, finissent par trouver leurs alentours muets et déserts, lorsque les affections et les principes qui leur avaient valu des autels, n'avaient changé ni chez eux, ni chez leurs adorateurs, il ne faut pas en conclure qu'ils ont démérité, mais que leur position a changé.

La cause de ce silence est dans nos mœurs, et il sert à les caractériser davantage. Il confirme ce que nous connaissons déjà, ce que nous avons dit tant de fois nous-mêmes ailleurs, de cet esprit d'opposition qui est devenu chez nous un besoin, une habitude, et comme une nature.

En général, l'amour pour les personnes ne doit pas compter dans les démonstrations éclatantes et affectueuses dont elles sont l'objet de notre part. Nous saluons en elles des rapports homogènes de principes et de sentimens, et voilà tout.

Spécialement nous mettons de la haine pour les uns, dans l'expression de notre amour pour les autres.

Cela est une suite du caractère que j'ai peint au livre de *la Société actuelle*, en établissant dans un chapitre, que la louange est bien souvent le calcul de la haine, et dans le suivant, que l'injure est entrée dans nos mœurs et dans nos habitudes.

Cela résulte encore du fond d'une pensée analogue, exprimée page 50 de ce livre.

En environnant de nos vœux, de nos acclamations tels ou tels hommes qui n'ont de renommée que par leurs hostilités contre le pouvoir ou telle branche du pouvoir, nous avons le plaisir de nous associer à ces hostilités; nous nous créons une juridiction censoriale, qui caresse toujours notre vanité ou notre aigreur; nous nous donnons la vengeance de la faiblesse et de l'impuissance qui insultent, ne pouvant pas triompher.

Mais que ces hommes, par une de ces instabilités si fréquentes aujourd'hui en matière de haute administration, devenus à leur tour majorité, participent au pouvoir, l'esprit frondeur, qui faisait leur vitalité, ne trouvant plus d'alimens dans leur position nouvelle, cesse d'avoir pour eux des couronnes. Par leurs succès ils ont perdu en intérêt tout ce qu'ils ont gagné en force. A les exalter, il n'y a plus d'outrages à faire subir à d'autres. Les statues qu'on leur dresserait encore ne seraient plus des moyens de taquinerie, ni d'offenses. Ce n'était point, à proprement parler, à eux qu'on les élevait, mais à l'opinion mécontente et sans force qu'ils représentaient, mais à la haine qu'inspirait tout ce qui lui était contraire.

Et voilà pourquoi le feu, que leur présence allumait, ne brûle plus.

Ils sont nôtres, on pourra bien leur applaudir.

Il n'y a plus, à les enivrer d'encens, de jouissance pour l'orgueil qui n'a plus de tracasseries à exercer, on ne les divinisera plus.

LA TACTIQUE.

Ecrasez l'infâme, s'écriait jusqu'au dégoût l'atrabilaire patriarche des philosophes !

Et les adeptes de lui répondre : *Ecrasons l'infâme !*

C'était là le mot d'ordre.

Vous ne pouvez lire une des lettres que, vers la fin de sa longue carrière, il leur écrivait, que vous ne la trouviez terminée par ce refrain bannal et cet infernal conseil qu'ils mirent depuis si bien en pratique, comme chacun sait.

Caton ne répétait pas plus souvent dans le sénat romain, son fameux *delenda Carthago*.

Entre Caton et Voltaire il y avait cette différence que Caton, dans son délire patriotique, voulait que l'on attaquât Carthage à force ouverte, et d'une manière digne de la puissance et de la grandeur de Rome ; que Voltaire, dans ses frénésies sacriléges, voulait que l'on allât à la Religion sous le manteau cauteleux de la dissimulation, avec toutes les ruses de l'hypocrisie, par les voies sourdes et détournées qui conduisent lentement, mais infailliblement à la ruine.

Aussi, comme la Religion, quand ils s'en furent emparés, se trouva honorée et flétrie, louée et mise en lambeaux ! Que de respects extérieurs voilèrent la haine et l'hostilité ! que de démonstrations d'amour enveloppèrent les fureurs et la guerre ! que de coups violens et mortels ils portèrent avec l'encensoir dans les mains et l'adoration dans la bouche ! Ils pouvaient dire avec un personnage tragique :

J'embrasse mon rival, mais c'est pour l'étouffer.

Cette manœuvre était trop habile, et elle eut trop de succès pour ne pas être transportée d'un ordre de choses dans un autre ; pour ne pas devenir le moyen de tous ceux qui, ennemis du pouvoir, comme pouvoir, voudraient en entreprendre le renversement ; ou qui, ennemis du pouvoir, comme ne l'ayant pas, voudraient en entreprendre la conquête.

Pour expliquer cette tactique, nous n'aurons qu'à copier.

Voici les conseils que donnait Chamfort aux entrepreneurs de révolutions, en appliquant ces conseils, dans sa pensée philosophique, à ce qu'il regardait comme bien. Tout le secret du métier est là.

« Pour ceux des amis de la *vérité* qui sont en
« même temps jaloux de leur repos, on peut être
« l'apôtre de la raison sans en être le martyr.

« Les hommes étant comme ces enfans indociles
« qui abusent souvent de la confiance qu'on leur
« montre, en les servant il faut encore les craindre.

« C'est pourquoi tout doit être fait avec mesure
« et avec ménagemens.

« La *vérité* ne doit point se hâter de paraître.

« Le *sage* doit distribuer son action avec une
« prudente économie, cacher adroitement le but
« qu'il ne faut pas montrer, déposer dans un
« endroit inconnu un germe que la génération
« suivante verra éclore, frapper dans le silence
« et dans la racine l'*arbre nuisible*, au tronc du-
« quel il serait dangereux d'attacher la coignée.

« Pour ménager les faiblesses il n'introduira
« qu'avec discrétion la philosophie, observant
« avec soin de la dégager de tout ce qu'elle a
« d'austère.

« Il ne heurtera point de front les *préjugés* réu-
« nis, mais il les combattra en détail.

« Il déliera le faisceau au lieu de le rompre.

« Au lieu de saper ouvertement l'édifice de
« l'*erreur*, il cachera dans ses fondemens la mine
« dont l'explosion le renversera par la suite.

« Il fera entrer dans les yeux à peine ouverts
« une lumière douce, un jour tempéré, mais sans
« ombre ; ou s'il répand quelque nuage sur ce ciel
« si pur, ce sera afin qu'il serve d'asile à la *vérité*,
« et que son défenseur puisse au besoin s'y ré-
« fugier auprès d'elle. »

C'est d'après ces principes que, n'osant attaquer de front ce qu'on a pris en haine dans l'état actuel de notre société, on louvoie encore aujourd'hui pour le détruire. On arrive plus tard à ses fins, il est vrai, mais aussi on marche sans périls, et enfin on arrive. Brusquer l'ennemi, c'est avertir sa vigilance, c'est mettre ses forces en jeu; lui montrer l'hostilité, c'est l'obliger à se mettre en garde contre elle. Mieux vaut endormir : pendant le sommeil le travail se fait toujours, et l'action de détérioration est moins contrariée. La lime toujours, la hache jamais. La lime mord, quel que soit l'obstacle; elle énerve, quelle que soit la difficulté, et ce qu'elle a ôté jamais ne revient. La hache au contraire peut tomber sur un corps plus dur qu'elle, et alors voilà l'instrument offensif en éclats.

Nous avons une intelligence parfaite pour comprendre cela aujourd'hui.

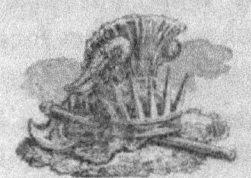

POURQUOI TANT DE HAINES

CONTRE

LES CHOSES DE LA RELIGION.

C'est un chapitre que vous attendez, un livre qu'il faudrait faire, une phrase que vous aurez.

Et c'est un prédicant anglais qui me la donnera.

« Toutes les fois, dit-il, qu'un homme déclame « contre la religion, ce n'est pas sa raison, mais « ses passions qui dictent son langage. »

Admirable explication prise dans le cœur même de l'homme!

Tout est là.

Quatre cents pages d'éloquence, de raison, de vérités ne diraient pas mieux.

Le même auteur ajoute :

« Une mauvaise vie et une bonne croyance sont « deux voisins turbulens et incommodes qu'il faut « séparer pour obtenir la paix. »

Il y a encore des choses bien importantes dans cette pensée.

Quatre cents pages de dénégations et de sophismes ne pourront jamais établir le contraire.

Conséquence : celui qui insulte à la Religion par sa haine ou par ses mépris, s'il n'a pas l'esprit malade, accuse sa propre corruption.

POURQUOI LA HAINE

ET

LA DÉTRACTION

S'ATTACHENT AUX TALENS, PLUTÔT QU'AUX VERTUS.

*P*ARTOUT *où il y a une réputation, les détracteurs s'attroupent en tumulte, comme les insectes autour de la lumière.*

C'était ainsi au temps de Lemierre, à qui j'emprunte cette pensée.

C'était ainsi encore avant lui.

C'est encore ainsi aujourd'hui, peut-être même plus universellement.

Nous devons cette disposition chagrine et hostile à l'esprit de contention, d'aigreur, de turbulence, de tracasserie, de causticité qui domine parmi nous tant de caractères.

Nous la devons encore à la plus grande générosité de notre éducation, qui a fait sortir du néant beaucoup de nullités et d'insignifiances, pour en faire des médiocrités ambitieuses.

Or, on sait tout ce qu'il y a d'envie et de présomption au cœur des infériorités, dégrossies par des livres !

Il est à remarquer que la renommée prend sa source dans les talens, jamais dans les qualités.

Qu'un homme monte avec les premiers à la célébrité, toutes les basses et orageuses passions que l'amour-propre peut soulever se mutineront contre lui. Qu'il éclate de vertus, on ne les lui querellera pas ; personne ne s'avisera même de les contester.

C'est qu'en reconnaissant des vertus, l'orgueil humain n'accorde rien qui l'abaisse, tout au contraire des talens qu'il n'avouera pas, parce qu'ils établissent une prééminence qui insulte à ses prétentions.

Nous allons expliquer cela.

Le 27 avril 1786, Lemierre disait à Sedaine, prenant place à l'Académie française :

« Il n'en est pas des talens comme de la vertu :
« son caractère est de se cacher ; sa gloire est
« dans la retraite, dans le silence ; elle se suffit
« à elle-même ; elle vit de sa propre substance ;
« elle concentre en elle ses satisfactions ; elle
« craint, comme une profanation, les regards
« publics ; si elle doit l'exemple, c'est autour
« d'elle ; si elle brille au loin, les circonstances
« l'ont trahie.

« Les talens au contraire sont faits pour paraître,

« pour se produire, pour occuper d'eux, pour le
« bruit, pour la renommée ; ils n'existent que
« par la communication ; ils ne s'alimentent que
« de suffrages ; ils tiennent à l'opinion ; ils veu-
« lent captiver la multitude et les connaisseurs ;
« ils sont faits pour exciter l'émulation, l'enthou-
« siasme, l'envie même. »

Ainsi donc,

La vertu n'a rien d'extérieur, n'a rien qui résonne ; elle laisse l'homme humble et modeste ; elle ne blesse la vanité de personne. Personne ne lui est ennemi.

Le talent, au contraire, est tout en dehors. Il remplit tous les échos ; il donne à l'homme un piédestal élevé ; il met l'orgueil dans sa tête, et la jalousie dans le cœur des autres. Tout lui est opposition.

Chacun peut avoir de la vertu, parce que chacun se fait à soi-même une vertu qu'il appelle la vertu ; il ne s'agit que de le vouloir. Or, une faculté, dès qu'elle est commune à tous les hommes, n'a rien qu'on puisse envier.

Tout le monde n'a pas semblablement du talent. Le talent, dans la société, est une exception. C'est l'exception qui distingue. Dès lors toutes les vanités de se liguer contre le privilégié qui, par elle, les domine.

La vertu, douce, timide, sans exigences, ne demande rien aux autres, et n'humilie personne.

Le talent, ambitieux et fier, demande sans cesse du *bruit* et des couronnes. L'orgueil rebelle ne peut lui pardonner d'avoir forcé à l'attention son regard superbe, et sa dédaigneuse oreille.

Le sentiment qui s'attache à la vertu, c'est l'estime quand elle n'inspire pas l'indifférence. L'effet que produisent les talens, c'est la célébrité, et la célébrité afflige l'envie.

On se fait une bonne réputation avec de la vertu, et elle n'offusque qui que ce soit; de la renommée avec des talens, et c'est à qui la déchirera.

La raison en est simple.

Avec une bonne réputation on vit obscurément; on brille avec de la renommée.

On vivra donc en paix avec tout le monde, si on n'a que des vertus; avec des talens, la guerre est inévitable.

LA GLOIRE
DES HOMMES DE LETTRES.

Selon Bayle, les hommes de lettres marchaient de son temps *per convicia et laudes*. S'ils arrivaient à la gloire, ce n'était pas sans combats et sans périls.

C'est encore aujourd'hui pour eux *per convicia et laudes* ; mais la gloire n'est plus que pour cette espèce bâtarde qui usurpe parmi nous la qualification d'hommes de lettres ; que l'on voit et que l'on touche partout, parce qu'elle est infinie comme la multitude ; que l'on entend partout, parce qu'elle est intempérante dans son langage comme la malignité.

Mais expliquons ce que c'est que cette gloire, et ce que sont ceux qui l'obtiennent.

Qui n'est pas homme de lettres, aujourd'hui ?

C'est le nom que prennent ceux qui n'en ont point d'autres ; et on les en croit si, avec une plume, ils savent monter à la hauteur d'une renommée, pour lui jeter de l'encre et de l'ordure.

C'est encore le nom que prennent ceux que quelques facilités naturelles ou acquises affament de célébrité, et qui savent que l'on va maintenant à la célébrité avec le simulacre du savoir, tout aussi bien, mieux peut-être, qu'avec le savoir même.

Avec le premier, il y a des moyens de faire du bruit, que l'on n'a pas avec le second.

Le second, de sa nature, est sage, modeste, réservé, dès lors froid.

Le premier, téméraire, prétentieux, turbulent, dès lors rempli de plus d'éclat.

Et du bruit, aujourd'hui, c'est de la gloire; du bruit, c'est de la renommée; du bruit, c'est tout.

Et la médiocrité peut faire du bruit tout comme un autre; elle n'est pas même celle qui en fait le moins.

Voilà pourquoi tant d'hommes se jettent de préférence dans une carrière où, sans fatigue et sans efforts, on est assuré d'en faire davantage.

Voilà pourquoi tant d'hommes se placent dans une position où, ne faisant rien par eux-mêmes, ils ne sont dans la juridiction de personne; où, levant au contraire la férule sur les autres, ils exercent à leur égard une critique amère qui n'est pas du jugement, mais de l'orgueil.

Nous sommes faits de telle sorte aujourd'hui, que celui qui crie, qui censure, qui outrage même, qui condamne, qui flétrit, qui déchire, et qui fait tout cela avec assez de finesse pour faire rire les amours-propres envieux, se donnera cette attitude théâtrale qui éveille l'attention la plus paresseuse, et concentrera sur lui tout l'intérêt et toute la bienveillance des autres.

C'est là en quoi consiste aujourd'hui ce mensonge enivrant qu'on appelle, comme au temps passé, *la gloire des hommes de lettres.*

Elle était alors dans l'éloge reçu ; elle est aujourd'hui dans la critique donnée.

Elle était alors dans une conception forte, habile, heureuse ; elle est aujourd'hui dans l'opinion moqueuse et déprimante qui s'exerce sur les conceptions des autres.

Celui qui travaille dans l'intérêt de sa propre gloire se trouve avoir ainsi travaillé pour la gloire de celui qui le couronne d'épines.

Il a élevé un monument, et c'est un piédestal sur lequel monte, pour l'étouffer, celui qui daigne faire la critique du monnment.

Singulier renversement de position et d'idées !

UNE MANIÈRE DE JUGER

LE

CARACTÈRE DE NOTRE ÉPOQUE.

Si on voulait ici s'abandonner aux réflexions, elles abondent.

Mieux vaudrait ne pas en faire une seule si, avec une citation prise dans un livre vieux de trois siècles, on pouvait trouver ce que nous cherchons.

Il s'agirait, dans ce cas-là, d'une comparaison tirée d'un temps qui fut, comme le nôtre, celui du désaccord des opinions en toute matière, et des plus grandes hostilités entre les hommes qui les professaient.

Voyons :

Lorsque le luthéranisme, en Allemagne; le calvinisme, en France, eurent détruit, au 16e. siècle, l'unité religieuse et l'unité politique, des opinions hardies se manifestèrent. En face du pouvoir, qu'elles osèrent fixer, elles firent tomber ses draperies, et, quelque part qu'il se réfugiât, il fut suivi et examiné. L'esprit humain, vivement secoué, s'arma de doutes, d'incrédulité, puis d'orgueil, puis d'indépendance. Entre les traditions et la foi, le charme fut rompu ; entre le commandement et l'obéissance, le schisme naquit.

De notre temps aussi, le pouvoir, arraché à son mystérieux sanctuaire, a été livré aux profanations du grand jour, aux moqueries du dédain. L'esprit humain s'est roidi contre les croyances politiques et religieuses du passé ; et la guerre entre l'autorité et la masse sur laquelle, dans l'état de société, elle s'exerce, a éclaté.

Mais, entre les témérités du 16e. siècle, et les témérités du 19e., quelle différence au fond !

C'est cette différence qui nous donne les moyens de juger avec plus d'exactitude la couleur sous laquelle nous nous produisons.

Au milieu de la France, fière de ses Rois, de ses institutions et de son culte, le drapeau est levé contre l'ancienne religion par le protestantisme, fort de jeunesse, de fanatisme et de haines ; des doctrines populaires, nées des nouvelles doctrines théologiques avec lesquelles elles sont infuses, assemblent des camps contre l'autorité royale, jusque-là incontestée ; et c'est alors qu'un de leurs fougueux zélateurs écrit à un zélateur non moins ardent :

« Voulant mettre en lumière soubz mon im-
« pression toutes les œuvres du tien et mien amy
« Clément Marot (des louenges duquel je ne tien-
« dray ici plus long propos, car elles sont assez

« congneues par tous lieux) je me suis mis à veoir
« tout ce qui desja avait esté imprimé de luy : et
« recueillir tout ce qui se pourroit recouvrer entre
« ceulx auxquels il faict part en tesmoingnage
« d'amytié de ses labeurs et compositions. Entre
« autres choses j'ay trouvé son Enfer non encores
« imprimé : si non en la ville d'Envers. Et pour
« ce qu'en lisant l'ay trouvé sans scandale envers
« Dieu et la religion, et sans toucher aucune-
« ment la magesté des Princes (*qui sont les deux*
« *poincts, que surtout doibt observer un auteur*
« *desirant ses œuvres estre publiees et reçues*
« *tant en son pays qu'en nations estrangères*),
« et que pareillement *il ne blesse en nom exprès,*
« *l'honneur d'aucun*, pour ces raisons j'ay con-
« clud que la publication de si gentil œuvre es-
« tait licite et permise ; et me suis mis apres pour
« l'imprimer en la plus belle forme, et avec le plus
« grand ornement qu'il m'a esté possible...... car
« comme j'ay dict cy dessus *moyennant que la*
« *religion ne soit blessee, ni l'honneur du Prince*
« *attainct, et que aucun ne soit gratté* (encores
« *qu'il soit roigneux*) apertement (comme par nom
« ou surnom) le demeurant est tolérable et ne
« fault par apres que lascher la bride à la plume :
« ou autrement ne se mesler d'escrire. » (Lettre
« d'Estienne Dolet, imprimeur, à Lyon Jamet,
« du 1ᵉʳ jour de l'an de grace 1542.)

Voilà pourtant quel était l'esprit d'une époque
où cet amour de l'indépendance dans les pensées,

dans les doctrines, dans les sentimens, dans les actions, qui met tant d'irritation parmi nous, enflammait les novateurs.

Certaine borne atteinte, la religion, la royauté leur apparaissaient encore avec une majesté, *l'honneur d'aucun* avec des priviléges et des délicatesses que les mœurs nouvelles, dans la victoire de leur indépendance, respectaient à genoux.

Nous sommes allés un peu plus loin.

Et c'est par-là que le caractère de notre époque se manifeste.

NOUS EXAGÉRONS TOUT,

ET

NOUS NE PERSUADONS PERSONNE.

Quand certains hommes, dont la loquacité est intarissable, ont enfin cessé de parler, on se demande ce qu'ils ont dit.

Personne, je crois, qui n'ait eu occasion d'exprimer plusieurs fois cette pensée et ce besoin.

On peut en dire autant d'un très-grand nombre des livres et des écrits que la faconde inépuisable de nos écrivains livre tous les jours à notre insatiable curiosité.

Notre imagination, très-impérieuse dans ses exigences, en repaît avec délices son avidité.

Leurs doctrines tranchantes éblouissent notre jugement.

Leur emphase remplit nos oreilles avec un bruit étourdissant.

Leur lecture achevée, vous ne pouvez vous en rendre compte.

Ils vous ont parlé de tout, et ils ne vous ont parlé de rien.

Ils ont charmé votre esprit par la pompe de leurs images, ébranlé vos facultés par le fracas de leurs paroles; et leurs images et leurs paroles, soumises à l'analise, se réduisent à des constructions vaines, à une ordonnance stérile, à des phrases sans substance.

Ils ont fatigué votre application par un entassement hétérogène d'idées et de mots, et vous n'avez rien retenu de toute leur savante fantasmagorie.

Pourquoi cela?

C'est que *quiconque exagère n'a rien dit;* vérité exprimée jadis par un académicien, dont le métier était d'exagérer, dans une académie où l'exagération était de rigueur.

Quiconque exagère n'a rien dit!

Or, nos livres, comme nos discours, comme nos conversations, mettent l'exagération d'abord dans le sujet, ensuite dans l'exécution.

Systèmes, principes, opinions, doctrines, sentimens, il faut que tout soit enflé, c'est-à-dire que tout soit faux.

Plus le cœur est sec, plus l'esprit veut paraître abondant.

On ne croit à rien, et on veut tout persuader.

On n'éprouve rien, et on veut vous échauffer d'un feu dont on ne brûle pas.

On est glacé par l'indifférence, et l'enthousiasme est dans la matière dont on a fait choix et dans la manière de l'exposer.

Il résulte de ce manége, trop bien connu pour tromper, que nous ne croyons plus aux manifestations passionnées, jusque-là que l'éloge, toujours si plein de séductions pour celui qui en est l'objet, n'a plus pour lui de couronnes; ce qui a fait dire au même académicien : *Celui qu'on ne croit pas, n'a point loué.*

La haine elle-même, sans saveur aujourd'hui, si elle n'est pas démonstrative à l'excès, n'en impose pas plus dans ses violences, qui plaisent néanmoins, que l'amour, dans ses protestations, que personne ne reçoit comme vraies.

Usés par l'activité brouillonne et continue de passions précoces et désordonnées, on ne peut nous chatouiller qu'avec des exagérations.

De là le caractère de notre esprit qui demande à la scène de l'immodération dans ses douleurs et dans ses joies, à l'histoire des convulsions, au roman des orages, à la poésie des tableaux gigantesques, à toutes les branches de la littérature ce que la littérature a ignoré jusqu'ici, au langage un ton solennel et un piquant qui n'ont point encore eu de modèles.

Partout la nature doit être outrée : il nous faut des mensonges ; l'imposture seule peut nous plaire. Nous savons que c'est de l'imposture, mais nous l'aimons. Il faut convenir que l'on nous sert selon notre goût.

L'ESTIME.

Aucun sentiment ne doit honorer davantage celui qui en est l'objet, que l'estime ; car c'est un hommage rendu à des vertus, à des talens, à des qualités, sans que l'amitié qui s'abuse et qui flatte, sans que la complaisance qui accueille et qui concède, y entrent pour la plus petite chose du monde.

Aussi chacun prétend-il avoir des droits à l'estime, lors même qu'il ne fait rien souvent pour la mériter.

Il est cependant plus commun de l'accepter que de la rechercher.

Il est plus commun de lui préférer tous les mensonges d'affection, de dévouement, de bienveillance, d'intérêt dont on est si prodigue dans la société; et cela se conçoit : sentiment froid, l'estime est vide de ces démonstrations éclatantes qui nous subjuguent toujours parce qu'elles semblent nous créer une supériorité à l'égard de ceux qui nous les manifestent, à la différence des autres sentimens, dont notre orgueil fait plus délicieusement sa proie.

L'estime, comme acte de justice, satisfait bien

une des exigences de ce cœur insatiable, qui demande sans cesse; mais elle ne caresse pas notre amour-propre comme des actes plus éclatans, qui, bien qu'ils ne soient que de la politesse, nous font l'objet d'attentions, de soins, d'égards, de protestations auxquels nous devons toujours dans la société une apparence de domination sur les autres.

On peut bien aimer ce qui flatte; telle est l'estime. Mais ce qui nous exalte aura toujours le privilége de nous plaire davantage.

Il y a pourtant dans la société une classe d'hommes plus indifférente à l'estime. Ce sentiment y est même assez souvent entièrement inconnu. C'est une monnaie que personne ne demande, et avec laquelle on ne paie rien. Rarement verrez-vous l'estime y nouer les rapports. Les rapports y ont leur source dans les relations d'intérêts, de position, d'habitudes, de caractères.

L'estime, qui prend sa source dans l'appréciation des qualités morales, est un fruit de l'éducation qui met plus de délicatesse dans nos perceptions, plus de chasteté dans nos exigences. Elle est principalement du domaine des hautes classes où tout ce qui tient à la considération personnelle a une valeur qu'on ne connaît pas plus bas.

Comme elle est l'effet de l'impression que fait sur nous une vertu ou une qualité, elle se donne à la conduite, moins à la personne. C'est ce qui explique pourquoi des ennemis la professent les uns envers les autres, au milieu même des agitations et des fureurs de la haine.

On estime, lors même que l'on ne peut pas aimer. C'est là le privilége singulier de ce sentiment, qui ne sort pas du cœur, mais de l'esprit; qu'aucune passion ne dicte, que la raison seule enfante.

On ne peut pas la demander, c'est la pensée ingénieuse du chancelier d'Aguesseau, *mais on peut la commander*.

Et pourquoi?

Parce qu'accordée par l'indifférence et par l'inimitié, aussi bien que par l'amour, il faut qu'elle soit arrachée et pour cela imposée par la force même des choses.

C'est une opération de l'esprit, qui ne peut nier l'existence de ce qui est.

L'estime est un jugement.

QUE NOS BESOINS
SONT DES MODES NÉCESSAIRES
POUR LE BONHEUR.

Je ne partage pas entièrement avec Horace, l'opinion que, *ne s'affecter de rien, c'est peut-être le seul et l'unique moyen de vivre constamment heureux.*

Ici, comme dans tous les axiômes qui sont présentés presque toujours dans un sens absolu, il faut pourtant distinguer.

Si l'on ne s'affecte de rien par suite de cette disposition froide qui nous rend indifférens par réflexion à toutes les déceptions et à toutes les misères de la vie, à la bonne heure; car alors, les douleurs de la nature, les injustices et la méchanceté des hommes, les trahisons de la fortune, les peines domestiques, les maux de la société, tous ces mécomptes si fréquens qui déchirent le cœur des hommes et qui flétrissent si souvent la vie, ne sont rien pour celui qui les méprise.

Ce n'est plus cela si notre indifférence est le résultat de cet état de l'âme qui nous rend insensibles au bien comme au mal, par engourdissement.

Cette dernière position est celle d'un homme

qu'aucun sentiment passionné n'avive. Or, un homme sans passions n'existe que comme une plante : elle reçoit sans nul souci les sucs de la terre ou sa stérilité, les rayons fécondans du soleil ou ses feux brûlans, les caresses de l'air ou les violences de la tempête, les soins de l'homme ou ses négligences, et elle croît comme elle peut au milieu de tout cela.

On ne peut pas dire d'un homme sans besoins qu'il a la vie, car la vie, privée d'action, n'est pas de la vie ; la vie, pour être sentie, doit demander quelque chose. Cette voix qui demande, ce sont nos besoins, et, quand ces besoins peuvent être satisfaits, ce sont nos jouissances.

Point donc de jouissances sans besoins, comme point d'existence réelle sans passions. Excessifs, ils détruisent l'homme qu'ils ont pour objet d'animer ; réglés, ils seront pour lui une source de biens : de biens, parce qu'ils vivifient son cœur, parce qu'il n'y a pas de vie, ainsi que je viens de le dire, là où il n'y a pas de mouvement, ce qui est vrai au moral comme au physique.

C'est ainsi que le chagrin, l'attente, l'inquiétude, les contrariétés, les oppositions, les tracasseries, les obstacles, et tous les modes qui secouent l'âme, donnent à la vie l'énergie qui en allume et qui en entretient le foyer.

L'homme est né pour sentir ; il est né pour agir. Otez-lui les perceptions par lesquelles il éprouve, ôtez-lui les moyens par lesquels il a du mouvement, vous n'avez plus qu'une statue. Une statue ne souffre pas, il est vrai, mais une statue n'est pas non plus heureuse ; et le bonheur, qui est le produit d'une situation agréable, se compose de toutes les choses par lesquelles nous obtenons des satisfactions. Des satisfactions supposent d'autres choses qui les réclament : ce sont nos besoins.

Sans besoins, a dit un auteur anglais, *il n'est point de désirs ; sans désirs, il n'est plus de jouissances ; sans jouissances, il n'est plus de bonheur pour l'homme ; car il n'y a point d'autre source du bonheur des êtres créés.*

Conclusion : Qu'un homme sans besoins ne peut être un homme heureux.

Et voilà ce qui fait que le bonheur, qui fuit les classes indigentes par des besoins sans satisfactions, et les classes opulentes par des satisfactions sans besoins, est presque toujours l'apanage des classes intermédiaires et de toutes les médiocrités, chez lesquelles les besoins peuvent se faire sentir avec les moyens analogues et proportionnels de les contenter.

LES JUGEMENS
DE LA FORTUNE.

Ce qui met l'un en croix, procure à l'autre le diadème.

On l'avait dit avant Juvénal ; on l'a répété bien des fois depuis.

Cela est vrai depuis qu'il existe des sociétés politiques ; toute l'histoire en dépose.

Et voilà l'ouvrage de la fortune.

Vagabonde dans ses caprices, errante dans ses volontés, mobile dans ses desseins, bizarre dans tous ses actes, la fortune n'obéit à aucun principe. Point de règle d'après laquelle elle se gouverne. Les événemens sortent de sa main au hasard ; un bandeau sur les yeux, elle les distribue sans choix et sans réflexion. Avec les mêmes élémens, elle dressera à la fois un échafaud et un trône. *Ille crucem sceleris pretium tulit, hic diadema. Ce qui met l'un en croix, procure à l'autre le diadème.* (Sat. 13.)

Avec la fortune il n'y a point de vertus ni de vices, de bien ni de mal, de juste ni d'injuste ; il y a des succès, et ces succès sont des jugemens qui déterminent et qui fixent les opinions des hommes. La vertu, le vice, le bien, le mal, le juste, l'injuste prennent ces noms selon qu'elle les impose elle-même, c'est-à-dire selon qu'elle les fait dans l'inconstance de son caractère, soit qu'elle abaisse ou qu'elle élève, soit qu'elle honore ou qu'elle flétrisse.

Et quand elle a couronné une action, un nom, une entreprise, là est toute justice, là est toute perfection; quand elle a disgracié, là sont les fautes, les torts et tout ce qui condamne.

Selon que vous serez puissant ou misérable, a dit La Fontaine, c'est-à-dire selon que la fortune vous sera favorable ou contraire, *les jugemens de cour vous rendront blanc ou noir.*

Il n'est pas un homme, dans la société, d'après notre manière de voir, aux yeux duquel tout ne soit ennobli par le succès, par le pouvoir, par l'argent, en un mot, par toutes ces propriétés et ces modes qui sont l'ouvrage de la fortune; tout ne soit avili au contraire, dégradé, criminel même en proportion des coups qu'elle aura frappés.

La position des hommes est toujours le juge qui prononce.

C'est sous le poids de cette observation que Juvénal écrivait encore: (Sat. 8.) *Le crime se mesure au rang du criminel*; que Rotrou, quatorze siècles après, traçait ces deux vers:

Le rang des vicieux ôte la honte aux vices,
Et donne de beaux noms à de honteux offices.

Toujours l'homme a prosterné son front devant les draperies dont il a plu à la fortune d'enrichir des nudités.

L'effet le plus ordinaire de ces distributions de la fortune qui met l'honneur, la vertu, l'innocence, la gloire dans le succès ; la honte, le mal, le vice, l'opprobre dans ses contraires, est de tromper non-seulement les contemporains, mais encore la postérité dont elle corrompt l'opinion. Ce n'est souvent qu'après une grande période de siècles, et lorsque le temps a dépouillé de ses prestiges et de ses illusions l'ouvrage de la fortune, qu'il en est enfin fait justice.

Voilà pourquoi, la plupart du temps, il règne jusque-là une si grande diversité dans les opinions dont sont la matière certains personnages qui ne se présentent à nous qu'avec une double physionomie.

Voilà pourquoi, dans la société comme dans l'histoire, le même homme peut être tout à la fois un scélérat et un sage.

Et c'est ce qui a fait dire à un auteur de *Mémoires historiques sur le 18e. siècle :* « Il y a des « temps où le même homme a deux réputations « au moins ; l'une, celle d'un coquin dans le parti « où il n'est pas ; l'autre, celle d'un homme de « bien dans le parti où il est. »

Cette manière de juger s'étend alors à toutes les positions ; et c'est encore le même écrivain qui a dit : « Dans les revers des partis, suivis très-

« souvent si vite de succès, c'est-à-dire sous l'ac-
« tion des coups de la fortune, les dégradations,
« même à l'instant où on les subit, honorent
« d'un côté en avilissant de l'autre, et peuvent
« être pour le lendemain les plus beaux titres aux
« grades supérieurs à ceux même après lesquels
« il n'y en a plus d'autres. »

Je rentre par-là dans la pensée qui a ouvert cet article : *Ce qui met l'un en croix, procure à l'autre le diadème.*

LES DÉBRIS DU PASSÉ,

ou

DE L'ANCIENNE GÉNÉRATION.

Sous l'action du temps tout périt, les sociétés seules se renouvellent.

Il opère sur elles par mutation, tandis que, sur tout le reste, il procède par destruction.

Son travail lent et insensible n'apporte que des modifications successives qui, entrant avec mesure dans un ordre de choses encore robuste, en reçoivent elles-mêmes quelques impressions contraires, et n'en prennent enfin la domination qu'après une longue suite d'années.

Dans ce cas-là, les élémens nouveaux, au lieu de faire invasion subite, ne prennent la place des anciens qu'au fur et mesure de leur évanouissement, de sorte que la révolution des hommes, des mœurs, des choses s'accomplit sans violences, sans brusquerie, sans éclat, et que l'on ne s'aperçoit de la disparition totale de l'ancienne société, et de la mise en scène d'une nouvelle, que quand cette dernière, assise depuis long-temps sur les ossemens de la précédente génération, a vieilli elle-même assez pour voir s'avancer déjà celle qui doit lui succéder.

Il n'en a pas été de même parmi nous. Une tourmente épouvantable et furieuse a attaqué jusque dans ses entrailles la dernière génération. Elle a péri tout entière dans un naufrage. Le lendemain son héritage s'est trouvé aux mains d'une autre, et il n'est plus resté de la catastrophe qui l'avait emportée que des ruines.

Ceux qui leur appartiennent portent aujourd'hui une physionomie remarquable.

Vous les reconnaîtrez :

Dans une église, à leur nombre, à leur recueillement, à leur attitude respectueuse, à leur habitude des solennités que la religion y célèbre ;

Dans les salons, à la gravité un peu lourde de leur présentation, à l'aménité de leur maintien, à la retenue de leurs paroles auprès des femmes, à la politesse de leurs manières, à la complaisance de tous leurs mouvemens ;

Parmi leurs inférieurs, à la bienveillance de leurs regards, à la douce familiarité de leur langage, à la générosité de leurs promesses ou de leurs services ;

Partout, à leur manière de louanger, sobre, discrète, délicate, qui laisse encore des expressions et un mode pour l'éloge, quand il aura été mérité de nouveau ;

A leur manière aussi de blâmer, toujours assaisonnée d'égards pour les personnes, pleine de mesure, de réserve et de circonspection ;

Au ton de leurs décisions qui ont, affirmatives, toute la pudeur de la modestie ; négatives, toute la timidité du doute et comme les grâces de l'obligeance ;

A la nature

De leur obéissance, qui est le résultat de la noble et confiante inspiration ;

De leur croyance, pleine de candeur et de conviction ;

De leurs désirs, qui ne vont jamais au delà des besoins de leur condition ;

De leurs services, qu'inspire, qu'anime, qu'accomplit le dévouement ;

De leur bienfaisance, qui s'enveloppe, qui se tait, qui respecte toutes les délicatesses du malheur, qui a l'air de recevoir elle-même quand elle donne, qui part d'un sentiment religieux ;

De leurs relations, où ils mettent leur cœur, de la franchise, de la simplicité, de l'esprit de famille, de la joie, de la complaisance et des services ;

De leur respect pour le public, qui exerce à leurs yeux une souveraineté légale dont relève principalement tout ce qui est du domaine de l'opinion et des mœurs ;

De tous leurs mouvemens enfin dont la règle invariable est prise constamment dans leur position.

Là où vous trouverez ces caractères, là sera le passé.

Je n'entends pas dire que le présent n'en réfléchit pas quelquefois l'image, j'entends encore moins le déshériter de cette ressemblance avec ce qui l'a précédé.

Mais, c'est le petit nombre, et puis, les couleurs n'ont pas la teinte aussi prononcée.

Au milieu d'un monde nouveau on distingue davantage ce qui s'en détache.

On le distingue d'autant plus ici que chaque jour en enlève les derniers restes.

Ces restes sont maintenant comme une anomalie dans nos mœurs.

Peu nombreux, mais épars partout.

Tel un vaste incendie, qui a répandu sur une surface immense une désolation complète. Après lui, des fragmens mutilés des choses dont il a fait sa proie, demeurent çà et là à de longues distances, pour raconter la catastrophe et pour en déterminer le siége.

RIEN DE NOUVEAU
SOUS LE SOLEIL,
ET, A CE SUJET,
DE LA JEUNESSE.

Frappé comme on l'est quelquefois d'une action, d'une chose, d'un caractère, on ne s'imagine pas qu'ils ne soient que la répétition de ce que d'autres ont vu avant nous.

Ces objets se présentent à nos yeux avec le prestige qu'exerce toujours ce qui est actuel.

Nous devons à cette fascination de regarder comme étant nouveau, et d'un effet inconnu avant nous, ce qui déjà a été considéré par nos pères comme l'étant à leur égard, bien que ce qui leur paraissait tel n'eût pas été étranger aux générations qui les avaient précédés.

Rien donc de nouveau sous le soleil.

Ce qui paraît être d'un siècle, peut bien ne pas être toujours son ouvrage.

Ce qui semble appartenir à une époque, elle ne le tient bien souvent qu'à titre héréditaire.

Là où nous croyons distinguer des originaux,

nous ne trouvons réellement que des imitations, et dans ces imitations que des reproductions souvent serviles.

Si j'avais enregistré tout ce qui a été dit et écrit sur la jeunesse contemporaine, j'offrirais sans doute un étrange recueil.

Eh bien, je ne ferais pourtant que répéter Rollin qui, au siècle où de bonnes traditions, des mœurs fortes, une foi docile, une éducation religieuse devaient faire une jeunesse analogue à ces moyens, trouva déjà dans cette jeunesse, les défauts que nous reprochons à la nôtre.

Toute la différence consistait en ce que, du temps de Rollin, c'était la lie, sur laquelle l'éducation n'avait pu mordre; et qu'aujourd'hui c'est un très-grand nombre, avec et malgré l'éducation, quoique pleine, dit-on, de plus de générosité et de perfection.

« L'important, disait le bon recteur, dans ses
« conseils paternels, est d'aller au principe et
« à la racine du mal, et de combattre dans les
« jeunes gens certaines dispositions directement
« opposées aux devoirs communs de la société et
« du commerce : une grossièreté féroce et rus-
« tique, qui empêche de faire réflexion à ce qui
« peut plaire ou déplaire à ceux avec qui l'on se
« trouve; un amour de soi-même, qui n'est at-
« tentif qu'à ses commodités et à ses avantages;
« une hauteur et une fierté, qui nous persuadent
« que tout nous est dû, et que nous ne devons

« rien aux autres; un esprit de contradiction, de
« critique, de raillerie, qui condamne tout, et
« ne cherche qu'à faire peine. Voilà les défauts
« auxquels il faut déclarer une guerre ouverte. »

Le seul mal pourtant que le sage précepteur y voyait, c'est qu'ils rendaient la jeunesse étrangère *à la politesse et à la civilité.*

C'était là tout alors : les mœurs, non encore amollies par une autre civilisation, ne recevaient pas de ces défauts d'impression plus profonde.

Soumises davantage à leur action, les nôtres en ont accepté toutes les conséquences fâcheuses, et développé dans toutes les branches de l'ordre civil les effets funestes.

C'est ici que le siècle a mis plus particulièrement sa main.

Avec semblables travers aujourd'hui, la société, dont sont bannies ces vertus simples, douces, modestes, aimables, bienveillantes, qui en font le ciment et le charme, n'est plus qu'un camp, où chacun place une tente, ennemie de celle qui lui est voisine.

Que d'individus à qui les observations de Rollin sont applicables!

Cette grossièreté féroce et rustique, qui empêche de faire réflexion à ce qui peut plaire ou déplaire à ceux avec qui l'on se trouve, et que nos écoles n'ont pas polie, n'est-elle pas le cachet particulier de ceux dont la fortune a enrichi la caisse, les espérances et le ton?

Cet amour de soi-même, qui n'est attentif qu'à ses commodités et à ses avantages, n'éclate-t-il pas dans toutes leurs actions, n'anime-t-il pas tous leurs mouvemens dont personne n'est l'objet qu'eux-mêmes ?

Cette hauteur et cette fierté, qui nous persuadent que tout nous est dû, et que nous ne devons rien aux autres, ne sont-elles pas la cause générale de l'état d'hostilité où tout ce qui est jeune se trouve avec les anciennes doctrines religieuses, politiques et sociales, avec ceux qui les professent, avec tout ce qui est pouvoir ?

N'est-ce pas enfin à *cet esprit de contradiction, de critique, de raillerie, qui condamne tout, et ne cherche qu'à faire peine*, que nous devons tant d'aigreur et de tiraillemens qui font du plus grand nombre des hommes, les uns à l'égard des autres, des obstacles aux plus douces jouissances de l'état de société ?

Rollin avait dessiné pour nous.

Ce qu'il a dit de son temps, nous appartient bien en propre.

Mais aussi, *rien de nouveau sous le soleil.*

TRADUCTION ou PARAPHRASE

D'UN PETIT POÈME INTITULÉ:

LES JEUNES GENS DU SIÈCLE.

Partout où je vois une jeune et bruyante cohue tourbillonner autour de rien, ne voir personne à moins que ce ne soit pour une insulte ou une grossièreté, faire beaucoup de bruit pour ne rien faire du tout, je dis: il y a là des jeunes gens sans noms, sans racines, sans aïeux connus, sans consistance et sans raison, et je ne me trompe pas.

Fuyez, jeunesse honnête, fuyez cette tourbe de jeunes désœuvrés, au ton léger, au langage hardi, aux opinions tranchantes, à l'allure fanfaronne; pleine de nullité et d'amour-propre, d'ignorance et de présomption !

Fuyez ces nains, ridicules et bouffis d'orgueil, véritables fléaux de toute société laborieuse et honorable !

Fuyez ces êtres ébauchés, qui ont bu à la coupe de l'éducation ou pour n'y trouver aucune saveur, ou pour s'y enivrer; ces enfans émancipés que, par un aveuglément inconcevable, leurs pères abandonnent à la fougueuse intempérance de leurs appétits désordonnés, et qui se livrent immodérément à des actions dont l'objet connu, dont le seul et véritable but est de blesser des délicatesses et de narguer l'autorité !

Fuyez cette foule d'inconsidérés, de téméraires, d'imprudens, d'irréfléchis ; sans aucuns principes, sans raisonnemens ; ennemis nés de toute bienséance, de toute convenance, de toute tradition, de tout respect, de tout frein quel qu'il soit ; ne croyant à rien de ce qu'ont cru leurs pères, et ne doutant de rien quand il s'agit de contrarier, de regimber et d'outrager !

Fuyez ces petits aboyeurs, qui se mutinent, qui se dépitent, qui se croient des penseurs, parce qu'ils font de petites réflexions ; des Achilles, parce qu'ils ont de petites colères ; hommes à petits efforts, à petites joies, à petites intentions, à petits jugemens, à petites haines ! Fuyez !

Tout leur temps, j'entends celui que ne leur demandent pas la nécessité ou la passion du gain, ils le passent à courir, importuns dans les intérieurs, importans au dehors.

Vaniteux, suffisans, ils décident de tout en rois, parlant pour fronder et pour imposer une opinion ; pour louer jamais, pour consulter jamais, pour s'instruire jamais : ils savent tout.

Les soins, les égards, les complaisances, les attentions délicates, la réserve, la circonspection, la retenue, toutes ces qualités qui sont des vertus sociales dans leurs rapports avec les femmes, les vieillards, les nobles professions, les pouvoirs, ils les méprisent.

L'indocilité, c'est de l'indépendance; la turbulence, c'est un grand caractère; le scepticisme, c'est élévation d'âme; l'ironie, le sarcasme, le froid quolibet, ce sont les étincelles de l'esprit, et l'esprit, dans les autres, n'est qu'un lourd bon sens.

Auprès des filles honnêtes, ils sont gauches; souvent indécens auprès des femmes. Leur jargon n'a rien que l'on puisse comprendre.

Dans la société, presque tous fondent leurs succès sur leurs airs, sur leur figure, sur la vivacité, la pétulance étudiée et calculée de leurs mouvemens, et tout le goût qu'ils pensent avoir ils le font entrer dans leur parure.

Sont-ils admis dans un cercle de femmes? leur fatuité les y établit en vainqueurs; ils s'y conduisent avec une aisance bouffonne, ils y ôtent toujours à la pudeur au moins un de ses voiles, et quand ils en quittent, le rire et la moquerie s'asseyent sur leurs lèvres, que la médisance mordante, la calomnie bien souvent avaient fait grimacer.

Qu'ils aient des bonnes fortunes, jamais ils ne s'en prévaudront; la raison en est bonne, c'est que leurs maîtresses sont vulgaires, et que la honte de leurs idoles les force à la discrétion.

(180)

Suivez-les dans leur ivresse, c'est la débauche qu'ils préféreront aux plaisirs. Leurs jouissances sont sans désirs, et ils les goûtent sans délicatesse... Fuyez !

QUE NOS VERTUS

NE SONT PAS DES HABITUDES;

POUVANT FAIRE SUITE AUX DEUX CHAPITRES INTITULÉS:

DE LA NATURE DE NOS VERTUS,

ET

COMMENT NOUS CONCEVONS LA VERTU,

AU LIVRE:

LA SOCIÉTÉ ACTUELLE.

S'IL est vrai, comme le dit Pascal, que *la vertu d'un homme ne doive pas se mesurer par ses efforts, mais par ce qu'il fait d'ordinaire*, peu d'hommes, dans l'état actuel de nos mœurs, pourraient être qualifiés vertueux.

On les cite; donc ils sont à part.

On loue ce qu'ils ont fait; donc ils ne font pas toujours de même.

On cite et on loue quelques actions éclatantes; donc elles ne sont pas habituelles.

Je n'entends pas dire qu'il n'y ait point du tout d'hommes vertueux dans le sens de Pascal, c'est-à-dire des hommes dont la vie entière et non quelques scènes de cette même vie, réfléchissent ce bien inaltéré, constant, incorruptible, qu'on nomme la vertu. Comme il est de la nature de la vertu d'être humble, modeste, timide, ignorée, elle reste ensevelie dans les ténèbres pour la majeure partie des hommes. De ce qu'elle est inconnue, il ne serait ni vrai, ni conséquent de dire qu'elle n'existe pas.

Mais entrant dans la pensée de Pascal, pour en faire application à notre siècle, je dis : cette espèce de vertu, qui n'est rien, *si elle se mesure par ses efforts*, c'est bien la nôtre.

On est généralement si peu accoutumé à la voir régner telle que Pascal l'a conçue, que, quand elle vient à lancer des éclairs, par un mouvement d'autant plus distingué qu'il est rare, nous embouchons aussitôt la trompette, et l'action par laquelle elle s'est manifestée vaut un brevet d'homme de vertu à celui qui a été assez heureusement inspiré pour l'exercer.

Voilà où nous en sommes avec la vertu.

Il faut bien que celui-là soit vertueux qui fait quelque chose de bien qu'on a pu remarquer.

Mais de ce qu'on l'a remarqué, il s'ensuit évidemment deux choses :

1°. Que ce qu'il a fait n'est pas commun parmi les hommes;

2°. Qu'il ne l'est pas davantage chez lui.

Ordinaire dans le monde, ce bien ne serait l'objet d'aucune distinction particulière : on ne distingue que ce qui diffère.

Ordinaire chez lui, ce bien ne serait pas signalé comme dominant spécialement ses habitudes ; s'il était dans ces mêmes habitudes de tout bien faire également, on ne séparerait pas d'une vie toute entière de vertu, une action isolée pour la présenter seule à la vénération publique.

Là où tout est semblable, encore une fois, il n'y a plus rien de nature à devenir l'objet d'observations particulières.

Ceci rentre dans cette autre pensée de Pascal :

« Quand tout se remue également, rien ne se
« remue en apparence, comme en un vaisseau.
« Quand tous vont vers le déréglement, nul ne
« semble y aller. Qui s'arrête fait remarquer l'em-
« portement des autres comme un point fixe. »

Ainsi, quand nous entendons une foule d'optimistes s'égosiller à nous dire : Le monde va comme il doit aller. Avec les lumières, les mœurs même s'améliorent. Des esprits chagrins et atrabilaires seuls peuvent prétendre qu'il y a dérivation vers le mal ; voyez la société, et dites où la corruption se fait remarquer davantage : on leur répondra avec Pascal : *Quand tous vont vers le déréglement, nul ne semble y aller.*

Il en est de même de la vertu. Comme en matière de perversité, *celui qui s'arrête fait remar-*

quer l'emportement des autres ; en matière de vertus, celui qui éclate par un bel *effort*, fait remarquer l'engourdissement des autres.

Cette règle est infaillible pour juger de l'état de nos mœurs en bien et en mal.

DE L'ORIGINALITÉ

ET

DE L'IMITATION

DANS LES HABITUDES DE LA VIE.

Un même principe nous porte à être tout à la fois originaux et imitateurs : la vanité.

Voilà ce qui fait qu'il y a des choses dans lesquelles nous ne voulons pas être comme les autres, et des choses dans lesquelles au contraire nous voulons être comme les autres.

Nous ne voulons pas être comme les autres, pour nous faire remarquer.

C'est aussi pour nous faire remarquer, que nous voulons être comme les autres.

Dans le premier cas, ne pouvant nous élever, parce que nous sommes déjà dans une haute sphère, et ne pouvant y dominer, parce que les moyens nous manquent, nous cherchons, pour faire saillie, quelque distinction dans les choses et par les choses que les autres ne font pas : c'est l'originalité.

Dans le second cas, étant assis trop bas pour être vus, nous croyons atteindre le degré où l'on se fait remarquer, si nous pouvons parvenir à faire comme les autres, à être comme ils sont : c'est l'imitation.

En haut, nous nous distinguons par des différences qui, faute de mieux, nous font trancher parmi nos égaux.

En bas, nous nous distinguons par des similitudes qui nous approchent, au moins par les formes, des hauteurs qui faisaient obstacle à notre exhaussement.

Celui-ci, dans ses habitudes, fait tout le contraire de ceux avec lesquels il est encadré. Sa figure se détache.

Celui-là prend les habitudes de ceux au-dessous desquels il est encadré. Il se donne une figure qu'il n'avait pas.

Vanité partout.

Et c'est cette vanité qui fait le luxe, la splendeur et les faillites; qui exerce l'industrie et la mauvaise foi; qui féconde la société, et qui ruine les familles; qui change les usages, et qui renouvelle les mœurs.

MOYENS DE SUCCÈS
DANS UNE MAUVAISE POSITION,

OU

DE CE QUE L'ON DOIT FAIRE
DANS DES PROFESSIONS DEVENUES IMPOPULAIRES,
POUR SE LES FAIRE PARDONNER.

Voulez-vous être outragé, avili, honni, calomnié? faites-vous prêtre.

Voulez-vous être livré à toutes les tracasseries, à tous les ressentimens, à tous les orgueils mécontens, à toutes les fureurs de l'opinion? devenez officier public.

Avec l'amour et le respect que nous avons aujourd'hui pour les choses de la religion et du pouvoir, rien de cela ne peut vous manquer.

Mais, si, officier public, vous voulez affranchir votre profession de ce qu'elle a d'impopulaire; si, prêtre, vous voulez convertir en couronne de fleurs le cercle de fer rouge que la main de la prévention et de la haine a enfoncé sur votre front, voici ce que vous devez faire.

Officier public, ayez de l'indifférence pour tout ce qui tient dans les actions aux irrégularités de l'esprit, aux écarts de l'indépendance; aux sottises, aux licences, même aux crimes de l'opinion; ayez des yeux pour ne point voir, une voix pour vous taire, des oreilles pour ne pas entendre, une complaisance *éclairée* qui souffre tout; et s'il vous arrive de vous apercevoir que vous avez des mains, que, loin de châtier, elles soient employées à servir.

A ces conditions, vous pourrez bien encore ne pas être aimés, parce que vous êtes toujours Pouvoir; mais au moins ne serez-vous plus flétri par le dénigrement.

Prêtre, il faut faire quelque chose de plus: trempez votre robe dans le siècle. Ne voyez que du bien partout. Que les fautes, les irrégularités, les omissions, les scandales, les transgressions, disparaissent comme des peccadilles au foyer de votre ardente charité. Au vice triomphant, faites des concessions pour qu'il vous tolère. Le siècle est malade, il veut de la tolérance dans ses médecins, sous peine d'être congédiés. Que le mal ne soit donc, aux yeux de votre indulgence, qu'une faiblesse; l'irréligion systématique, qu'une erreur momentanée de l'esprit; l'impiété, qu'un sentiment froid sans contagion, qu'une opinion insensée sans périls et sans intention mauvaise. Sous le nom de tolérance, avec lequel on fait fortune, montrez-vous indifférent aux écarts de la pensée. Soyez prêtre, si vous le voulez, à l'autel, cela ne fait rien : on n'ira pas vous y voir; mais en chaire, soyez philosophe, et dans le monde, un homme comme tous les autres.

A ce prix, on vous pardonnera l'habit que vous portez.

QUE PLUTARQUE
A QUELQUEFOIS RADOTÉ.

Dix-huit cents années de foi et de respect ont consacré tout ce qui est sorti de la plume de Plutarque.

Sous la protection d'un nom aussi célèbre, nous tenons comme excellens les jugemens, comme vraies les opinions, comme bonnes les maximes, répandues dans ses écrits, et jusqu'à présent il n'est arrivé à qui que ce soit de voir et de penser différemment.

Sans renoncer à la soumission que l'autorité d'un pareil écrivain m'a toujours inspirée, il m'est arrivé pourtant de mettre quelques-unes de ses pensées en présence des choses telles qu'elles sont aujourd'hui, et voici mes résultats.

Plutarque a dit :

Les hommes ont plus besoin de guides pour apprendre que pour marcher.

Cela pouvait être vrai au temps de Plutarque, et même encore depuis ; mais nous avons fait bien des progrès depuis ce temps-là. Plutarque, dont le berceau touchait encore au siècle grossier et ténébreux d'Auguste, ne pouvait pas, à cette distance du nôtre, le deviner. Maintenant les hommes savent tout sans guides, dès qu'ils connaissent la valeur des mots *philosophie*, *liberté*, *idées libérales*, *mouvement industriel*, *civilisation*, et qu'ils savent faire usage, en matière de doctrine et d'administration, de toute l'indépendance de leur caractère et de leur esprit. Né dix-huit siècles plus tard, il n'eût pas lâché une maxime qui décrédite aujourd'hui sa raison, comme philosophe et comme homme.

C'est dans l'enfance que l'on jette les fondemens d'une bonne vieillesse.

J'avoue que j'avais toujours pensé comme cela. Mais en morale, les vérités ne sont pas immuables, comme en géométrie. Quand Plutarque exprimait celle-ci, il ne savait pas, comme nous le savons aujourd'hui, que la vie n'est donnée à l'homme que pour qu'il en use; que l'enfance, étant pour l'homme le temps de tous les essais, rien ne lui est interdit; et que la vieillesse, avec laquelle elle ne peut avoir aucun rapport, est un accident qui nous met en dehors de la société.

Se taire à propos vaut souvent mieux que de bien parler.

Bon à enseigner à ceux qui ne savent rien dire.

Bien parler a toujours été très-difficile; parler

beaucoup est le fait de bien des personnes ; croire que l'on parle bien, l'opinion de tous ceux qui font usage de la parole. Allez dire à tous ces gens-là que, quelqu'excellentes que puissent être les choses qu'ils pourraient dire, il est des cas où ils feraient infiniment mieux de s'imposer le silence !

L'homme ne saurait recevoir, et Dieu ne saurait donner rien de plus grand que la vérité.

Conséquemment rien de plus désirable, rien de plus digne de nos recherches. Eh bien, mettez dans une balance d'un côté la vérité et de l'autre un écu, et vous jugerez.

L'autorité est la couronne de la vieillesse.

J'ai bien lu, et assez souvent, que, dans les temps anciens, on empruntait beaucoup à l'expérience des vieillards ; leurs conseils étaient de la sagesse, leurs actions des choses sacrées.

L'éducation, les opinions qui en étaient l'ouvrage, attachaient un saint respect à de longues années.

On ne disait pas alors : *Nous sommes meilleurs que nos pères, et nous en savons plus qu'eux.*

On ne disait pas : *Devant la génération qui s'avance, pleine de savoir et de force, la vieille génération doit reculer comme la nuit devant le jour.*

On ne disait pas : *Ce que nous valons, nous le tenons de nous-mêmes, comme un bon terrain qui ne doit pas ses sucs à l'engrais ; et le passé* ne doit plus figurer que comme une ombre que l'on jette sur un tableau pour faire ressortir davantage un brillant effet de lumière.

Si la vieillesse est aujourd'hui couronnée de quelque chose, je n'ose entrer dans le détail des élémens dont se compose son épineux bandeau.

Ne sont-ils pas bien sots aussi nos grands-pères avec leurs goûts, leurs habitudes, leurs modes, leurs doctrines, leurs croyances, leurs opinions, tout leur esprit enfin ?

Le silence est la parure et la sauve-garde de la jeunesse.

Avec cette opinion, Plutarque trouverait probablement notre jeunesse bien mal parée et bien mal gardée.

Des jeunes gens qui, à quinze ans, savent tout ; qui, à dix-huit ans, savent tout dire, se taire !

Imposer le silence, comme une garantie contre des écarts, à de jeunes âmes que dévore le triple feu de l'émulation, de la gloire et de l'indépendance !

Plutarque ! Plutarque ! vous n'écririez plus semblable sottise, aujourd'hui.

Pour savoir parler, il faut savoir écouter.

Point du tout, Monsieur ; vous parlez-là vous-même sous le poids des souvenirs des règnes de Claude et de Néron, sous lesquels il valait mieux avoir des oreilles que des langues. Ecouter est d'un servile, parler, d'un homme libre et d'un cœur généreux ; partant, dire ce que vous dites est d'un sot.

Ceux qui sont avares de la louange, prouvent qu'ils sont pauvres en mérite.

S'il fallait vous en croire sur parole, que de bêtes dès lors parmi nous !

Mais non, il y en aurait trop si la maxime était vraie..... et la maxime n'est pas vraie pour l'honneur de nos contemporains.

Quand mon serviteur bat mes habits, ce n'est pas sur moi qu'il frappe ; il en est de même de celui qui me reproche les accidens de la nature et de la fortune.

Ah ! que d'habits à battre parmi nous, si on pouvait passer cela au philosophe grec !

Il n'en est pas de l'esprit comme d'un vase ; il ne faut pas le remplir jusqu'aux bords.

Il n'y avait donc, du temps de Plutarque, ni académies, ni tréteaux, ni tribunes, ni journaux, ni presses ! Comme on manquait de moyens d'écoulemens, on mettait sans doute plus de mesure et de parcimonie dans la distribution. Moins gênés, nous nous dispensons de cette sobriété, et l'esprit chez nous coule à pleins bords.

Il y a des hommes qui, pour fuir les voleurs ou le feu, se jettent dans un précipice : il en est de même de ceux qui, pour éviter la superstition, se jettent dans le triste et odieux système de l'athéisme, passant ainsi d'un extrême à l'autre, et laissant la religion qui est au milieu.

Ici, Plutarque aurait raison encore aujourd'hui, et voilà comment la religion, dont peu de personnes s'approchent assez pour la connaître, n'est, pour bien du monde, qu'un nom sans définition et sans idées.

L'endurcissement dans le mal pourrit le cœur, comme la rouille pourrit le fer.

Autre vérité, jusqu'à ce qu'il arrive un temps où les mœurs soient telles qu'elle cessera d'être la vérité.

Quand nous approchons de Dieu par la prière, nous devenons meilleurs.

Si Plutarque avait encore ici raison, il en résulterait que nous ne nous approchons pas souvent de Dieu par la prière; car que de gens qui ne sont même pas passables, loin d'être meilleurs!

Dans ce cas, ne vaudrait-il pas mieux qu'il eût tort, afin qu'on ne nous accusât pas de manquer au premier devoir de toute créature?

Mais si, par hasard, l'accomplissement de ce devoir était de la superstition!

Mais si, par hasard, nous mettions de l'orgueil à paraître dégagés de cette faiblesse!

Mais si, par hasard, s'éloigner de Dieu était parmi nous un titre même à la considération!

Ne point reconnaître sa dépendance d'un Etre supérieur qu'on n'a jamais vu; devant lequel toutes les nations, tous les siècles, tous les génies ont été prosternés; dont les traditions veulent nous imposer le joug, est particulièrement le propre de ce que nous appelons une âme forte, qui ne reçoit jamais de sentimens et d'opinions que d'elle-même. Or, combien d'hommes aujourd'hui veulent paraître des âmes fortes !

Si pourtant, à force de se généraliser, si, à force de devenir vulgaire, ce mode d'être, qui est un mode comme un autre, venait à changer dans l'opinion !

Qui sait si cette puissance d'incrédulité, devenue ainsi la faculté et le mérite de tout le monde, ne perdrait pas à son tour dans cette opinion !

Et alors, par une révolution inévitable, le petit nombre des croyans ne reprendrait-il pas, toujours dans cette même opinion, le caractère que l'on finirait par rechercher, en reprenant la renommée des hommes de la sagesse ?

Je n'aperçois là dedans rien de déraisonnable, rien d'impossible. Cela même est assez dans l'ordre naturel des choses. Pour le voir, il ne s'agit que de vivre; pour le démontrer, qu'un peu plus de temps et de papier que je n'en veux consacrer à cet article.

DE L'ESPÉRANCE.

Je suis parfaitement de l'avis de celui qui a dit : *L'espérance est le soutien de la vie.*

De tous les sentimens agréables qui peuvent battre au cœur de l'homme, je n'en connais pas de plus heureux.

Je n'en connais pas non plus de plus durable.

Je n'en connais pas enfin de plus convenable à toutes les positions de la vie, même les plus contradictoires.

Les autres ne sont plus, que celui-là vit encore ; et telle est sa nature qu'il ne sort du cœur de l'homme qu'avec son dernier soupir.

Vienne le temps, toutes vos affections s'éteignent sous ses mains de glace ; l'espérance vous reste ; elle vous reste jusqu'au dernier de vos jours ; elle descend avec vous dans la tombe.

Vienne l'infortune, votre cœur, en proie à la douleur, se vide de tout ce qui en faisait le charme ; reste l'espérance qui vous console.

L'espérance est tout à la fois l'amie de la prospérité et du malheur.

Elle est l'amie de la prospérité en ce qu'elle réveille l'homme heureux de l'assoupissement du bonheur, en lui montrant encore du bonheur à désirer au delà du bonheur qu'il possède.

Elle est l'amie de l'homme malheureux, en ce que, d'un présent qui l'afflige, elle le transporte dans un avenir qui le réjouit.

Jamais, a dit un philosophe-poète, jamais *l'homme ne se rebute de l'espérance*, tandis qu'il se rebute, par la satiété, du bonheur; par la déception, de l'amitié; par l'abondance, de ses appétits; par le temps et par la jouissance, de l'amour.

Il est vrai que, *toujours crédule et toujours trompé par elle, il ne sort*, d'après le même écrivain, *d'une erreur que pour retomber dans une autre*.

Mais c'est précisément en quoi l'espérance est si pleine de bienfaits. Tant de misères oppriment cette pauvre humanité, que si la chimère du bien ne lui était pas présentée par l'espérance comme une réalité possible, la vie ne serait pour elle qu'un abîme.

L'expérience, continue-t-il, *ne la corrige pas. Elle veut voir l'instant qu'elle n'a point vu*.

N'est-ce pas tant mieux ? n'est-ce pas en quoi elle est passagèrement heureuse ? Pourquoi lui envier une erreur qui a tant de charmes ! tandis qu'avec votre vérité affreuse, votre vérité cruelle, vous voudriez la désabuser, le mensonge de l'espérance sourit à ses maux, met du bonheur au milieu de ses angoisses.

Du bonheur, reprendra mon philosophe! *L'espérance rend bien l'homme heureux, mais elle est elle-même sans bonheur.*

J'avoue que je ne devine pas, comment, étant sans bonheur, elle peut rendre l'homme heureux; et comment, rendant l'homme heureux, elle est sans bonheur.

Mais, *elle ne fait que de vaines promesses de bonheur, au nom du lendemain.* Ce qui veut dire, je crois, qu'elle ne nous donne que des illusions.

Je demanderai à mon tour, si des illusions qui endorment nos douleurs, ne sont pas des biens réels? si des illusions, fécondes en résultats semblables, ne valent pas elles-mêmes le bonheur?

En parlant du bonheur, notre même philosophe a dit encore: *Dès qu'il peut finir, il cesse d'être.*

Et cela est vrai.

Le bonheur arrivé n'est plus bientôt du bonheur.

Voilà pourquoi nous jouissons davantage par l'espérance que par la possession.

L'espérance appelle la possession. Dans le lointain vague et nuageux où elle la place, elle l'embellit de tous les prestiges de l'imagination qui désire et qui attend. La possession acquise, le charme cède à la réalité; et la possession, usée par la jouissance, demande à son tour de nouvelles espérances.

De là l'immensité et la perpétuité de nos convoitises.

Ces convoitises ce sont des espérances : elles ravivent dans nos cœurs ce que la possession y avait éteint.

Alexandre, partant pour la conquête du monde, dit l'historien, distribue à ses capitaines l'héritage paternel, ne se réservant que l'espérance.

Voilà le bonheur, pour Alexandre.

Enflammé du désir d'imposer son joug à la terre, et en ayant la promesse dans son génie, l'assurance dans son épée, Alexandre ne veut plus rien de ce qu'il a, parce que ce qu'il a ne peut plus remplir son cœur. Son bonheur est dans ce qu'il n'a pas, dans ce qu'il attend, dans l'espérance. Quand les empires tomberont partout à ses pieds, l'espérance d'aller plus loin encore soutiendra son activité brûlante. Il sera toujours heureux, non de ce qu'il aura acquis, mais de ce qu'il attendra.

O Espérance ! c'est aussi dans tes bras que va se jeter le malheureux que le crime et que la justice ont dévoué à la mort. Lorsque le temps va finir pour lui, tu lui montres d'autres régions dans lesquelles il va vivre. Sur l'échafaud où un bourreau lui étale les instrumens du néant, et où tu es montée avec lui, seule, de toutes les choses de la terre, tu lui es demeurée fidèle, et c'est par tes mains consolatrices qu'il entre avec confiance dans la redoutable éternité !

DE LA PEINE
DE L'EMPRISONNEMENT.

De toutes les punitions que les lois et que la société infligent, la plus commune, la plus fréquente, c'est l'emprisonnement.

Elle est la plus commune, parce qu'elle est appliquée au plus grand nombre des infractions, et parce qu'elle est subie par la partie de la société qui est aussi la plus nombreuse.

L'emprisonnement est toujours décerné ou comme peine, ou comme exemple, ou comme mesure de sûreté publique.

Comme peine, il prive l'homme de sa liberté, ce qui constitue un châtiment matériel; il met une tache sur son nom, ce qui constitue un châtiment moral.

Comme exemple, il proclame avec solennité les vengeances de la loi, il avertit le malfaiteur de la présence de ses organes et de leurs veilles, il montre à la société l'action continue de la société sur ses membres.

Comme mesure de sûreté publique, il retranche du sein de cette même société les élémens pernicieux qui la vicient et qui la tourmentent, et il captive les mains perverses qui lui sont un péril.

Mesure de sûreté, son utilité est incontestable.

Exemple, il opère sur l'esprit avec beaucoup moins de succès qu'autrefois.

Peine,...... mais est-il une peine ?

Dans nos mœurs actuelles, et avec la génération qu'elles nous ont faite, les idées morales attachées au mot prison qui épouvantait la sévérité de nos délicatesses, ne sont-elles pas usées ?

Ce ressort ainsi détendu, à quoi se réduit la peine matérielle ?

Sur cent individus que la justice des hommes condamne à l'emprisonnement, j'en sépare quatre-vingt-dix-huit qui, par leur caractère personnel, ou par leur position, n'en reçoivent aucune flétrissure. Aucun d'eux n'a un nom à perdre. Sur quoi porterait une souillure ?

Sur le même nombre, j'en sépare encore la moitié pour laquelle la perte d'une liberté, qu'elle vendrait pour un verre d'eau-de-vie, n'est pas une menace qui doive retenir son penchant au mal.

Quant à l'autre moitié, elle aura échangé une existence incertaine et orageuse, toutes les inquiétudes et toutes les privations de la vie, contre une position qui assure à chacun de ses membres du pain, qui met un vêtement sur ses épaules, un toit entre lui et les rigueurs de l'air, un soulagement près d'une infirmité, une satisfaction à côté d'un besoin ; à laquelle il devra d'être entouré de compagnons rendus plus chers par la similitude de la destinée, qui charmeront ses regrets par des conseils flatteurs, qui endormiront ses soucis par des espérances, qui préviendront son ennui par des récits pleins de choses joyeuses ou consolantes, qui lui apprendront à trouver une compensation de la liberté perdue dans l'affranchissement des rigueurs du travail, et quelquefois des rigueurs du commandement.

Pour tous ces gens-là, dont la prison est plus fréquemment que pour d'autres le domaine, il n'y a donc pas dans l'emprisonnement de punition ?

Non, je l'affirme parce que j'en ai la longue expérience ; non ! combien n'en ai-je pas vu, dans des positions qui pouvaient être encore plus fâcheuses, demander la prison comme une faveur ? Y condamner ces gens-là, c'est ouvrir à l'indifférence des uns une hôtellerie ; c'est améliorer la condition des autres. Dans l'un comme dans l'autre cas, où est la peine ?

Les affections que ces condamnations produisent, étant contraires au but qu'elles ont pour objet d'atteindre, leurs effets comme exemples sont également détruits.

Dans ce voyage de la vie, hostile de la part de tant d'individus, la prison est un lieu d'étape où ils rectifient leur itinéraire pour le recommencer, et où ils réparent leurs forces pour le continuer avec plus de succès.

Je laisse à plus habiles que moi les conséquences à tirer.

QUELQUES RÉFLEXIONS
SUR LA PÉNALITÉ.

Dans les punitions que les lois infligent, on reconnaît généralement que *le législateur doit se proposer trois buts :*

Corriger le coupable ;

En imposer aux autres par l'exercice de son châtiment ;

Rendre la sécurité aux citoyens, en retranchant les méchans de la société.

Sur la nécessité d'obtenir ces différens effets, on est unanime ; on est divisé sur les moyens.

Plus la civilisation, en vieillissant la grande société humaine, complique ses rouages, multiplie ses besoins et ses intérêts, remue des passions qui dormiraient sans elle, met partout l'esprit à la place du cœur, détériore enfin les mœurs ; plus on voudrait que la simplicité entrât dans la législation, la douceur et la tolérance dans les lois pénales, le respect pour l'homme, l'indulgence pour ses faiblesses jusque dans les punitions qui vont atteindre un coupable.

C'est ainsi qu'avec un ancien on ne cesse de répéter :

Vous corrigerez plus facilement les coupables par des châtimens plus doux.

A cela je réponds : Si les châtimens peuvent être considérés comme des moyens de correction ; si l'amendement d'un méchant doit être le résultat, non de la raison mais de la peine, la peine qui opère le plus de retenue parce qu'elle produit le plus de craintes, ne doit-elle pas être en même temps la plus efficace ?

— *On observe mieux sa conduite quand on y trouve quelque chose d'intact ; on n'épargne plus son honneur lorsqu'il est totalement perdu.*

Faux raisonnement, parce qu'il repose sur une base fausse. La mesure du châtiment ne fait ni la mesure de l'irréprochabilité, ni celle de l'honneur. Un homme est flétri, non parce qu'il est plus ou moins châtié, mais parce qu'il a commis une action qui implique le châtiment. Le châtiment est tout à la fois la déclaration et le salaire de la faute ; mais c'est la faute qui opère la perte de l'honneur. Qu'elle soit plus ou moins punie, la punition ne fait pas qu'il y ait quelque chose de plus ou moins intact dans notre conduite.

— *La modération dans les châtimens est plus propre à corriger les mœurs publiques.*

C'est absolument comme si l'on disait : l'indifférence pour les infractions, les égards pour les infracteurs sont plus propres que la sévérité qui réprime les unes, qui retient quelquefois les autres, qui épouvante ceux qui pourraient leur ressembler, à améliorer ces derniers.

— *La multitude des coupables accoutume à le devenir.*

Cela est très-vrai ; mais qui fait cette multitude, des lois sévères ou des lois indulgentes? Un moyen de faire que cette multitude ne grossisse pas, ne serait-il pas dans une appréhension assez forte pour enchaîner le désir de mal faire ?

— *La flétrissure est moins sensible, quand elle est plus commune : la sévérité même perd son principal avantage ; sa continuité la rend moins imposante.*

Cela est encore très-vrai ; mais il faut supposer que cette flétrissure est lancée à tous les instants ; que cette sévérité n'a point de relâche, et alors, en effet, l'habitude d'un grand appareil en détruit toute la solennité. Si le mal est tel pourtant qu'il faille infliger *souvent* cette flétrissure ; qu'il faille donner *quelque* continuité à cette sévérité, en la multipliant, la douceur ne serait-elle pas plus funeste encore ?

— *Les fautes qu'on punit souvent sont souvent commises.*

Dites plutôt : les fautes ne sont souvent punies, que parce qu'elles sont souvent commises.

— *C'est le châtiment qui enseigne le crime.*

Point du tout : c'est la perversité de l'homme et son exemple qui enseignent le crime, que le châtiment a pour objet de réprimer. La crainte du châtiment peut bien ne pas suffire toujours pour l'empêcher. Celui-là pourtant est moins hardi à le commettre, qui a cette crainte devant les yeux; celui-là peut bien délibérer avant de faire une chose, qui a des suites funestes possibles à en redouter; le sceptique qui ne voudrait pas convenir des obstacles que cette crainte apporte au développement du mal, parlerait contre l'évidence.

— *Dans les pays où les punitions sont rares, il se forme une conspiration en faveur de l'innocence; on y est attaché comme à un trésor public.*

Les punitions sont rares, mais là où les mœurs sont bonnes.

— *Qu'un état se croie vertueux, il le sera.*

Qu'un état ait de lui cette opinion flatteuse qui caresse l'orgueil humain, il sera sans lois pénales. N'avoir point de lois pénales dans un temps où la force, qui prévient les transgressions, est détendue et par terre; où la force qui réprime est le seul moyen de conservation et de durée, c'est renoncer à la vie.

— *On est plus irrité contre ceux qui s'écartent de la vertu, quand ils sont en petit nombre.*

Quand ils sont en petit nombre, on ne les aperçoit pas ; c'est alors que l'état peut se croire vertueux. S'il se croit vertueux, et s'il n'aperçoit pas le petit nombre des vicieux, il ne sera irrité contre personne.

— *Il est dangereux de montrer à un état qu'il renferme plus de méchans qu'il ne pensait.*

Ce n'est pas la législation d'un peuple qui manifeste sa perversité, car on ne fait pas des lois pour des crimes commis, mais pour des crimes à commettre. Un législateur sage met toutes les possibilités dans son code, qui n'est point la représentation du présent, mais la prévision de l'avenir. Ce n'est donc point révéler au public sa corruption *actuelle*, que de faire des lois pour les cas où elle peut se déclarer. Si, par la crainte d'apprendre aux hommes par des lois rigoureuses, qu'il y a beaucoup de méchans parmi eux, vous établissez l'impunité par absence systématique de moyens de répression, l'exemple du vice et du crime, libres de faire ce qu'ils voudront, multipliera les imitateurs, et chacun ne voyant partout que du mal, apprendra naturellement que l'état renferme un nombre prodigieux de méchans.

— *Dire aux hommes, par les lois, de quoi ils sont capables, en matière de crimes, c'est les inviter à les commettre.*

Je réponds avec Cicéron : *Les législateurs romains faisaient preuve d'une grande prudence et* d'une grande sagesse, quand ils supposaient qu'il n'y avait rien de si saint que l'impudence ne fût capable de violer, ni aucun excès auquel la méchanceté humaine ne pût se porter.

« Et Cicéron, ajoute un commentateur, a raison.
« Le principe d'où les Romains sont partis est vrai,
« utile, philosophique, et montre surtout une
« connaissance profonde de la nature humaine.
« Et en effet, il y a bien plus d'inconvéniens pour
« un législateur à supposer les hommes bons, qu'à
« les supposer méchans.

« Le premier de ces systèmes est une de ces
« abstractions de logique, qui ne conduisent ja-
« mais qu'à des résultats faux et contraires à l'ex-
« périence. Dans toute espèce de science, l'art de
« voir en grand n'est que l'art de généraliser ses
« idées, et cet art est surtout nécessaire en poli-
« litique et en morale.

« Pour rendre les hommes meilleurs, il faut
« les voir tels qu'ils sont, et non au travers d'une
« foule de petites passions et de préjugés qui
« changent de mille façons différentes la nature
« des objets, et qui inclinent le jugement sans
« qu'on s'en aperçoive; il faut connaître et pou-
« voir déterminer avec précision l'effet nécessaire
« des chocs et des frottemens dans une machine
« aussi compliquée que la société.

« Tous ces petits faits particuliers, dont on tire
« des conséquences générales, sont une source

« féconde d'erreurs et d'illusions. Ils ne prouvent
« rien : un bon esprit n'y a aucun égard ; il les
« écarte, comme on néglige quelquefois en géo-
« métrie des fractions qui ne sont pas assez consi-
« dérables pour entrer en calcul, et pour faire
« une différence sensible dans le résultat.

« Combien de crimes nuisibles à la société sont
« restés et restent tous les jours impunis, ou le
« sont arbitrairement, ce qui est un mal presque
« aussi grand, parce que les législateurs ont ignoré
« tout ce que peuvent les hommes réunis en corps
« politique, et de combien de modifications diffé-
« rentes la tête humaine est susceptible !

« Il est bien difficile de calomnier la nature hu-
« maine : un législateur éclairé doit donc, autant
« qu'il est possible, prévoir tous les cas, imaginer
« toutes les différentes sortes de délits, et se bien
« persuader, avant d'écrire une seule ligne de son
« code, qu'il n'y a aucune bonne ni mauvaise ac-
« tion qui ne doive se commettre à la longue.

« Quand on voit la nature humaine en beau,
« on mérite de vivre sous de bonnes lois, mais
« on n'est pas capable d'en instituer de telles :
« on peut être un honnête homme, et même un
« citoyen vertueux, mais on est nécessairement
« un mauvais législateur, car on ignore la force
« et les effets variés à l'infini des deux principaux
« ressorts de la machine humaine, l'intérêt et les
« passions. »

Terminons cette petite dissertation par deux mots :

Nations vierges ; mœurs simples, douce législation.

Nations vieilles ; mœurs corrompues, lois d'airain.

Otez la crainte des lois, que de crimes de plus !

UN MOYEN D'ÊTRE HEUREUX.

Il est tout entier dans cette pensée féconde d'un poète anglais :

Le premier pas vers le bonheur, c'est d'être convaincu de la nécessité de beaucoup souffrir.

Avec ce sentiment naîtra dans le sein de l'homme une résignation courageuse qui lui donnera l'empire sur tous les accidens de la vie, en le lui donnant sur lui-même.

Une fois préparé à tout endurer, il n'y a plus pour lui de misères dans la vie. Les maux qui sortent de la main de l'homme, comme ceux qui sortent des mains de la nature, ne lui arrivent que comme des conditions acceptées de son existence.

Quels que soient les événemens dont il devient l'objet, il n'est trompé sur rien. Si ce sont des douleurs, il y comptait, et il n'en murmure pas; si ce sont des joies, il leur sourit comme à des bénéfices, et il bénit la main qui les lui dispense.

Le mal qui lui arrive ne peut lui faire de la peine, il l'attendait; le bien réjouit son cœur, il ne lui était pas promis.

La vie d'un tel homme est pleine d'espérances; comme elle est vide de craintes, son cœur doit toujours être en paix.

Dans l'ordre ordinaire, l'homme s'accoutume à regarder les maux, et les déceptions qui sont très-souvent un très-grand mal, comme une exception fâcheuse dans son existence; et, comme ils sont nombreux, ils mettent dans son cœur l'inquiétude et la peine qui flétrissent la vie.

Dans la position de celui qui s'attend à les trouver, au contraire, le mal étant le positif et la règle, l'homme reçoit le bien avec plus de dignité et de reconnaissance; il en jouit avec plus de sensibilité, et ses jours s'en embellissent davantage.

C'est l'homme dont Vauvenargue a dit, je crois, quelque part: *Qui sait tout souffrir peut tout vouloir.*

C'est l'homme dont Sénèque le tragique a dit: *Celui-là ne sera jamais contraint qui sait regarder une douleur.*

C'est l'homme dont le même philosophe a dit encore: *Quiconque a du courage n'est jamais malheureux.*

Sous la puissance de ces affections, l'homme est dans l'indépendance entière de la fortune. Il n'a rien à lui demander, rien à lui refuser, rien à en redouter. Ses caprices, il en rit en sage qui les apprécie; ses orages, il les méprise sans les fuir; ses couronnes, il les accepte sans les rechercher. Il est, en un mot, heureux sans elle, contre elle, avec elle : et encore, suivant le poète dont la pensée a ouvert cet article, *elle ne peut pas plus, pour lui ôter le bonheur, qu'elle ne peut le donner aux méchans.*

> N'avoir crainte de rien, et ne rien espérer,
> Ami, c'est ce qui peut les hommes bien heurer.
>
> (REGNIER.)

QUE LA MALIGNITÉ

EST TOUT AUTRE CHOSE QUE CE QU'ELLE NOUS PARAIT ÊTRE.

Dans ses institutions oratoires, Quintilien a remarqué que *celui qui se permettait plus qu'un autre la violence et l'invective, se faisait pourtant écouter.*

Il en tire cette conséquence, que *les hommes entendent assez volontiers ce qu'ils ne voudraient pas dire eux-mêmes.*

Cela est parfaitement dans la nature de l'homme, qui se complaira toujours dans les choses mauvaises que lui-même ne ferait pas.

Il y a au fond du cœur humain un penchant vicieux que des inclinations différentes, fussent-elles même passionnées, n'endormiront jamais.

Ce penchant, c'est la malignité.

La haine la plus envenimée, la plus sanglante, la plus avide de vengeances, on saura la dissimuler. La joie maligne, en présence d'une faiblesse, d'un écart, d'un accident, d'un mécompte, d'une déception, il faut qu'elle éclate.

Que des affections fâcheuses nous dominent, c'est sur quelques individus seulement qu'elles se concentreront.

Mais la malignité, c'est tout le monde sans exception qu'elle embrasse.

Sans exception, entendez-vous ; car votre ami lui-même sera l'objet de la vôtre.

Le premier sentiment qui sortira de votre cœur, à l'aspect ou au récit d'une disgrâce qu'il aura subie, sera l'inquiétude, la peine. Calmé par la réflexion, il cédera tout aussitôt à un sentiment contraire, et le sourire involontaire de vos lèvres trahira les mouvemens secrets de ce même cœur.

Et c'est, selon moi, ce qui démontre que bien souvent la malignité n'est pas chez nous de la méchanceté.

Qu'est-ce donc que la malignité ?

Nous l'expliquerons peut-être en disant qu'il y a dans la malignité un principe d'égoïsme, d'amour-propre, de jalousie, qui nous fait jouir de ce que les autres peuvent souffrir dans leurs affections analogues.

Nous sentons davantage les bénéfices d'une position quelconque, quand une position semblable échappe aux autres, et qu'il nous est donné d'en faire la comparaison.

C'est une flatterie de la fortune à notre égard. Or, quelle n'est pas, sous ce rapport, la faiblesse de notre cœur ?

Celui qui recevra des hommes ou des choses un affront, qui sera blessé dans une position rivale de la nôtre, humilié dans une vanité que la nôtre gagne à voir fléchir, celui-là est incliné devant nous, et nous nous réjouissons en secret, sans lui vouloir de mal pourtant, de ce qui peut avoir corrompu ses prospérités ou flétri ses joies.

Pourquoi cela?

C'est que, quelqu'intérêt que nous lui portions d'ailleurs, nous ne pouvons ne pas nous complaire un moment dans des choses qui manifestent soit notre supériorité à l'égard de celui qui se trouve trahi par un mécompte, soit notre bonheur envers celui qui subit dans ses affaires ou dans ses affections un revers.

Mais ce sentiment honteux n'est pas de la méchanceté. De ce que nous nous réjouissons d'une disgrâce, ce n'est pas à dire que nous voudrions en être l'auteur ou seulement y avoir concouru. Nous ne soulèverons pas la tempête : elle nous mettrait en scène, elle nous coûterait des efforts, elle pourrait nous exposer à des périls ; nous nous retrouvons là avec notre égoïsme. Nous ne la soulèverons pas encore, parce que nous ne haïssons pas, parce que nous ne désirons pas le mal, parce qu'à moins de sentimens inofficieux personnels, il n'y a dans les afflictions des autres, lorsqu'elles sont stériles pour nous, aucun plaisir. Mais, par malignité, nous rirons de la tempête, parce que cette tempête, qui ne nous atteint pas, nous fait (on l'a déjà observé, ce me semble) sentir plus vivement le charme de n'y être pas exposé.

Que l'on presse le cœur humain, on en exprimera toujours de l'égoïsme et de la vanité.

LA LIBERTÉ DE NOS ESPRITS,

COMPARÉE AVEC

LA DISSIMULATION DE NOS MANIÈRES.

Nous ne gardons rien en nous-même, a dit un homme de lettres.

Ce qui équivaut à ceci : Nous disons tout ce que nous pensons.

Nous ne sommes à cet égard que ce qu'étaient nos pères, les plus libres des hommes sous des gouvernemens absolus.

Si nous avons une intempérance d'opinions, qu'ils n'avaient pas, ce n'est pas que nous ayons dans le caractère plus de cette impétuosité qui ne nous laisse *rien garder en nous-même*; mais c'est qu'exerçant cette impétuosité sur un plus grand nombre d'objets, nous avons plus d'occasions et de moyens de la manifester.

Par exemple : nos pères avaient pour leurs institutions et leurs lois, qu'ils tenaient du temps et de leurs ancêtres; pour le pouvoir, quelque part qu'il existât, et pour ses dispensateurs, quels qu'ils fussent; pour l'autorité des traditions, fussent-elles populaires; pour la religion, qui dominait toutes leurs pensées; pour le gouvernement, dont le nom seul imposait l'obéissance; pour les doctrines anciennes enfin, qui faisaient la règle des habitudes, un respect qui les leur rendait sacrés.

Toutes ces choses, creusées d'abord par une curiosité inquiète et sceptique qui finit par les livrer au sacrilége et à la dérision; tombées ensuite dans nos mains comme des jouets, sont entrées au contraire dans le domaine de nos pensées les plus libres, et l'opinion s'en amuse d'autant plus qu'il y a certain plaisir malin dont notre orgueil s'enfle et fait son profit, à flétrir de nos dédains ce qui a fait la matière de la vénération de nos pères, et de la nôtre peut-être.

Les sujets sur lesquels nous nous exerçons sont donc beaucoup plus nombreux; voilà la différence.

Aujourd'hui comme alors, notre esprit *ne peut rien garder;* voilà la similitude.

Ce qu'on n'oserait déclamer, ajoute l'homme de lettres, *on le chante; ce qu'on n'oserait dire, on l'écrit; ce qu'on n'oserait écrire, on le peint, on le dessine, on le grave. C'est un feu d'artifice qui éclate et brille de tous les côtés à la fois.*

Ainsi, il faut que nous exprimions en tout, partout, sur tout, nos pensées; et tout nous est moyen pour cela : la chanson, la musique, les tréteaux du baladin, le théâtre, le pamphlet, l'édition en vingt volumes, deux lignes dans un journal, le crayon, la conversation, le pinceau, le ciseau, le burin, des mausolées, des apothéoses, des costumes, des couleurs, des promenades, du deuil, tout enfin, une seule chose exceptée : le silence ; le silence, qui pouvait être très-éloquent autrefois, comme langage de désapprobation, et qui n'est plus rien aujourd'hui que nos mœurs donnent mille voix et l'impunité, à la déclamation, à l'humeur, à la détraction, à la causticité.

Et pourtant que de masques parmi nous !

Ceci me conduit à cette remarque, qu'il y a en nous deux choses contradictoires : notre empressement à exprimer nos affections, et notre application à les déguiser par le mensonge de nos manières.

Rien de plus vif, de plus commun, de plus impatient, comme nous venons de le faire observer, que la manifestation de nos goûts et de nos opinions ; nous les déclarons à tout moment. Et rien de plus imposteur que nos visages, qui caressent tout le monde, et avec lesquels nous prétendons démentir les penchans et les affections contraires que nous avons mis en évidence.

Nous cédons tout à la fois à deux inclinations vicieuses : l'impossibilité de nous taire, au risque d'offenser ; le désir de conserver par l'hypocrisie des rapports de bienveillance avec ceux même que nous offensons.

Cela produit en nous deux effets remarquables : nous en contractons un air de duplicité dont personne n'est dupe, et nos manières un ton d'amabilité dont tout le monde est jaloux.

De la franchise, nous n'en attendons de personne, et nous n'en demandons pas.

De la dissimulation, nous l'attendons de tout le monde, et elle n'a rien qui nous trompe.

Restent les grâces de la fausseté, c'est-à-dire les démonstrations vides de vérité.

C'est encore un déguisement ; mais il a dans ses formes des charmes pour l'amour-propre ; et l'amour-propre, qui demande des hommages avec exigence, n'en pèse pas les valeurs quand il les obtient.

SI NOUS CONNAISSONS LES HOMMES.

UN MOT

SUR

LE CARACTÈRE DE LEURS RAPPORTS.

On connaît les hommes davantage aujourd'hui qu'autrefois, et on les connaît beaucoup moins.

Davantage : ils se répandent plus au dehors par les voyages, au dedans par les rapports d'affaires.

Beaucoup moins : avec plus d'expression et de turbulence, ils sont sans épanchement, sans liberté, sans abandon.

L'intimité, si elle se manifeste par des mouvemens, n'est point l'accord parfait des besoins moraux de l'homme qui cherche dans la société de l'homme, ce qui lui manque en bonheur ; mais c'est de la complicité.

Là où ils mettaient du cœur, il n'y a plus que des intérêts ou des passions.

Ils se voient pour les affaires qui produisent, pour les plaisirs qui emportent, quelquefois pour fronder, souvent pour tracasser, car il y a toujours au fond de leurs cœurs et de leurs habitudes, un sentiment hostile qu'il faut qu'ils mettent en commun pour le répandre ; et il y a entre eux un ton solennel qui glace, de causticité et d'égoïsme qui sépare, d'orgueil qui irrite et qui blesse.

Nous avons déjà touché quelque chose de ce caractère dans nos *Observations sur nos mœurs*, chapitre *De la Matérialité de nos rapports*.

Ils se voyaient jadis pour charmer leurs loisirs, pour reposer leur esprit, pour réjouir leur cœur, pour déposer le fardeau de cette réserve qui est pour l'homme des sphères moyennes, ce que l'étiquette est pour les grands ; enfin pour être à leur aise.

Considérez-les maintenant dans leurs démonstrations.

Chargés des chaînes de la position qu'ils se sont imposée, ils se feront passer pour les plus libres des hommes.

La franchise est dans toutes leurs actions, la sincérité dans toutes leurs paroles..... Ils montrent leur vie à tout le monde ; elle est transparente, chacun peut les voir à jour...... ce qu'ils sont au milieu de tous les hommes, ils le sont chez eux dans l'isolement et dans l'indépendance si grande du foyer domestique..... leurs mœurs sont sans voiles, comme leurs mouvemens sans dissimulation.....

Cependant, pour parler comme Sénèque, *consentiraient-ils à vivre leur porte ouverte? N'est-ce* pas la honte, plutôt que l'orgueil, qui a inventé les portiers? De la manière dont on vit, en réalité, entrer chez quelqu'un, sans être annoncé, n'est-ce pas le prendre sur le fait?

Qu'ils aient encore dans l'âme quelques sentimens religieux, et qu'ils accomplissent les formules sous lesquelles ces sentimens se déclarent, et vous aurez bientôt la mesure de la confiance que tant d'assurances doivent inspirer. Le stoïcien grec Athénodore, contemporain d'Auguste, a dit : *On est vraiment délivré des passions, quand on est parvenu à ne demander aux Dieux que ce qu'on peut leur demander tout haut.* Tout haut, nous savons ce que nos hommes demanderaient; mais comme dit le philosophe romain, déjà cité, *quels vœux infâmes ne murmurent-ils pas à voix basse, à l'oreille des Dieux ! Qu'on les écoute, ils se taisent; ils n'oseraient dire aux hommes ce qu'ils disent aux Dieux.* De là ce conseil : *Vivez avec les hommes, comme si Dieu vous voyait; parlez à Dieu, comme si les hommes vous entendaient.*

Sur mille personnes que je mets pour exemple dans cette position, osez me dire à combien ce conseil n'est pas applicable !

Osez ensuite me dire, si, après avoir vu les hommes, si, après les avoir entendus, vous les connaissez !

❋

QU'EST-CE QUE L'HOMME?

Un enfant vient au monde, la parenté lui sourit, la société le salue, la religion le reçoit, le consacre, lui donne des noms tirés du ciel.

Remis dans son berceau, il y est balancé par des chants le plus souvent empruntés aux choses de la morale ou du sanctuaire.

Les noms de Dieu, de péché, d'éternité, se mêlent aux jeux avec lesquels on cherche à endormir ses enfantines impatiences.

Plus grand, on apaise sa mauvaise humeur, ou on récompense ses gentillesses avec quelque image qui reproduit une histoire touchante du cœur de l'homme, ou avec un conte moral qui intéresse sa jeune imagination, ou qui attendrit son âme par de douces affections.

Rendu à la religion, quand son intelligence s'est ouverte, il est pétri par ses enseignemens de telle sorte qu'elle entre tout entière dans son esprit avec ses doctrines, dans son cœur avec ses préceptes.

Il est passé dans les écoles : ses premières études s'y exercent sur un ensemble de faits, de tableaux et de maximes qui lui infusent la morale la plus pure et la plus sublime.

Les livres avec lesquels il perfectionne ensuite son éducation, ne lui offrent dans leurs exemples que des modèles, dans leurs conseils que des moyens de vertu.

Les fêtes qui le reposent et qui le réjouissent, sont des fêtes chrétiennes. Il a entendu parler de Dieu dans son travail ; c'est Dieu encore qu'il trouve dans ses récréations.

Le voilà homme, portant en lui un foyer de passions ardentes qui attendent l'étincelle qui les allumera.

Mais, dans cette région nouvelle, il marche entouré d'institutions qui sont ou un appui pour sa faiblesse, ou une garantie contre sa perversité, ou une règle contre les inconstances de son cœur et la fragilité de sa raison. Les lois lui imposent leur joug, et la société, dans laquelle il est entré, l'étreignant de mille nœuds, captive ses principes les plus vicieux.

Ce sera donc par excellence un être bon, probe, chaste, fidèle, juste, désintéressé, soumis, religieux, charitable ?

La réponse est dans l'histoire, dans les mille révolutions des empires, dans les misères affreuses qui sont l'apanage ordinaire de l'humanité, dans les greffes des tribunaux, dans la nécessité des magistrats, des armées, de la police, des concierges et des bourreaux.

Sans l'action perpétuelle de tant d'élémens d'ordre ou de sagesse, que serait-il donc ?

Ce qu'il serait ?

Vous n'avez pas compris ma question : *Qu'est-ce que l'homme ?*

LEQUEL VAUT MIEUX
VIVRE AVEC LES HOMMES
ou
AVEC LES LIVRES?

Les hommes corrompent, les livres aussi.

La corruption qui vient des hommes est plus vive, plus prompte, mais aussi plus légère, plus accidentelle. Elle est fugitive comme l'occasion, éphémère comme l'homme lui-même.

Celle qui vient des livres est plus réfléchie, plus lente, plus profonde. Elle imprime de fortes traces. Sa durée a plus d'un lendemain.

Les hommes corrompent par entraînement, sans toucher le fond de votre cœur, ni le moins du monde votre raison. Ils allument des passions qui la font taire, mais sans la pervertir.

Les livres corrompent par des doctrines; c'est l'esprit qu'ils attaquent, et l'esprit qui a une fois reçu la contagion, ne s'en purge jamais.

La première corruption a pour auxiliaires la faiblesse, l'étourderie, l'irréflexion, l'inexpérience, les feux de l'âge, si l'on veut même des penchans vicieux.

La seconde a pour complices le cœur tout entier, le raisonnement, l'orgueil.

Il y a toujours de l'amendement à espérer de la part de celui qui a été corrompu par les hommes : quelques journées d'oubli peuvent alors être rachetées par une vie entière de sagesse ; une jeunesse, dévastée par les orages, peut arriver à une vieillesse tempérante et pleine de mérites.

Mais l'homme, qui doit sa corruption aux livres qu'il a lus, a été trempé dans le poison, comme Achille dans le Styx ; il est perdu pour toujours.

Ajoutez que tous les hommes non plus ne corrompent pas.

Il est vrai que l'on peut en dire autant des livres.

Il y a même plus de livres excellens avec lesquels on peut enrichir son cœur et son esprit, que d'hommes dont le commerce soit avantageux.

Lequel dès lors vaut mieux vivre avec les hommes ou avec les livres ?

Avec les hommes peut-être ?

Continuons nos comparaisons.

Quand on a moins de commerce avec les hommes qu'avec les livres, il est assez ordinaire d'avoir plus d'innocence et de simplicité de mœurs.

Cette pensée est de Fontenelle. Elle décide en faveur des livres.

Mais il a ajouté : *La rudesse et une certaine fierté sauvage sont le partage de ceux qui ont plus de commerce avec les livres qu'avec les hommes.*

Voilà de la même main un revers de médaille qui semble rétablir un peu la question.

Lequel vaut donc mieux vivre avec les hommes ou avec les livres ?

Peut-être y aurait-il encore une manière d'aborder la question.

Il n'y aurait, dans ce cas-là, qu'à compter les voix et former là-dessus son jugement.

Entrons dans la proposition.

L'homme est né social ; aussi vit-il partout en société. Cela pourtant ne veut pas dire qu'il en aime davantage la communauté ; cela ne veut pas dire que ses rapports avec les autres hommes soient habituels, ses communications avec eux fréquentes.

En comptant les hommes individuellement, on reconnaîtra qu'ils vivent plutôt les uns avec les autres que dans l'isolement. C'est l'effet des besoins, des intérêts et aussi des vices.

En les distribuant par classes, selon leurs positions diverses, leurs caractères, leurs habitudes et leurs humeurs, nous trouverons que le commerce des hommes a infiniment moins d'attraits pour eux que celui des livres, qui sont bien les œuvres des hommes, mais qui n'en ont ni les défauts, ni les passions, lorsqu'en bien ils équivalent à ce que les hommes peuvent avoir de meilleur.

Si, d'un côté, le jeune homme, dont l'âme ardente a besoin de se répandre et de vivre dans une autre âme, préfère les hommes, qui répondent à des passions, aux livres, qui ne sont que du silence; d'un autre côté, le vieillard, qui n'a plus avec la société rien d'analogue; le vieillard, que heurte tout ce qu'il voit, et tout ce qu'il entend, se portera vers les livres, qui n'ont point de mépris pour ses vieilles années, d'injures à lui faire essuyer, et dans lesquels il peut retrouver ses doctrines, ses goûts, ses contemporains, même sa jeunesse.

Que d'autres ensuite puiseront dans des considérations différentes, la même inclination!

L'homme de lettres, qui veut acquérir de nouvelles richesses, ou simplement perfectionner son esprit, se saisira avec avidité des livres où sont les élémens de ses besoins, et négligera davantage les hommes qui ne donnent souvent qu'un vain son.

Le moraliste trouvera bien dans les hommes une matière abondante pour l'exercice de ses observations, mais il y trouvera aussi en même temps une dissipation fâcheuse contre les influences pernicieuses de laquelle il devra souvent se réfugier dans les livres.

L'homme studieux s'accommodera mal en général des autres hommes, dont la fréquentation est toujours un obstacle aux meilleures opérations de l'intelligence, qui demande du calme et de la réflexion. Il recherchera des livres qui en développent et qui en fortifient les facultés.

Le philosophe, que le mouvement du monde et que les tracasseries de la société étourdissent, puisera délicieusement dans les livres ces matières dont son âme est affamée, et dont on ne peut guère jouir que dans le silence, la paix et le charme de l'étude.

L'homme religieux, épouvanté des vices que son contact avec la société lui fait apercevoir au cœur de tous les hommes, cherche dans les livres un monde qui ne puisse effaroucher ses chastes scrupules et ses pieuses délicatesses.

Le pacifique, qui saurait bien vivre au milieu des orages, parce qu'ils n'approchent jamais de son cœur, se complaît mieux cependant dans les livres, où n'y a ni contradiction à éprouver, ni aigreur à redouter, ni opposition à fuir.

L'homme atrabilaire, qui hait les hommes, et l'homme mélancolique, qui ne les aime pas beaucoup; l'homme timide, dont le caractère est sans indépendance; l'homme que les passions abandonnent; l'homme encore qu'un tempérament doux ou qu'un corps valétudinaire ont fait pour la vie sédentaire et pour la retraite; l'homme enfin qui n'a trouvé que des mécomptes dans la société, et que toutes les illusions du monde ont fini par éclairer sur ses misères; tous ceux-là que croyez-vous qu'ils choisiront des hommes ou des livres ?

Je crois que c'est le cas de laisser au lecteur à décider lui-même : *Lequel vaut mieux vivre avec les hommes ou avec les livres ?*

DE L'INFATUATION.

J'ENTENDS seulement celle qui nous attache aux personnes.

C'était un travers de l'esprit.

Au dire de Laharpe, il était très-commun de son temps.

Nos mœurs nous en ont débarrassés.

Elles paraissent là tout entières avec le caractère et les couleurs qui ont déjà fait la matière d'un si grand nombre de nos observations.

Et c'est pourquoi nous entrons dans l'examen de ce sujet.

Laharpe prétend que nous tenons des Anglais le mot *infatuation*.

Il est, ajoute-t-il, *assez peu usité parmi nous, mais nécessaire*.

Nécessaire, alors qu'il écrivait cela, oui. Ce mot était bon, très-bon, très-significatif; il était applicable à bien des positions. Aujourd'hui il n'exprime plus rien.

Il peint des mœurs finies; c'est de l'histoire.

Qui s'*infatue* aujourd'hui de quelqu'un !

Je conçois des harmonies entre telles personnes

et telles autres ; des accords d'opinions, de goûts, de caractères, d'habitudes, de désirs, d'intérêts surtout ; mais de l'*infatuation!*

On s'attachera bien, même avec chaleur, aux idées, aux sentimens, au système qu'un homme professe, mais dans l'indépendance de sa personne. Dans ce mouvement qui détermine un penchant et par lui un choix, l'homme qui l'aura inspiré restera pour rien, pour très-peu de choses du moins.

Des sectes, des partis, vous pouvez en voir naître ; des chefs qui s'élèvent en les faisant prévaloir, et autour desquels les autres se groupent, plus jamais.

Nous n'avons plus ni assez d'enthousiasme dans la tête, ni assez de flammes dans le cœur pour faire des idoles ; et nous n'avons plus ni flammes, ni enthousiasme, parce que nous avons de l'orgueil.

Les idées seules ont de l'empire sur les hommes ; les hommes qui les produisent ne sont là que comme instrumens de propagation. On les estime, on ne s'en *infatue* pas.

En général, l'action des hommes les uns à l'égard des autres est prodigieusement affaiblie. Comme elle tirait sa force principale des nobles illusions du cœur, et que l'esprit froid et positif s'est mis à la place, le charme est rompu.

Elle tirait encore sa force de la docilité de leur foi qui, dans bien des cas, les subordonnait à la raison ou à la position des autres. Or, le siècle les ayant aguerris avec le doute qui stérilise les inspirations, leur émancipation n'a laissé subsister entre eux de rapports que par les intérêts.

Au temps où notre valeur individuelle pesait moins dans la balance sociale, où nous avions en quelque sorte besoin de trouver dans un homme, plus élevé que nous, la représentation de notre opinion, ou de notre manière d'être, nous nous attachions à lui comme à notre miroir, comme à notre drapeau, comme à l'expression de nos sentimens. Tranchait-il dans la société par ses talens, par sa position, en un mot par sa célébrité, il devenait l'être par excellence, l'engouement succédait à l'affection, on s'*infatuait*.

Ce n'est plus cela.

Les hommes ont cessé d'être les uns envers les autres des modèles. S'ils peuvent prendre encore des règles ou des principes en dehors d'eux-mêmes, ils n'y prendront plus du moins des exemples; je veux dire de ces exemples qui font que celui qui les observe, se subordonne aveuglément et sans réserve à celui qui les donne. Leur confiance en eux-mêmes, qui exclut une confiance égale et semblable envers les autres, détruit dans leurs rapports respectifs toute idée de dépendance quelconque. Aucune supériorité ne recevra de leur esprit un culte, de leur cœur un sentiment. Ils brûleront bien quelque peu d'encens pour elle, si elle leur est parfaitement homogène, mais sans adoration, mais sans idolâtrie, quelquefois bien mieux sans véritable amour, souvent même pour manifester simplement contre d'autres un esprit de haine ou d'opposition. Nous l'avons déjà dit dans cet ouvrage, et dans celui qui l'a précédé.

Quand on s'estime par-dessus tout, on ne s'attache au char de personne.

Quand on ne reçoit le joug d'aucune renommée, on ne porte la livrée de personne.

Quand on fait de sa raison un tribunal où l'incrédulité et le dédain rapetissent tout ce qui fait saillie, on ne se passionne pour personne.

Ainsi faits, les hommes, sans se quitter, s'isolent et vivent comme s'il n'y avait personne avec eux. Est-ce au plus grand bénéfice de la société ? Je laisse à le dire à ceux qui liront ces réflexions. Ma seule conclusion, c'est que, dans cet état de nos mœurs, l'*infatuation*, telle que je l'ai considérée, est un mot sans acception parmi nous.

DES MOYENS DE SUCCÈS QUAND ON ÉCRIT;

ET

COMMENT NOUS AIMONS LES LIVRES.

Chaque siècle a eu sa manie.

Celle d'écrire est aujourd'hui tellement répandue qu'à peine avons-nous une famille qui n'ait ou son historien, ou son poète, ou son moraliste, ou son philosophe, ou son savant, ou son faiseur de feuilleton, enfin son grand homme.

Aussi que de livres !

Si nous en sommes meilleurs, c'est une question que je soumets à plus habiles que moi.

Seulement je conviendrai qu'il est fort commode et qu'il est très-agréable d'avoir pour quelques sous la sagesse de tant de monde, et les lumières de tant d'autres.

Mais, quelle est cette sagesse ? quelles sont ces lumières ? autres questions que je m'abstiens d'aborder.

Je me borne à demander ce que doit faire un écrivain qui veut attacher la fortune à son livre ?

Ce qu'il doit faire ?

Le tremper dans l'opposition.

Nous l'avons dit au chapitre *des Livres et des Ecrits*, page 216 de notre livre sur *la Société actuelle*, et nous avons dit le pourquoi; bien mieux, nous l'avons prouvé par des raisons tirées de nos mœurs.

Nous en avons encore insinué quelque chose au chapitre *Combien nos mœurs rendent aujourd'hui difficile le choix d'un sujet, quand on écrit*, même livre, page 203.

Mais n'y aurait-il pas encore d'autres moyens de succès?

Voyons!

Peut-être cela nous découvrira-t-il un nouveau côté de ces mêmes mœurs.

Quand on fait un livre pour d'autres que pour soi, c'est-à-dire quand on se propose de le rendre public, il ne suffit pas toujours de consulter auparavant le goût de ceux au milieu desquels il a sa fortune à faire, car eût-on écrit tout le contraire de ce qu'ils eussent désiré, on est assuré aujourd'hui de ne jamais manquer de lecteurs.

Notre besoin de sensations qui est immense, notre curiosité insatiable qui fouille partout, notre lassitude du présent qui nous jette sans cesse au dehors, et nous rend insupportables à nous-mêmes, nous font toujours accueillir comme passable, faute de mieux, ce qui peut engendrer une distraction pour un jour, et fournir un souvenir pour le lendemain.

L'important est de bien connaître l'esprit du terrain sur lequel on sera placé; j'entends par-là le caractère dominant des hommes qui doivent être votre public.

Si vous devez publier votre ouvrage dans une de ces grandes cités où, à côté des médiocrités et des indifférences, se trouvent le goût, le génie, le talent, faites-le bon, il aura de la vogue, et votre libraire vous en dira des nouvelles.

Si au contraire vous devez l'émettre dans une région plus basse, qu'il soit bon encore, il sera lu, je vous en réponds, mais aussi l'édition sera fille unique; chacun de l'avoir, chacun de le demander, chacun de le prêter, chacun de se l'arracher; l'éloge et la critique attacheront également de la renommée à l'auteur, on ne s'entretiendra que de lui dans les réunions du jour et du soir. Eh bien! un exemplaire de son livre, qui aura passé dans mille mains, fera tout ce tapage. On a bien autre chose à faire que d'acheter un livre! Quand on l'a lu une fois pour le connaître, deux fois pour le bien connaître, et que la curiosité ou la malignité sont satisfaites, à quoi peut-il servir? A-t-on jamais paré une table avec un livre? meublé un salon avec un livre? fait ses provisions de marché avec un livre? acquitté un effet avec un livre? fait la fortune de sa maison avec un livre? établi sa fille ou son fils avec un livre? payé ses commis, ses domestiques, sa place au spectacle avec un livre? et puis..... mais ceci nous ferait entrer dans un ordre de mœurs dont le tableau appartient à un autre chapitre.

J'en ai déjà touché quelque chose. Je pourrai y revenir.

L'ESPRIT.

S'IL ne faut qu'avoir de l'*esprit* pour parler sur l'*esprit*, tout le monde aujourd'hui a mission pour cela; car qui n'a pas de l'*esprit*?

Depuis l'écolier qui lance le sarcasme, la dérision et l'injure, jusqu'au faiseur d'hémistiches qui distribue des auréoles dans son grenier, et qui fait et défait les renommées avec des quolibets, l'échelle est chargée d'individus qui, ne pouvant être rien avec du bon sens, de la raison, du jugement, de la pudeur, de la sagesse, se font hommes d'*esprit* pour saisir un sceptre, vous accablent sous les écarts d'une imagination bouffonne et déréglée, pleine de fiel, d'éclairs et de vide, et appellent cela faire de l'*esprit*.

Aussi voyons-nous que l'*esprit* est devenu de fort mauvaise réputation parmi les personnes sensées qui réfléchissent, et qu'il y a maintenant de la sagesse à en dédaigner les succès faciles, et à en fuir les triomphes trop souvent honteux.

L'*esprit* est une marchandise qui court les rues, et dont la dépréciation est dans sa généralité.

Nous avons sur l'*esprit* beaucoup de traités,

écrits avec plus de savoir que d'*esprit*; beaucoup de déclamations, où l'*esprit* domine tellement que, quand on les a lues, on ne peut en tirer un jugement.

Helvétius a fait un livre entier sur l'*esprit*, sans que l'*esprit* en fût mieux défini, ni plus estimable. L'*esprit* de son siècle, dont il caressait les penchans, le trouva excellent. La sévérité des anciennes mœurs s'arma de son côté contre un *esprit* qui corrompait l'*esprit* des hommes; c'était l'accréditer davantage auprès de ceux qu'il pervertissait; mais le temps, devant lequel l'absurde finit par perdre ses draperies, et l'erreur ses fascinations; mais l'expérience, contre laquelle le clinquant ne tient pas; mais la raison, qui ne se passionne jamais; mais le jugement, qui n'opère qu'avec méthode et maturité, s'emparèrent à la fin du livre d'Helvétius; l'*esprit* de l'écrivain ne parut plus que de l'*esprit* faux, et son livre de l'*esprit* une sophistique et monstrueuse production. Il fut jugé qu'avec une grande dépense d'*esprit*, Helvétius avait fait un fort mauvais livre, et il fut en même temps plus que jamais prouvé que l'*esprit* n'est point une lumière.

Qu'est-ce donc que l'*esprit*?

A cette question, les grammairiens de vous répondre que *l'esprit est une substance qui pense*,..... *un caractère qui fait voir l'âme, le cœur, la conduite de quelqu'un*,...... *le sens d'un homme qui écrit*,...... *une aptitude à quelque chose*, etc. etc.

Voici venir les académiciens qui vous disent que *le sens littéral d'esprit est d'une vaste étendue, qu'il renferme même tous les divers sens des autres mots qui peuvent lui être joints comme synonymes, tels que raison, bon sens, jugement, entendement, conception, intelligence, génie; et que par conséquent il est le fondement du rapport et de la ressemblance qu'ils ont entre eux. Mais que ce mot a aussi un sens particulier et d'un usage moins étendu qui le distingue, et en fait une des différences comprises sous l'idée commune.*

Dans tout cela pas un mot des propriétés de l'esprit et de son caractère.

En apprendrons-nous davantage avec les moralistes?

L'esprit, a dit l'un d'eux, *est un talent précieux, mais lorsqu'il sert d'organe à la raison : s'il usurpe sa place, c'est une vraie maladie de l'âme.*

Qu'en dites-vous? n'entrons-nous pas ici dans notre sujet? D'un mot ne voilà-t-il pas l'*esprit*, tel qu'il règne parmi nous, caractérisé?

Continuons :

L'esprit n'est plus que l'art funeste d'amuser par mille vaines saillies, d'embarrasser la raison dans mille détours, de combattre la vérité par des sophismes, d'élever des nuages pour s'y réfugier au besoin, et se dérober à la lumière importune de l'évidence.

Je me demande, si, en écrivant ces lignes, l'auteur venait d'entendre une dissertation académique, un plaidoyer judiciaire, une harangue politique, ou simplement lire un livre sur la religion ou les lois, bien mieux encore un journal sur les hommes en place.

Le monde aveugle admire et flatte ce talent frivole et dangereux. Il s'imagine que l'esprit est rare. C'est la sagesse qui est rare ; l'esprit abonde. Il suffit d'être passionné pour en avoir. Quelquefois ses saillies sont une bonne fortune rencontrée dans le vin.

L'esprit va rarement sans un peu de folie. Toute cause qui agite violemment les esprits animaux, fera jaillir ces éclairs éblouissans. Souvent le hasard même peut donner de vils rivaux à l'homme ingénieux.

Enfant de l'ivresse des sens, il est encore enfant de l'orgueil.

C'est de l'orgueil que surgissent ces innombrables essaims d'hommes d'*esprit*, par lesquels le domaine de la littérature est envahi, et la paix des salons troublée. Abordent-ils une notabilité, c'est pour la flétrir ; une vérité, c'est pour l'obscurcir ; touchent-ils à une consolation, c'est pour la dessécher ; parlent-ils à votre raison, c'est pour l'étourdir ; à votre bonne foi, c'est pour la tromper ; à votre jugement, pour le fausser. Armés de témérité, de finesse, de plaisanterie, de légèreté, ils vont semant autour d'eux l'illusion. Partout où ils passent, ils effeuillent une guirlande, celle des traditions, celle des doctrines, celle du pouvoir, celle des renommées. Eux passés, il n'y a plus que de la poussière et des ombres.

Cette sagesse précieuse, dont l'esprit se moque, *qui approfondit et creuse les objets, qui sait analyser, comparer et peser leurs rapports, saisir la vérité fugitive, et se l'assujettir; qu'il est rare de la trouver! Ne la cherchez point dans les assemblées nombreuses : elle est l'heureux partage d'un petit nombre de mortels privilégiés. L'esprit*, au contraire, *aussi commun qu'il est pernicieux*, est un talent abandonné à la multitude.

Et pourquoi commun? pourquoi pernicieux?

Il n'est commun que parce qu'il est le produit de l'extrême civilisation; il n'est pernicieux que parce qu'il est anti-social.

Singulier rapprochement! bizarre contraste! étrange combinaison! qui font sortir le mal et le péril des élémens du bien et de la perfection!

Je dis qu'il est anti-social, et c'est ce qui me reste à établir, et ce que mon auteur va prouver pour moi.

Dans la vie civile, le bon sens fait les hommes; l'esprit ne fait que des intrigans.

Il hait l'autorité, il aime les troubles, et se regarde comme l'éclair qui allume l'orage.

S'il est dangereux pour les états, il est aussi l'ennemi de la religion. Voudrait-il s'abaisser à croire ce que croient les sots?

L'esprit ressemble au panache qui voltige et ne fait que nous exposer davantage.

Le bon sens est un diamant de poids, qui a par lui-même un prix réel. Si l'esprit l'a poli, il jette plus d'éclat; mais quand il resterait brut, il ne perdrait rien de sa valeur intrinsèque.

L'esprit, sans le bon sens, cesse d'être un bien, et devient un mal.

Il ne fait que donner plus de voiles au vaisseau et le précipiter plus tôt sur l'écueil.

Et celui qui a dicté ces jugemens contre l'*esprit*, était un des plus vigoureux *esprits* de son siècle.

Il y a quatre-vingts ans que ceci a été écrit. Ne sont-ce pas les hommes d'aujourd'hui qui semblent en avoir fourni la matière?

Nouvelle preuve de cette vérité, que les hommes sont les mêmes dans tous les temps.

QUE
LES CHOSES DE LA SOCIÉTÉ
ONT UNE ACTION QUELCONQUE
SUR LES CHOSES DU COEUR.

Les mœurs privées font les mœurs publiques.

En considérant combien, dans tous les temps, les mœurs publiques ont été mauvaises, témoins tant de grands crimes, tant de catastrophes sanglantes, tant de révolutions déplorables qui sont toujours les mêmes, quelle accusation des mœurs privées !

Aussi, à quoi bon s'écrient avec chagrin des esprits atrabilaires, à quoi bon tant de livres de morale, tant de discours philosophiques, tant d'enseignemens religieux, tant de préceptes, de doctrines, d'exhortations, tant de chaires, de tribunes, de confessionnaux et d'écoles?

A mon avis c'est comme si l'on disait: à quoi bon tant de gouvernemens, d'institutions, de lois, et tant d'officiers publics pour les faire exécuter, puisque les désordres, pour la répression desquels ils sont établis, et puisque les vices qui les produisent, sont aussi toujours les mêmes.

Vous faites l'inventaire des maux qui n'ont pas trouvé en eux un obstacle; mais avez-vous compté ceux dont ils ont empêché la naissance ou arrêté le développement?

Un coup de hache, donné par un bourreau, en exécution des lois, a peut-être sauvé la vie à mille personnes, leurs propriétés à dix mille, peut-être des secousses et des tempêtes à un état, peut-être des révolutions funestes à des nations.

N'est-ce là rien?

Pascal a dit: *Les inventions des hommes vont en avançant de siècle en siècle; la bonté et la malice du monde en général restent les mêmes.*

Si je reconnais avec lui que *les inventions des hommes vont en avançant de siècle en siècle*, c'est qu'il est de la nature de l'esprit humain de ne jamais rester stationnaire. Quand il perd, il recule, il rétrograde; quand il gagne, il s'étend, se développe, se perfectionne.

Si je reconnais encore avec lui que *la bonté et que la malice du monde en général restent les mêmes*, c'est qu'il est de la nature du cœur humain de ne jamais changer.

Aucune conséquence à en tirer contre les moyens sociaux par lesquels on prétend le diriger.

Bien plus, manifestation sensible du pouvoir de ces mêmes moyens, qui empêchent au moins la bonté de se pervertir, la malice de croître.

Nul doute que cela ne soit ainsi.

Le cœur de l'homme se compose partout des mêmes élémens. Le mal et le bien s'y confondent également. Si les moyens de compression sont trop faibles, ou, ce qui est pis encore, n'existent pas, la somme du mal l'emportera, *la malice*, pour parler comme Pascal, dominera les autres dispositions.

Et pourtant, dans cette position malheureuse, leur action se fera encore sentir sur les penchans vicieux. En mettant de la pudeur dans le sein des hommes, ils les soumettront au besoin de dissimuler et de feindre, et ces mêmes hommes s'abstiendront encore quelquefois du mal par la honte de le commettre.

Ce bienfait est l'ouvrage de la civilisation, en d'autres termes, de tous les élémens qui la composent ; je m'explique, de tous ces établissemens créés dans l'ordre de la société, pour la direction des affections heureuses des hommes, et pour le redressement des vicieuses.

CE QUE NOUS ENTENDONS
PAR
LA JUSTICE.

Nous nommons *justice* tout ce qui est fait par d'autres dans l'ordre de nos inclinations, de nos goûts et de nos besoins.

Notre amour de la justice n'est dans ce sens que l'amour de nous-mêmes.

C'est l'effet du sentiment de sa nécessité par rapport à nous, et de l'intérêt que nous avons à ce qu'elle nous soit rendue.

Cela est si vrai que toute justice qui nous blesse est de l'injustice à nos yeux.

De là ce penchant secret à ne pas aimer ceux qui l'exercent, et à être nous-mêmes injustes à leur égard.

S'ils nous rendent justice ainsi que nos intérêts l'entendent et le demandent, ils n'ont fait que leur devoir; et la reconnaissance imposée nous rend ingrats.

S'ils nous rendent justice dans ce sens que,

pour ne pas être injustes envers d'autres, ils nous désobligent, nous leur en portons une haine implacable.

Donner des places à nos amis, c'est justice; mais à nos amis à notre préjudice, c'est injustice.

Condamner celui-ci, c'est justice; absoudre celui-là, qui a pourtant fait de même, c'est aussi justice. Et pourquoi? le premier est un malheureux, qui n'a dans sa position sociale aucune sauvegarde, et qu'il faut dévouer à la nécessité d'un exemple; le second est un honnête homme qui nous donnait des dîners et des fêtes, et qui nous appelait ses amis.

Ne pas troubler tel banqueroutier qui emporte notre argent, c'est injustice. Inquiéter tel autre avec lequel nous avions des rapports d'opinions, de services ou d'affaires, c'est barbarie.

De même la sévérité contre les fripons est justice, quand nous perdons avec eux; elle devient odieuse, tyrannique, selon que ce qui est réprimé en eux, contrarie des analogies qui sont en nous.

Telles entreprises, tels essais prennent le nom d'élan généreux, de glorieuse industrie, de noble témérité, quand ils sont notre ouvrage; qui appellent au contraire la rigueur des lois, quand d'autres se les sont permis, en trahissant comme nous la confiance publique.

Voilà un homme au pilori pour avoir offensé la société par des attentats, c'est justice. En voilà un autre dont ces mêmes attentats ont leur source dans des doctrines, des opinions, des sentimens qui sont les nôtres, c'est injustice.

Justice ! expression abstraite et relative que chacun entend à sa manière, et explique au gré de ses affections.

DU CHANT.

Autrefois on parlait beaucoup en France. La *causerie* était une affaire. On sortait de chez soi tout exprès pour aller causer; on se promenait pour avoir un moyen de causer; et, à défaut de choses nouvelles, on ressassait de vieilles histoires pour avoir matière à causer. On se réunissait avec joie, on riait cordialement et à pleine voix; on se quittait content pour se retrouver le lendemain, et le lendemain on recommençait.

Après la causerie venait le chant. Tout était matière à chanson, un mariage de quartier, une naissance de voisinage, un scandale de paroisse, une promotion dans la ville, une réception d'officier public, un repas de corps, une aventure de famille; tout cela se chantait dans les salons de la bonne compagnie, dans les ateliers, au coin des rues, plaisamment et long-temps.

La révolution arriva. On parla bien encore, et souvent même outre mesure, mais ce n'était plus pour *causer*. On chanta aussi comme par le passé, mais pour célébrer les droits de l'homme, pour envoyer *les aristocrates à la lanterne*, la royauté aux gémonies, des soldats ou des multitudes au carnage. Peu à peu on ne chanta plus qu'en brûlant des châteaux, qu'en pillant des maisons, qu'en marchant précédé de têtes sanglantes au bout d'une pique, qu'en incarcérant les meilleurs citoyens, qu'en signalant à la haine de la populace démuselée tout ce qui ne pensait pas comme nous, qu'en démolissant des autels, qu'en escortant les pompes de l'impiété et du sacrilége, qu'en hurlant autour des charretées livrées aux bourreaux. Partout ailleurs on se tut.

Avec d'autres temps l'amour du chant renaquit. Je ne crois pas qu'il existe rien, après les besoins usuels et généraux des hommes, qui ait autant d'universalité que le goût du chant.

Dans les classes supérieures, dans les moyennes, dans les dernières; heureux, malheureux; pauvre, riche; satisfait, mécontent; partout, toujours on chante.

Il faut qu'il y ait au cœur de l'homme, malgré tant de tristesses dont il a si fréquemment sujet de devenir la proie, un sentiment naturel, soit de gaîté, soit de résignation, dont l'expression ne peut être contenue. Elle échappe comme à son insçu; et c'est par des chants qu'elle se manifeste.

Je ne connais qu'une affection sous l'empire de laquelle ce sentiment reste muet. Cette affection c'est l'indifférence.

L'indifférence est l'absence de toute action, soit de la pensée, soit du cœur.

Il n'y a pas de vie dans l'âme d'un homme indifférent. Le bonheur et la peine sont pour lui des modes inconnus. Il est au milieu des hommes comme un meuble dans un salon, et comme une statue dans un jardin.

Dans toutes les autres positions, et je crois pouvoir n'en excepter aucune, comme dans toutes les conditions, on chante.

On chante dans la cabane du berger, dans la cave du tisserand, dans le grenier du chiffonnier, dans le salon du riche, dans l'échoppe du savetier, dans la cuisine du laboureur, sous les voûtes d'un hôpital, sur le toit du couvreur, dans les écoles de l'enfance, derrière la charrue du valet de labours.

On chante en construisant un édifice, en démolissant des maisons, en courant les rues par commission, en berçant un enfant, en creusant la fosse d'un mort, en vidant une chopine de bière ou des lieux d'aisance.

On chante avant d'aller à l'ennemi, soit pour se donner du courage, soit pour en manifester les dehors; quand on en revient on chante encore plein de l'ivresse du succès et des joies de l'orgueil.

Nous entendons tous les jours les prisons et les bagnes retentir des chansons des condamnés : nous avons vu des proscrits marcher à la mort en chantant.

On chante à table, et c'est pour exprimer sa joie; à l'opéra, pour exprimer ses douleurs; à l'église, pour exprimer ses vœux ; dans un boudoir, pour exprimer ses espérances.

Ce malheureux manouvrier, père de cinq à six enfans qu'il nourrit avec du pain d'orge, et qui partagent la nuit avec lui les feuilles séchées qu'ils ont été ramasser pour se faire une couche, a-t-il atteint l'heure d'un repas, joyeux, il quitte son atelier, il tire de son sac le morceau de pain bis, s'assied sur une pierre, et mange en chantant. Sa journée laborieuse finie, il va regagner son toit de chaume où sa femme l'attend avec des feuilles de choux, conquises sur la faim des animaux, et qu'elle a fait cuire dans de l'eau salée, et c'est en chantant.

Le charlatan, c'est en chantant qu'il annonce ses recettes ; le jardinier, qu'il porte ses fruits et ses légumes au marché ; le grimacier, qu'il vous appelle et qu'il vous fait rire ; le pâtissier ambulant, qu'il vante et qu'il débite ses galettes.

Le soldat, à qui tout vient à manquer en campagne, s'en console en maudissant ses chefs et la guerre, et en chantant ; qu'une route pénible vienne exercer ses forces, il jure, blasphème, et finit par chanter.

C'est en chantant que le pauvre demande l'aumône, en chantant que l'on bénit Dieu, en chantant que l'on déchire son prochain.

Avec des chants on célèbre l'union, la paix, la concorde ; et avec des chants on exalte des passions, on divise des esprits, et on soulève des multitudes.

Le décrotteur, sur son escabelle, mange en chantant, comme l'ouvrier aisé à sa table où fume un potage délicat, et l'homme du monde au festin somptueux qu'enrichissent le luxe, le faste et les raretés.

Mais si l'action est partout la même, qu'elle différence dans l'accent !

Ici, c'est du cœur que part le chant ; là, de l'habitude ou de quelque disposition agréable ; ailleurs, c'est l'ouvrage de l'amour-propre qui demande qu'on l'admire, ou d'une convenance sociale qui demande une complaisance.

Cette même différence, vous la remarquerez aux pieds même des autels, où chacun cependant est censé ne porter que des affections analogues.

Tandis que les uns tireront leur chant de la poitrine, et le rendront brut comme il en sort, les autres le laisseront couler de leurs lèvres, épuré par toutes ces modifications avec lesquelles l'art efféminé la voix et énerve l'expression des sentimens dont elle est l'organe.

Dans l'un comme dans l'autre cas, et indépenpendamment du principe, il y a toujours, dans celui qui chante, un foyer de chaleur, et le chant, par lequel il se manifeste, est son moyen d'évaporation.

DU TON

DE

BEAUCOUP DE NOS HOMMES DE LETTRES,

COMPARÉ

AVEC LE PRODUIT DE LEUR LITTÉRATURE.

J'EMPRUNTE fréquemment.

Pourquoi pas?

Généralement parlant, fait-on autre chose quand on écrit?

Celui qui n'emprunte pas à la forme, parce qu'il en a une qui lui est propre, emprunte toujours aux choses, soit aux objets matériels par les pensées qu'ils inspirent, soit aux hommes par les pensées qu'ils ont exprimées.

Mes emprunts vont quelquefois plus loin, car je m'approprie sans façon tout ce qui est à ma convenance.

Quand je trouve ailleurs quelques-uns des élémens du sujet qui me fait écrire, je les prends.

Quand je trouve dans l'ouvrage d'un autre un des traits sous lesquels je puis caractériser mes contemporains, je le prends.

Quand ce que dit son auteur me paraît fort de

justesse, de vérité, de ressemblance, et que je ne dirais pas mieux, je le prends, et je ne me fais pas dès lors de scrupule de le copier; seulement j'avertis que je copie; mon ouvrage n'en est pas plus mauvais, et le larcin est tout au profit de celui qui me lit.

C'est ainsi que je procède encore en ce moment, en saisissant, pour en enrichir mon livre, quelques considérations puisées dans un autre, sur le *ton présomptueux et magistral* de notre littérature, comparé à ses produits.

Voici ce que pensait, à ce sujet, un philosophe qui écrivait sous l'empire de cet esprit d'orgueil qui commença avec le dernier siècle.

« Point de maladie si délicate parmi nous que
« cet affolement de l'amour-propre, qui nous
« passionne pour nos idées; on veut absolument
« tout tirer de son fonds, on invoque sans cesse
« son génie dont les oracles nous égarent d'au-
« tant plus dangereusement, qu'ils flattent notre
« vanité.

« Par la même raison, un métaphysicien asser-
« vit l'expérience à sa dialectique, un chimiste ne
« connaît d'autre école de physique que son la-
« boratoire; l'un a perdu des années à forger son
« système; l'autre a fondu sa fortune dans son
« creuset : le moyen de leur ôter cette chimère
« qui leur a tant coûté ! »

En même temps qu'il était frappé de cet esprit présomptueux qui ne faisait que poindre et s'annoncer, il écrivait cependant, parce que cela était encore alors davantage dans les mœurs :

« On reçoit les faits sans méfiance.... On suit « des opinions au hasard, par un respect aveugle « pour les grands noms qui les ont avancées : cette « timidité donne à certains auteurs, un empire « despotique. Ce sont des dictateurs que le peuple « a créés pour ordonner souverainement, et qu'il « n'a jamais la force de déposer. Secouez cette « servile déférence ; l'assujétissement aux idées « d'autrui ne convient qu'à l'enfance qui est l'âge « de l'ignorance et de la soumission ; encore le « disciple ne doit-il à son maître qu'une confiance « passagère, jusqu'à ce qu'il soit à portée de re-« jeter ses sentimens ou de changer son adhésion « au système par un examen personnel. Respec-« tons les auteurs ; mais attendons encore plus du « temps, le plus sûr de tous les maîtres, parce « qu'il tient la vérité dans son sein. »

Le temps arriva, et, avec des maximes comme celles-là, *tomba la superstition qui nous tenait prosternés sous son autorité*, celle des opinions aussi bien que celle des choses, celle des doctrines aussi bien que celle des hommes.

C'est bien aujourd'hui que nous sommes entraînés par *cet affolement de l'amour-propre qui nous passionne pour nos idées.*

Pour les lumières, pour les acquisitions, pour les connaissances, pour le perfectionnement de l'esprit, pour l'intelligence et pour la grandeur de la pensée, ne sommes-nous pas le siècle par excellence?

Est-ce que nous ne doutons pas de tout?

Est-ce que nous doutons de quelque chose?

Nous doutons de tout, non de ce doute, *qui est le meilleur secret pour apprendre;* non de ce doute, *qui est l'école de la vérité;* mais de ce doute, qui est l'enfant de l'orgueil, qui nous fait mépriser tout ce qui pourrait instruire, et rejeter tout ce qui pourrait nous être imposé par meilleur que nous.

Nous ne doutons de rien, non avec cette conviction qui nous fait croire ce que tant d'autres ont cru avant nous, mais avec cette conviction de nos forces, qui nous fait considérer comme mieux que tout ce qui a précédé, ce qui vient de nous.

Et cependant, (c'est encore le jugement qu'en a porté notre auteur)

« Au siècle d'abondance et de génie a succédé
« le règne de l'esprit.

« Tout est brillant et symétrisé.

« Les sentences remplacent le sentiment.

« Des tours et point d'invention.

« L'artifice donne un air ingénieux aux pensées
« qui le sont le moins.

« C'est la manie de la médiocrité de vouloir
« tout embellir.

« Au lieu de produire et d'enrichir, on s'épuise
« en ornemens.

« On détruit un système qu'on pouvait perfec-
« tionner.

« Il faudrait abréger, éclaircir; on commente,
« on surcharge.

« Ce sont les revenus de la littérature qui gros-
« sissent, mais à fonds perdus. »

Rien de plus vrai que tout cela; rien de plus juste surtout que cette dernière pensée. Elle rend notre siècle, sous le rapport que j'ai voulu saisir dans cet article, mot pour mot.

Je ne suis donc pas étonné que d'Alembert ait dit quelque part : *Plus un siècle se croit instruit de tout ce qu'il peut savoir, plus il manifeste sa faiblesse, et plus il rampe dans la médiocrité.*

CE QUE NOUS FAISONS
DE LA NUIT.

Voulant peindre le silence de la nature pendant la nuit, Hervey fait ce tableau poétique :

« Quel vaste silence environne le monde ! il est
« si profond, que mon oreille entend mon cœur
« palpiter; mes moindres mouvemens font retentir
« la plaine; la nuit a ramené la paix et la tran-
« quillité dans les villes; le laboureur se repose
« dans sa cabane; le tendre ramage des oiseaux
« ne rend plus les buissons harmonieux; l'air est
« tranquille; les branches des arbres ne sont point
« agitées; Echo n'est plus inquiétée, elle se livre
« au repos; l'oreille épanouie ne laisse rien perdre
« à l'attention; elle se saisit des moindres sons;
« elle est frappée du murmure insensible de ce
« faible ruisseau qui coule au loin dans la prairie.

« Cette heure sombre et taciturne a tout sus-
« pendu. L'intérêt, les affaires et les soucis ron-
« geurs agitaient toutes les têtes; la vie et l'acti-
« vité se reproduisaient sous mille formes; cette

« ville immense fourmillait d'une multitude tou-
« jours mouvante; la campagne était couverte d'un
« monde de laboureurs; l'air était perpétuellement
« agité par le vol des oiseaux et le bourdonnement
« des abeilles; l'art avec des yeux perçans enlevait
« à la nature ses beautés, et l'industrie était ac-
« cablée sous le faix du travail. Cette ardeur et
« tout ce fracas se sont dissipés au soleil couchant;
« les animaux sont tranquilles dans leurs asiles,
« et les tendres oiseaux dorment sur le duvet de
« leur nid; le marteau repose, et l'enclume ne
« gémit plus sous ses coups; les boutiques sont
« fermées; le seuil de la porte de ce marchand
« accrédité n'est plus usé sous les pas des nom-
« breux acheteurs; le laboureur goûte un sommeil
« tranquille, et son chien fidèle, après avoir fait
« long-temps une garde vigilante, s'étend et rêve
« aux pieds de son maître; la fatigue et le travail
« ont engourdi tous les membres; les affaires ont
« cessé avec les vapeurs errantes qui se jouaient
« dans les cieux au coucher du soleil; la nature
« entière est assoupie; cependant le sentiment de
« la vie palpite encore dans tous les corps qu'elle
« anime. »

Les affaires ont cessé.... mais les plaisirs ont pris leur place, et ils sont aussi pleins de mouvemens et d'irritation que les affaires.

Le marteau repose, et l'enclume ne gémit plus sous ses coups.... mais toutes les passions ou fermentent ou rugissent, et elles retentissent dans les cœurs avec plus de bruit encore que l'enclume et le marteau dans les airs.

Les boutiques sont fermées.... mais les assemblées sont ouvertes, et elles sont livrées à une agitation au moins aussi turbulente que celle qui animait les boutiques.

Quel contraste que ce bouillonnement moral et intellectuel, qui fait chanceler comme un homme ivre l'homme de la civilisation, avec ce repos muet dans lequel tout le reste de l'univers est endormi, quand les ombres ont pris la place du jour !

Quel contraste avec cette *trêve* donnée à l'homme physique, par la Providence, *pour renouveler l'âme et le corps*, comme dit le moraliste : trêve pendant laquelle *elle nous plonge*, ajoute-t-il, *dans une molle léthargie ; elle cache à nos regards tous les objets qui pourraient agiter nos sens et les distraire, met la tranquillité dans nos maisons, et impose un profond silence à toute la nature.*

Il y a déjà long-temps que nos habitudes ont fait de l'heure du sommeil celle des plaisirs ; du moment des ténèbres, celui de nos joies. Mais il y a cette différence que nous y avons mis plus de généralité, plus de durée, plus de prolongement.

C'est chose convenue que les délassemens, les amusemens, les récréations ne peuvent tirer leur prix que de l'absence du soleil, et du sommeil de la nature ; qu'il n'y a plus de véritables plaisirs, s'ils ne sont *éclairés* par les ténèbres du ciel, réjouis par l'harmonie du silence extérieur.

C'est la nuit commencée que nous allons nous asseoir au spectacle; la nuit à moitié épuisée que, débarrassés de nos fastueuses parures, nous entrons dans nos couches solitaires; la nuit cédant au jour, qui élance ses premiers feux dans les ombres, que nous fléchissons sous le joug du sommeil.

C'est la nuit que nous allons demander à l'illusion des bougies, les illusions dont notre imagination paresseuse et avide a besoin pour être satisfaite.

C'est la nuit que nos oreilles, pleines d'exigences depuis qu'elles sont devenues ambitieuses, vont emprunter des sensations à la musique, pour les transmettre à des âmes engourdies et apathiques, sous l'action sans pouvoir de la pensée, mais qu'un son réveille et illumine.

C'est la nuit que la jeunesse s'abandonne à la danse folâtre, au milieu de l'imposture du costume, du luxe, des conversations et de l'optique.

C'est la nuit que les joies bruyantes et les querelles furieuses ébranlent le cabaret.

C'est la nuit que nos tables splendides se couronnent de convives, appelés à des festins que nos pères faisaient préparer avec un peu moins de pompe, et pour être vus du soleil.

C'est la nuit que nous nous entassons dans des salons élégans, pour nous ennuyer noblement autour d'une table de jeu, ou nous perdre dans des conversations fastidieuses, genre de *récréations* qui a reçu son nom de l'heure même qui leur est consacrée, et que nous appelons des *soirées*.

C'est la nuit.... Mais enfin pourquoi donc cette habitude ?

Parce que, si nous aimons le plaisir, nous aimons encore davantage l'argent ;

Parce que notre cupidité est insatiable ;

Parce qu'une journée n'est jamais trop longue pour les affaires ;

Parce que, lui dérober un instant, c'est nous dérober à nous-mêmes un bénéfice ;

Parce qu'enfin il ne doit y avoir dans le jour que du travail, lorsque la fortune en est la condition et le prix.

Il faut bien alors que la nuit nous prête ses heures pour le plaisir, et que le sommeil pactise avec le jour.

J'expliquerai au chapitre qui suit quelques-uns des mouvemens dont les ténèbres sont la cause ou l'occasion.

DIVERSES PROPRIÉTÉS DU SOIR.

Il y a une heure qu'un littérateur célèbre, qui était aussi un grand magistrat, a nommée *la plus corrompue des heures de la journée*. C'est celle où le regard des hommes est fermé sur nous, où nos actions peuvent conséquemment s'exercer davantage dans l'indépendance de la société.

Tout ce qui se fait de contraire à la religion, à la morale, à la sécurité publique, aux lois, elle le donnera presque à elle seule; et c'est contre elle principalement que la société s'armera de murs, de portes, de serrures, de verrous, d'instructions, de préceptes, d'institutions, de prisons et de bourreaux.

Vous, qui avez tenté la faim ou la cupidité des autres, craignez les ombres du soir !

Craignez les ombres du soir, vous qui offrez dans votre personne un aliment à des haines et une matière à des vengeances !

Pères de famille, dont les filles ont de la pudeur, parce qu'on les voit; dont les fils ont de la retenue, parce que les jugemens du public leur importent, redoutez les ombres du soir !

Et vous aussi époux, si intimes et si fidèles quand le soleil luit, redoutez pour l'honneur de votre couche les ombres du soir !

Appréhendez-les encore, hommes crédules, qu'une démonstration persuade ; police vigilante, devant laquelle toute bouche est muette, toute main immobile, tout mouvement régulier et innocent ; créancier confiant, que des dehors ont endormi, appréhendez les ombres du soir !

A peine l'œil ombrageux et vigilant des hommes, au milieu desquels nous vivons, est-il désarmé de sa perception par les premières ténèbres, que voilà le malfaiteur s'élançant ou dans les chemins devenus déserts, ou dans les rues qui se vident, demandant une proie pour ses besoins ou pour ses passions. Armé de la scie, de la lime ou de la fausse-clef, il va porter le ravage dans la maison dont il aura fait céder les défenses ; armé de la hache ou d'une lame, il va porter la mort dans le sein d'un père de famille qui dort, protégé par sa confiance dans les lois ; armé de la redoutable étincelle, il va porter la désolation et l'épouvante dans vingt familles qu'il ruinera parce qu'il aura juré la perte de l'une d'elles.

Sur ses pas, ou devant lui, se répand le filou. Malheur à ceux que ne garantit pas la défiance ! ils devront laisser dans ses mains, les femmes, une partie de leurs parures ; les hommes, ce qu'ils ont confié à leur poche.

D'un pas timide, le fraudeur quitte sa retraite, et son industrie, heureuse par les voiles qui la dérobent, s'exerce avec une pleine sécurité.

Si le libertin est plus audacieux, c'est quand il peut ne plus avoir à rougir. Le sexe le plus faible est même alors celui qui attaque, et l'homme, qui serait fort au grand jour, parce que les yeux sont ouverts sur lui, succombe quand il se trouve seul, ou que du moins il croit l'être.

Combien de jeunes filles dont la défaite est l'ouvrage du soir, parce que, dans l'absence de la lumière, il n'y a plus de honte !

On cherche le fils de famille... Il est allé perdre son innocence, sa raison, sa santé, dans des maisons qui ne s'ouvrent que quand les autres se ferment.

Quand le cabaret retentit-il de plus de clameurs, de disputes, de blasphèmes ? Femmes, qui attendez que vos maris apportent pour vous et vos enfans le pain de la journée, vous pouvez répondre à cette question.

Voyez la femme infidèle ouvrir sans bruit sa porte qui fût restée inexorable sans les ténèbres.

Le locataire, qui n'a rien pour payer le terme échu, et qui a été le jour même enchaîner par des promesses l'activité de son créancier, n'a pas plutôt acquis l'indépendance de ses mouvemens, qu'il démeuble ses appartemens, emporte le gage de ce créancier, et s'en va.

Comme lui, celui qui a de mauvaises affaires, s'enveloppe de la nuit pour enlever à ses créanciers ce qu'ils pourraient lui demander.

Glissant inaperçu à travers un monde qui emprunte aux ténèbres le même service, le factieux se hâte au rendez-vous secret, où l'attendent le crime et des complices.

Cet homme qui vous a prodigué des marques d'intérêt, de soumission, même de dévouement; qui s'est dit votre partisan; qui, pour prouver la sincérité de ses protestations, a abjuré dans vos mains des opinions, des amitiés, des alliances même, le voilà allant sournoisement frapper à la porte de votre ennemi, ou de celui qu'il a répudié pour vous, lorsque le soleil éclairait ses actions et sa figure.

Enfin tout ce qui est criminel, honteux, blâmable, inconsidéré, irréfléchi, c'est dans l'heure du soir qu'il prendra sa naissance, ou qu'il acquerra des développemens funestes.

Mais, si d'un côté l'obscurité nous rend plus libre du pouvoir, plus libre des lois, plus libre même des convenances, elle nous rend également libre de bien des jougs ou importuns ou malheureux.

Celui que l'indigence a appauvri sans l'avilir, et qui ne fait pas de ses besoins un métier, retenu tout le jour par la fausse honte de les révéler, se détermine, sous les voiles officieux de l'obscurité, à aller implorer la pitié de l'opulence qui, alors, ne l'accablera pas de sa curiosité indiscrète, dédaigneuse et cruelle.

Le malheureux, que l'injustice des hommes a proscrit, trouve un chemin pour aller chercher un asile; que l'injustice de la fortune et la crainte des lois ont séparé du commerce des hommes, trouve un chemin pour aller visiter des amis.

L'homme en place, descendu de la scène, jouit du bonheur d'être redevenu un homme comme un autre.

De même, celui qui a joué toute une journée le rôle d'une position, ressaisissant son indépendance, se jette dans le monde. Il heurte, il est heurté par ceux qu'il a obligés, qu'il a desservis, qui ne le reconnaissent pas, ou qui font semblant de ne pas le reconnaître. Et c'est dans cela même qu'ils sentent tous leur liberté, et qu'ils sont heureux.

L'homme de la charité porte-t-il au malheureux un aliment, un remède, un vêtement, une pièce de monnaie, il attendra que toute clarté soit disparue des lieux où il cherchera, en tâtonnant, l'escalier étroit, raboteux, tremblant et roide, auquel il lui faudra monter pour aller déposer son offrande.

La vertu comme le crime s'enfonce toujours dans les ténèbres, quand elle agit; le crime, par la crainte du châtiment; la vertu, par celle de la louange.

Encore une remarque. Otez aux hommes leur théâtre, les masques tombent, les costumes disparaissent, les hypocrisies n'ont plus de noms que l'on connaisse.

LE PLAISIR.

J'ai du plaisir : formule bannale pour exprimer des sentimens heureux de l'âme.

Celui-là donc qui a du plaisir jouit d'une affection agréable quelconque.

En ce sens, le plaisir est une sensation flatteuse, la même chez tous les hommes, quoique diversement causée.

C'est cette variété de causes du plaisir qui fait qu'il n'est pas exact de le nommer plaisir dans un sens absolu et applicable à tous les êtres ; car si tout homme est susceptible d'en avoir, tout homme ne le trouve pas toujours dans les choses qui le produisent pour un autre.

Tel le place dans les affaires, tel dans la dépense, tel dans l'économie, tel dans beaucoup d'argent, tel dans l'insouciance de toutes choses, tel dans la solitude et l'oubli des hommes, tel dans l'agitation et le mouvement, tel dans le faste, tel dans les emplois.

Celui-ci, et c'est Sénèque qui parle, celui-ci le cherche dans les festins et la débauche; celui-là dans l'ambition et la foule des cliens; l'un dans les bras de sa maîtresse, l'autre dans les beaux-arts, dans cette littérature superficielle qui repaît la vanité sans guérir les vices.

Cet autre trouve l'existence légère dans telle position, incommode dans telle autre, pesante, froide, insupportable s'il ne joue, s'il ne se passionne, s'il ne livre sa vie aux tempêtes de la fortune, de l'ambition ou du cœur.

Celui-là n'est content s'il ne se repose dans l'étude, s'il n'embellit ses loisirs du charme de l'instruction, s'il ne cultive en paix son esprit.

Ici c'est la vie de la ville qui nous plaît, là celle de la campagne; ici le théâtre qui nous enflamme, là la danse, ailleurs c'est la musique.

J'aime la chasse, mon voisin la pêche, le sien l'équitation, celui d'après les voyages, un autre la table, un autre la vie domestique, un autre la renommée, un autre encore.... mais ce serait à n'en plus finir si j'entrais dans l'immense série des humeurs diverses de tous les hommes.

Eh bien! ce sont là autant de modes du bonheur.

Aussi quand on peut satisfaire ces goûts, ces inclinations, comme on est satisfait! comme on est content! comme on est aise! comme enfin *on a du plaisir!*

Ceux-là peuvent bien dire avec vérité qu'*ils ont du plaisir*. Mais ce qu'ils appellent ainsi, parce que pour eux c'est du plaisir, pouvant n'être pas du plaisir pour un autre, ne doit pas recevoir ce nom de *plaisirs*, entendu dans une acception générale. Si, dans ce dernier cas, il constitue un ordre de sensations auxquelles chacun est appelé à prendre part, comme étant du domaine de tous les goûts et de tous les caractères, il n'est, dans l'autre hypothèse, qu'une affection particulière et purement relative.

On ne peut donc pas dire d'une personne qui paraît s'amuser, qui paraît vivre de jouissances, elle se livre AUX *plaisirs*, puisque ce qui est plaisir pour elle peut ne l'être pas pour d'autres; mais elle se livre à DES *plaisirs*, mais *elle a du plaisir*. Le plaisir n'est pas ici un effet du bien aise, mais un moyen, et ce moyen est pour les hommes selon leur caractère et leurs inclinations.

Je ne me dissimule pas que cette distinction, que cette analise du plaisir peut paraître subtile. Celui qui parviendra à me le démontrer peut être assuré qu'il me donnera *du plaisir*.

Un mot encore sur le plaisir, comme caractéristique de nos mœurs.

Croira-t-on bien que les plaisirs entrent aujourd'hui dans le domaine de la politique?

Il est pourtant bien vrai qu'ils sont devenus tout à la fois élémens et moyens.

Le plaisir est, en politique, une manière tout comme une autre d'exprimer ses affections chagrines, comme jadis il exprimait, dans tous les cas, nos affections joyeuses.

(280)

On chante, on joue, on danse par haine d'un système, d'une opinion, d'un parti, du pouvoir.

En preuve, toutes ces réunions de plaisirs, qui ont un tarif, et dont les produits ont une destination politique, très-souvent même hostile.

Que l'on se reporte à mon chapitre des *Souscriptions*, au livre de *la Société actuelle*, et on verra combien, depuis quelques années, nous avons fait de progrès de ce côté-là.

Quelle singulière opinion donne de lui un pays où, pour parler comme un homme de lettres, *le plaisir est devenu une protestation!*

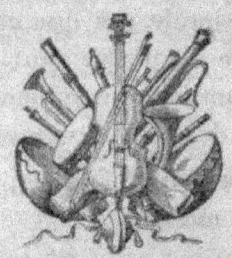

LA MODE.

Ce que nous appelons la mode n'est, à le bien prendre, rien autre chose que l'expression de l'esprit public qui se manifeste par des dehors sensibles.

Qu'elle s'exerce sur les choses qui tiennent à la pensée, comme des opinions, des doctrines, des sentimens, elle prend le nom d'*esprit public*, proprement dit.

Qu'elle s'exerce sur des choses purement physiques, telles que le langage, les vêtemens, les plaisirs, c'est *la mode*.

Rivale du temps, comme lui elle effeuille constamment de toutes ses parures le grand arbre des siècles. Chez le temps, c'est du ravage parce qu'il détruit; chez elle, c'est de l'inconstance parce qu'elle remplace.

Je ne connais rien des choses du monde qui lui soit inaccessible, aucun âge qu'elle ne subjugue, aucune position qu'elle ne domine.

Et c'est sans le moindre effort qu'elle triomphe de tout ce qu'il lui plaît d'attaquer.

C'est en se jouant qu'elle défait sans cesse ce

qu'elle n'a fait que pour un moment, travaillant toujours, mais ne travaillant jamais pour l'immutabilité.

D'une main frivole et légère elle démolira les plus fortes institutions, elle ôtera à l'administration publique son caractère, sa marche et son esprit; aux gouvernemens leurs principes et leurs formes.

Sans qu'on s'en aperçoive, elle renouvellera, par des altérations graduelles, des mœurs qui paraissaient trempées dans des couleurs ineffaçables.

Les intérêts et les combinaisons politiques cimentés par des flots de sang humain sur les champs de bataille, et par des traités où la ruse et la sagesse humaines ont mis les mains après les plus laborieux efforts, ne tiendront pas devant elle, si elle s'avise de vouloir les déplacer.

Les lois, données par elle comme bonnes aujourd'hui, demain elle les remplacera comme vicieuses. Touchant aux mœurs, elle doit toucher aux lois qui ont pour objet de les faire ou de les régler.

Qu'elle attaque les opinions, cette force dont la puissance ébranle les empires autant que les armes; les affections, qui sont quelquefois des passions; les doctrines, qui souvent implantent leurs racines jusqu'au fond des cœurs, et les voilà enlevées comme la feuille légère qui cède au tourbillon.

Qu'elle entre dans la religion, elle en changera la discipline; dans la guerre, elle en réglera différemment les moyens et les mouvemens.

L'enseignement, l'étude, les arts, les sciences, toutes ces choses qui, par l'exactitude des règles et la fixité des principes, sembleraient devoir être invariables, touchées de son sceptre, prennent aussitôt des formes nouvelles.

Le langage n'est-il pas de son domaine?

Les jeux, les plaisirs, les fêtes ne sont-ils pas perpétuellement ordonnés au gré de ses lois capricieuses?

Le travail lui-même n'est-il pas, comme ses contraires, dans sa dépendance?

Ne s'assied-elle pas dans les festins pour en régler les manières et la substance? dans les cercles, pour y dicter l'étiquette?

Ne donne-t-elle pas de la beauté à la laideur; de la grâce à l'originalité et à la gaucherie, de la dignité au ridicule?

Vous êtes vêtu, et c'est de ce qu'elle a fait; meublé, de ce qu'elle a fait; réjoui, par ce qu'elle a fait.

On vous baptise, on vous marie, on vous enterre avec des formes et des usages qu'elle a faits.

Il n'y a pas un des actes de votre vie, une des choses auxquelles vous assistez, qu'elle n'y soit tout entière.

Nous lui devons nos arts, nos goûts, nos réunions, nos rapports, nos communications.

Nous lui devons notre civilisation, notre industrie, notre savoir, une partie des merveilles de nos mains.

Nous lui devons ce mouvement continuel qui fait la vie de la société, et qui en fait aussi le charme.

Nous lui devons enfin ces besoins renaissans, moyens féconds d'autant de jouissances, quand on peut les satisfaire, et ce renouvellement de toutes choses, qui est un bonheur pour l'homme dont les sensations demandent sans cesse des objets qui les exercent.

Nous crions sans cesse contre elle, et sa douce tyrannie n'en est ni moins puissante, ni moins aimable. C'est en riant que nous subissons son joug, c'est en riant que nous l'imposons aux autres ; et c'est ainsi que se forme insensiblement, et avec d'anciens élémens, une société nouvelle qui devient l'ennemie de celle qu'elle remplace, et un esprit public qui n'a plus bien souvent le moindre rapport avec celui auquel il succède.

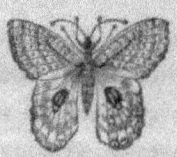

SI

LA DESTRUCTION

N'EST PAS UN MODE NÉCESSAIRE.

Jusqu'à quel point est-il utile à l'exercice de la pensée, aux progrès des arts, aux mouvemens généraux de la civilisation que l'homme détruise? Ou bien: n'y a-t-il pas, dans la fin de bien des choses, un élément avantageux d'activité et de reproduction?

Voilà ce que je disais jadis, en terminant un petit opuscule, à propos des dévastations dont l'homme est capable quand les passions le subjuguent.

Voilà le sujet d'un beau traité de métaphysique et de beaucoup de sophismes, si on veut embrasser la question dans tout ce qu'elle offre de délicat et de piquant.

Et voilà ce que je propose aux lumières et à la sagacité de ceux que n'épouvantent ni un gros livre à composer, ni la crainte de tomber dans le paradoxe.

En attendant, je vais essayer seulement quelques idées sur la matière.

Ma légèreté, qui recule à la seule pensée d'une dissertation bien en règle, c'est-à-dire savante, grave, profonde, érudite, et où les raisonnemens enfantent sans mesure et sans fin les raisonnemens, s'accommode davantage d'un article dont on entrevoit la fin dès les premières lignes.

Je commence par établir une proposition générale : c'est que la destruction entre comme nécessité dans l'économie de la nature, et dans le système universel du monde.

S'il peut y avoir, dans cette manière de raisonner, quelque chose qui vous choque, changez les termes ; au mot *destruction* substituez les mots *mutation*, *changement*, l'idée qui vous effarouchait, produite sous une expression, n'a plus rien que de naturel, représentée sous une autre, et vous ne pourrez ne pas en convenir vous-même.

La mobilité est de l'essence du monde, et la mobilité n'est que l'évanouissement de ce qui est, et la succession éternelle des êtres. Les générations doivent faire place aux générations, l'hiver à l'automne, la nuit au jour, la feuille à la feuille, le calme à la tempête.

Il en est de même dans l'ordre politique, où les empires succèdent aux empires, les gouvernemens aux gouvernemens, les lois aux lois, les institutions aux institutions ; les traités, les alliances, les intérêts, aux intérêts, aux alliances, aux traités ; la paix à la guerre.

Il en est encore de même dans l'ordre moral, où les doctrines, les sentimens, les opinions, les affections, les mœurs subissent une variation continuelle, et rétroagissent ainsi sur les changemens qui s'opèrent dans l'ordre politique, dont l'action à son tour pèse sur les hommes dans l'ordre civil.

Il en est donc également de même dans cet ordre civil, où tout ne naît que par un effet naturel des destructions qui s'y exécutent.

Comment supposer un état de choses où ne s'opérerait aucun remplacement, c'est-à-dire où rien de détruit ne nécessiterait aucune création ; où la création étant inutile, le néant et la stérilité seraient le résultat de la conservation ?

« La terre, dit Erostrate dans les Dialogues des
« morts, ressemble à de grandes tablettes où
« chacun veut écrire son nom. Quand ces tablettes
« sont pleines, il faut bien effacer les noms qui y
« sont déjà écrits, pour y en mettre de nouveaux.
« Que serait-ce si tous les monumens des anciens
« subsistaient ? les modernes n'auraient pas où
« placer les leurs ?

Si le vieil édifice, en effet, que nos pères avaient mis là, et qui obéissait à la loi du temps qui lui criait de disparaître, était resté debout, auriez-vous ce superbe monument qui le remplace ?

Si, content du levier que le génie du passé a mis dans ses mains, l'homme ne cherchait pas à lui acquérir de nouvelles propriétés qui en font un nouvel agent, souleverait-il ces forces immenses qu'il meut souvent avec un simple mécanisme ? enrichirait-il nos jouissances d'un luxe inconnu à ceux qui nous ont précédés ?

Et si, content de ce qu'il tient des autres, chacun n'a d'émulation et de génie que pour conserver, que devient l'industrie ?

Comment vivraient les générations qui doivent nous succéder, si elles ne trouvaient rien à mettre à la place des choses que nous leur laisserons ?

Il faut, pour la vie des sociétés, des reproductions. Sans reproductions il n'y a que langueur, et les sociétés stationnaires finissent par mourir. Or, point de reproductions sans consommation.

Si vous admettez que la consommation soit nécessaire, elle est, par cela seul, un élément de prospérités. La consommation c'est la destruction. Qu'elle s'opère par un moyen ou par un autre, dans un but ou dans un autre but, de telle ou telle manière; qu'elle s'opère par l'homme qui use de sa chose, dans son intérêt, ou contre son intérêt; qu'elle s'opère par la nature qui dépense ici ses propres forces pour les renouveler ailleurs, c'est toujours la destruction; et c'est en ce sens que, par les diverses combinaisons qu'elle fait naître, elle concourt comme nécessité à l'harmonie universelle; que le dépérissement fait la rénovation, la fin, la perpétuité, le besoin qui en naît l'industrie, l'industrie la perfection, et que la société fleurit.

Cet article était fini quand je lus dans un ouvrage préexistant, sur l'histoire naturelle, ce passage : « La nature ne détruit rien que pour créer « de nouveau. Sa marche est uniforme ; elle aspire « à la vie, à l'union, au plaisir ; et cependant « *elle a besoin de destructions pour alimenter son* « *activité*. Elle renouvelle et bouleverse tout ; « mais elle n'abat que pour construire ; elle ne « tue que pour vivifier ; principe de concorde « et d'amour dans les mondes, elle se repaît de « haines et de discordes ; elle change perpétuel-« lement pour rester toujours jeune et toujours « nouvelle ; sans cesse *elle finit pour recommencer* « *ses transmutations, sa métempsycose :* car le « mouvement est sa vie, le repos est sa mort. « Ainsi, *la destruction est le fondement de la ré-« paration*, et la mort de l'un devient la vie de « l'autre. »

Voilà bien le fond de mon sujet.

Il est toujours agréable de n'être pas seul de son avis.

DES CHOSES ANTIQUES,

ET

DE LEURS IMPRESSIONS.

Tout ce qui me rappelle des temps anciens m'enchante.

J'aime à retrouver les mœurs et l'esprit du passé dans celles de ses créations qui lui ont survécu, qui semblent n'être restées debout que pour nous continuer d'autres siècles, et qui, portant un costume étranger, sont dans la société d'aujourd'hui ce qu'un Chinois et un Mexicain seraient parmi nous, avec les vêtemens qui leur sont propres.

Un donjon à jours obliques, à hautes arcades, à voûtes noires et sonores; un château à créneaux, à herse et à machicoulis, à salles vastes, sombres et silencieuses, à foyers larges et ouverts, à longues croisées en ogives, à murs en grès, tapissés de lierres et de graminées; une grosse tour ronde aux flancs caverneux, à souterrains profonds, au front mutilé par le temps et par les tempêtes, sillonnée d'énormes lézardes faites par les siècles, disjointe dans plusieurs de ses parties par d'épais bouquets de broussailles que le vent y a implantés, pleine jadis de preux, d'armes, de soldats, de captifs illustres, de belles pour lesquelles on exposait gaîment sa liberté, ses trésors ou sa vie, aujourd'hui de crapauds, de couleuvres, de chouettes et de nobles souvenirs; un vieux cloître, pavé de pierres sépulcrales rongées, qui ne sont plus visitées que du voyageur, du reptile et de la chauve-souris, et autour desquels l'humidité, l'air et la solitude ont étendu des touffes d'herbes et de ronces; un fragment informe de mur, débris antique d'un édifice plus antique encore, dont l'origine inconnue, le nom oublié, la destination incertaine exercent la sagacité des antiquaires; un livre enfin, un tableau, une médaille, une pierre sculptée, tous empreints d'une longue, obscure et vénérable vieillesse, saisissent toujours avec force mon imagination, et font même involontairement palpiter mon cœur.

Si j'étais le seul que cela attachât, je regarderais cette impression comme un dérivé particulier du caractère, et comme une simple affaire de goût. Mais combien d'autres, que l'aspect d'un vieux monument remue toujours avec un vif intérêt, quelquefois avec un doux attendrissement.

Il faut donc qu'il y ait dans l'homme un sentiment qui ennoblisse à ses yeux tout ce qui s'éloigne de lui. *Major à longinquo reverentia.*

Je crois bien que c'est là le type principal des affections des hommes dans un cas semblable;

mais je ne le regarde pas comme exclusif de toute autre cause.

Il y a aussi là dedans, si je ne me trompe, une idée assez vague et assez mal définie d'éternité. C'est une flatterie à laquelle l'homme mortel, que sa condition ne désabuse pas, cède toujours avec plaisir.

Par la même raison, il y a encore là dedans des vues de perpétuité tirées de ce que, par le spectacle de choses qui nous sont si antérieures, nous semblons agrandir notre vie de tout le temps que ces choses ont vécu.

On peut ajouter que ces actes toujours subsistans de la pensée de siècles qui ne sont plus, embellissent notre existence de la pensée que nous sommes encore, et nous rendent le présent plus positif.

On peut dire aussi que le souvenir des choses finies a des charmes qui s'accroissent de tout ce qu'a de désagréable pour nous une position actuelle qui nous mécontente.

On peut dire enfin que l'homme, né tout à la fois rêveur et léger, s'attache à tout ce qui peut lui donner des émotions, et qu'il y a dans la contemplation des choses du temps une joie mélancolique en rapport avec le cœur de l'homme.

DES CHOSES MODERNES,

ET

DE LEURS EFFETS.

Le temps seul fait les grands noms; cela est de toute vérité : seul il affermit les célébrités, seul il consacre les illustrations; cela est encore de toute verité.

Et cela s'applique aux empires comme aux hommes, aux hommes comme aux cités, aux cités comme aux institutions, aux institutions comme aux monumens.

Rien de solennel en général dans les choses qui ne font que commencer.

Sans un long passé, ni importance, ni durée.

En d'autres termes, la renommée ne peut être la fille que d'une longue vieillesse.

Voyez comme en s'enfonçant dans les abîmes du fini, Babylone, Memphis, Sparte, César, Alexandre, les Pyramides s'agrandissent encore tous les jours de ce que les distances répandent d'illusion et de magie sur leurs noms!

Voyez sur quelle échelle au contraire peut se mesurer ce que nos yeux ont vu faire, peut se mesurer ce qui prend date avec nous!

Si vous voulez que je sois ému, ne me parlez pas de ce qui est d'aujourd'hui.

Si vous voulez intéresser mon cœur, par exemple, avec des constructions, ne me parlez pas de monumens modernes.

Comme ils sont sans ancêtres, ils sont encore sans générations à nos yeux.

Qu'ont-ils vu qu'ils puissent nous raconter?

Ils sont là, attendant le temps pour en recevoir le privilége de nous donner des inspirations.

Jeunes, ils ne vivent encore d'aucun nom, ils ne vivent d'aucun souvenir.

Il n'y a point de charmes touchans dans leur aspect, et leurs échos interrogés sont sans voix.

Riches d'art, l'esprit les contemple et les admire; mais, sans veille et conséquemment sans mémoire, le cœur, qu'ils laissent froid, ne les comprend pas.

Pour qu'une chose m'intéresse et m'émeuve, il faut qu'elle parle à mon imagination, et que mon imagination la conçoive. Or, un monument d'un jour n'a rien à dire à mon imagination, et mon imagination ne peut que dormir dans un monument vide du passé.

Entrez avec la vôtre au milieu de ces pierres

savantes dont l'heureux assemblage dépose du génie qui l'a opéré ; comme les monumens sont des livres, elle leur demandera aussitôt l'histoire de quelque gloire éclatante, de quelque vertu mémorable, de quelqu'infortune ou de quelque misère qui ait remué le monde, qui ait fait des noms pour la vie, des événemens pour la postérité. Si elles sont nouvelles, rien de tout cela ne s'y trouvera, elles demeureront sans réponse ; ce ne seront plus alors que des pierres taillées, chef-d'œuvre, si vous le voulez, du talent d'un artiste, admirable conception de l'art, mais qui ne seront pour les hommes qu'un simple élément soit de curiosité, soit de calculs et d'études.

L'homme à toise et à compas, l'homme géométrique en un mot, s'arrêtera devant elles, fera un système et des chiffres.

L'homme à pensées et à sentimens, c'est-à-dire l'homme moral, y verra le sujet d'un regard, la matière d'une réflexion. Passé, il n'en aura rien rapporté. Et pourquoi ?

C'est qu'il leur manque cet *hier*, indéfinissable dans ses impressions ; cet hier, qui saisit toujours l'homme par l'idée féconde de la durée ; qui nous fait vivre délicieusement du passé ; qui nous fait avoir vécu dans des temps qui ne nous avaient pas été donnés.

Et puis, pour ce qui n'a pas encore de passé, il ne peut y avoir de lendemain.

(296)

Mais le temps viendra qui mettra sur elles à leur tour, le sceau des choses accomplies ; et c'est alors que le sentiment, pouvant s'y nourrir, y établira aussi son domaine.

LES
MONUMENS CHRÉTIENS.

Parmi toutes les choses qu'il est donné à la main de l'homme d'élever, où en trouver qui commande autant de respect, qui inspire autant de hautes pensées que les grands monumens chrétiens ?

Mettez à part leur sainteté, avec laquelle ils exercent déjà sur les affections humaines une puissance incommensurable, et rien ne pourra encore leur être comparé en importance et en merveilles.

Bornez-vous à ne les considérer que dans leurs rapports avec les choses du monde, et rien qui puisse les égaler.

L'histoire fait-elle silence ? ils ont gardé tous les souvenirs, et le passé, dont ils éclaircissent les ténèbres, nous est acquis.

Entrez dans une de ces églises gothiques que semblent écraser les siècles, dont elles sont les registres fidèles, vous aurez l'histoire tout entière.

Sur le front de ces basiliques antiques a été imprimé le sceau de toutes les grandeurs, le sceau de toutes les choses mémorables, le sceau de l'éternité. Le passé, et un passé infini ; l'avenir, et un avenir infini ; les illustrations, et des illustrations également infinies, tout est là.

Il ne s'est point opéré sur la terre de révolutions, qu'elles n'y aient mis leurs noms.

Dans celles-ci se sont tenues des assemblées où le sort des rois et des peuples a été réglé ; dans celles-là ont été formés des traités qui ont changé la face de la terre.

Ici, des sermens qui ont réconcilié des nations divisées ; là, des alliances qui ont enfanté des discordes ou fini des calamités.

De cette chaire sont parties des opinions qui ont commandé au monde ; du fond de ce sanctuaire, des anathèmes qui en ont agité les destinées.

Sur cette piscine a été fait chrétien un enfant dont les événemens de la terre ont fait ensuite un grand homme.

Sous ces voûtes ont été célébrées des solennités où la religion a été appelée à consacrer des diadèmes.

Sur ce pavé, chargé d'années et d'inscriptions qu'elles ont rendues illisibles, la pénitence a courbé d'éminens personnages, et expié de grands crimes.

Voilà l'autel où priait un prêtre qui fut un pape, la tribune où parla tel orateur qui fut un génie immortel ; l'autel encore que pressa de ses mains suppliantes tel prince qui remua la terre.

Jusqu'au néant, il est ici plein de vie. Approchez-vous de toutes ces sépultures dont nos vieilles églises sont pavées; eh bien, il n'y a pas là une poussière qui n'ait été une grandeur, et qui ne soit encore une renommée.

Que de générations sous leurs marbres!

Que de générations encore par lesquelles elles ont été visitées!

Si on pouvait les ressusciter, quel peuple étonnant en nombre, en costumes et en mœurs!

Ces mœurs et ces costumes, vous en trouverez là la reproduction fidèle.

Leurs admirables vitraux, leurs tombes, leurs souterrains, leurs sculptures, les traditions antiques dont elles sont pleines, mieux que les pages d'un livre, nous racontent les temps passés; mieux que les pages d'un livre, nous introduisent dans la connaissance des arts, des lois, des sciences, de la littérature, des habitudes, des usages, des événemens, des opinions, du génie et des goûts de tous les âges, qui ne sont point passés sans mettre là quelque monument de leur esprit et de leur caractère.

Leur examen ferait ici la matière d'une curieuse exposition : les exemples abondent, et ils ne sont pas d'un médiocre intérêt; mais nous n'avons entrepris qu'un article, et c'est un livre qu'il nous faudrait faire.

QU'IL N'Y A RIEN DE MÉDIOCRE,

D'INSIGNIFIANT ou DE VIL,

D'OÙ NE PUISSE SORTIR QUELQUE CHOSE DE MERVEILLEUX.

Cette proposition est généralement vraie, qu'on l'applique soit aux choses de la nature, soit aux choses du génie.

Trois ou quatre exemples sur cent suffiront pour la justifier.

Je prends le premier dans les choses de la nature.

Vous parcourez un jardin. Dans un coin écarté vous apercevez un monceau de fumier, livré aux vers, exhalant la pourriture, et dont votre vue est aussi justement blessée que votre odorat. Décomposé par le temps et travaillé par l'homme, il se convertira en terreau fécond. On jetera dans son sein le germe d'une fleur qui vous ravira par l'éclat, la variété, l'harmonie de ses couleurs, par la délicatesse et les grâces de ses formes, par la suavité de ses parfums, et qui, soumise à l'analyse, distillera ces précieuses essences dont les vapeurs enivrantes servent de cortége ordinaire à la beauté. Songez alors de quels sucs elle aura tiré ses admirables propriétés !

Voyons les choses de l'homme.

Quand vous regardez ces glaces prodigieuses dont s'ornent les palais des Rois et les salons des Grands, ces porcelaines transparentes et resplendissantes de richesses, qui remplissent leurs buffets et qui couvrent leurs tables, le sentiment que vous éprouvez est celui de l'admiration. Pourquoi? c'est que vous réfléchissez à la vilité des matières que l'art a mises en œuvre pour les produire.

Je passe devant une carrière, a dit à peu près un spirituel écrivain; des blocs de pierres la remplissent; mon œil dédaigneux glisse sur eux en errant, et ma pensée ne les retient pas. Arrivent le génie, qui s'en empare, le goût, qui les pétrit, et voilà une colonne, un chapiteau, un fronton, un palais, un temple; voilà un corps, une tête, des membres, une statue; voilà des objets que, de tous les coins de l'univers, on viendra contempler, sans que ni les mers, ni les déserts, ni la férocité des monstres, ni celle des barbares, ni les climats, ni les distances, ni la crainte des maladies soient un obstacle au déplacement.

A quoi tient, pour les choses, la renommée? A un coup de ciseau.

Mais ce coup de ciseau, une fois donné, la célébrité est acquise pour toujours, et la mutilation qui dégrade, qui détruit ce qui est beau, reste sans pouvoir pour abolir ce qui est illustre. Quelque difforme que puisse être le fragment qu'elle aura fait, objet d'un culte religieux; il entrera dans ces salles royales, dans ces cabinets savans, où une place sera refusée à ce qui ne sera que riche.

Autre exemple.

Avec un amas de terres, de sable, de grès, de pierres, de briques, de chaux, de tuiles, d'ardoises, de verres, de troncs d'arbres, de fers et de plombs, vous aurez réuni les élémens de ce qu'on appellera une ville, quand l'emploi de ces divers matériaux aura été combiné dans l'intention de faire des habitations et des rues. Si l'assemblage de tous ces matériaux est considérable, vous aurez une grande ville; s'il est fait avec goût, vous aurez une belle ville; les deux cas réunis, vous aurez une ville d'une grande magnificence; et avec vos grès, vos pierres, vos briques, vos bois, vos fers et vos plombs, vous aurez fait une de ces choses qui entreront dans l'histoire, pour y faire du bruit de siècle en siècle.

Désassemblez ces matériaux, si la chose est possible, et jetez-les au hasard et confusément comme ils étaient, alors qu'ils furent pris par la main créatrice de l'art, vous aurez de viles démolitions; on les évitera, loin de les rechercher.

Que la décomposition soit l'ouvrage du temps ou du malheur, vous aurez des ruines; et chacun de s'arrêter, de considérer, de mesurer, de méditer.

Après un laps de plusieurs siècles, des ténèbres épaisses déroberont le berceau de l'antique cité, et les érudits feront, pour les percer, des efforts qui produiront des livres, des systèmes et des nuages nouveaux.

Plusieurs siècles encore après, les savans, les géographes et les antiquaires passeront sur son emplacement en venant la chercher, et demanderont à une pierre, enfouie dans ses entrailles, *où elle fut.*

Les mines, les forêts et les carrières dont elle sortit brute, ne pourraient-elles pas être interrogées aussi utilement ?

L'homme a bien du pouvoir. S'il n'a pas celui de créer, on ne peut du moins lui refuser d'avoir, par la transformation, celui d'ennoblir, quand il veut, tout le domaine de la création.

SUR LES MÉMOIRES
DE MADAME ROLAND.

Qu'une femme qui a joui d'une grande célébrité, autant par sa position sociale que par les événemens qui la lui ont donnée, écrive des mémoires, on s'attend à des pensées fortes, à des tableaux touchans, à des récits d'un haut intérêt.

Qu'elle retrace dans ces mémoires quelques-unes des scènes terribles au milieu desquelles croula tout ensanglantée l'antique monarchie de Clovis, de Charlemagne et de Louis XIV, et qu'elle s'y montre comme actrice, on pourra s'étonner d'y être entretenu de lèvres de rose et de pantoufles.

Qu'en racontant les crimes des factions, les folies des multitudes, les fureurs des passions, les conspirations des haines, les augustes et prodigieux malheurs d'une famille de saints, les siens personnels, terminés bientôt après par la hache d'un bourreau, elle s'emporte en déclamations contre les Rois dont elle occupait le palais, et qui ne l'eussent pas fait mourir ; contre la Religion, qui l'eût consolée dans ses douleurs, on s'étonnera davantage encore, on ne pourra même pas le croire.

Et pourtant on trouve de tout cela dans les Mémoires de Madame Roland.

Écrits à une époque fameuse en frénésies, et féconde en toutes sortes d'erreurs en morale et en politique, ils en portent le cachet.

C'est un monument curieux de ce que le vertige du philosophisme peut exercer d'empire sur la raison humaine.

Ils n'en sont pas moins propres à inspirer une grande curiosité et un intérêt puissant.

Toutefois n'ont-ils pas le privilége d'émouvoir dans mon âme un sentiment de bienveillance ni envers l'ouvrage, ni envers l'auteur.

Je n'aime, Madame Roland, ni vos écrits, bien qu'ils étincellent d'esprit, ni votre personne, sur laquelle pourtant d'affreux malheurs appellent de l'intérêt.

Je n'aime point vos écrits, parce que le cœur n'y trouve rien, et que l'esprit n'y trouve pas toujours ce qu'il y cherche;

Parce qu'ils sont pleins de grandes injustices et de niaiseries ridicules;

Parce qu'ils sont gonflés d'une exaltation sentimentale où il n'y a pas de tendresse;

Parce qu'ils dessèchent, avec leurs réflexions philosophiques sans fin, à propos de tout et à propos de rien;

Parce qu'on y voit continuellement la prétention à l'esprit, l'affectation du savoir, l'orgueil du doute et de l'indépendance;

Parce qu'à côté de dissertations sur le Gouvernement, la morale, la religion, les factions, l'évanouissement de quatorze siècles de monarchie, ils parlent un peu trop de la raison et des gentillesses de votre enfance, des *bouillonnemens* de votre adolescence, de vos *mouvemens contraires à la chasteté chrétienne;* de *l'estime*, de *la bienveillance*, de *l'admiration* qu'on ne pouvait vous refuser *quand on vous voyait souvent, qu'on avait du bon sens et un cœur, et qu'on savait sentir ce que vous valiez;*

Parce qu'enfin, au milieu des détonations d'une révolution universelle, sanglante, épouvantable, qui même vous coûta la vie et à votre mari, ils nous entretiennent trop longuement des dons que vous avait prodigués la nature, comme *une jambe bien faite, un pied bien posé, des hanches très-relevées, une poitrine large et superbement meublée, une attitude ferme et gracieuse*, etc., ce qui était sans doute d'un très-grand prix....., pour le *citoyen* Roland.

Je n'aime pas votre personne, quelque belle qu'elle ait pu être avec sa bouche, *dont pas une n'avait le sourire plus tendre et plus séducteur;* avec son œil *à fleur de tête, qui étonnait quelquefois, qui caressait bien davantage, qui réveillait toujours;* avec son menton, *qui avait les caractères que les physionomistes indiquent pour ceux de la volupté;* avec sa *peau douce,* son *bras arrondi,* sa *main agréable,* ses *dents fraîches et bien rangées,* son *embonpoint* enfin *d'une santé parfaite.*

Non, tant de charmes, qui n'ont point attendri la férocité de vos juges, ni désarmé de son glaive la main d'un vil exécuteur, tant de charmes ne peuvent me faire vous aimer;

Parce que vous êtes enflée d'un amour-propre sans bornes, que vous montrez sans la moindre réserve, et qui abaisse trop ceux auxquels vous daignez vous communiquer;

Parce que vous nous occupez dans toutes vos pages de la finesse de vos idées, de la sagacité de votre jugement, de la vaste étendue de vos connaissances, de la trempe austère de votre esprit, de la force de votre âme, de l'énergie de votre caractère, de l'innocence de vos goûts, malgré ces *mouvemens contraires à la chasteté chrétienne,* de la simplicité de vos mœurs, toutes choses excellentes en elles, mais qu'il faut laisser dire aux autres, et qui n'ont rien d'aimable dans la bouche d'une femme, quand c'est à elle-même qu'elle prodigue ainsi l'encens.

Il y a encore une raison pour que je ne vous aime pas; c'est que vous ne croyez pas en Dieu.... Pardon, je me trompe: dans la toute-puissance de votre philosophie, vous CRÉEZ un Dieu, parce que, tout bien balancé, le dogme de son existence vous paraît nécessaire, et que, quoique fort peu persuadée de cette existence, vous la regardez comme une chose qui devrait être, à cause de son utilité. Et en effet, Madame, si ceux qui vous ont immolée avec tant de barbarie, avaient eu seulement un grain de foi, vous n'eussiez pas, par une mort affreuse, subi l'effet inévitable de vos doctrines.

Savez-vous bien, Madame, qu'une femme sans croyance en Dieu, est à mon avis un être indéfinissable; que je ne connais pas dans la nature un plus fort contre-sens. Un homme, dont vous n'avez jamais entendu parler, parce qu'il était très-jeune, et sous le double poids de l'infortune et de l'obscurité, alors que de la boutique d'un médiocre graveur, nos orages vous avaient lancée au fauteuil ministériel, cet homme a dit, en parlant de la femme incrédule :

« Comment concevoir qu'une femme puisse être
« athée? Qui appuiera ce roseau, si la religion
« n'en soutient la fragilité? Etre le plus faible de
« la nature, toujours à la veille de la mort, ou
« de la perte de ses charmes, qui le soutiendra
« cet être qui sourit et qui meurt, si son espoir
« n'est point au delà d'une existence éphémère?
« Par le seul intérêt de sa beauté, la femme doit
« être pieuse. La douceur, la soumission, l'amé-
« nité, la tendresse furent une partie des charmes
« que le Créateur prodigua à notre première mère,
« et la philosophie est mortelle à cette sorte d'at-
« traits.

« La femme, qui a naturellement l'instinct du
« mystère, qui prend plaisir à se voiler; qui ne
« découvre jamais qu'une moitié de ses grâces et
« de sa pensée; qu'on peut deviner, mais non
« pas connaître; qui, comme mère et comme
« vierge, est pleine de secrets; qui séduit sur-
« tout par son ignorance, et que le ciel forma
« pour la vertu et le sentiment les plus mysté-
« rieux, la pudeur et l'amour; cette femme, re-
« nonçant au doux instinct de son sexe, ira, d'une
« main faible et téméraire, chercher à soulever
« l'épais rideau qui couvre la Divinité! A qui
« pense-t-elle plaire par cet effort ridicule et sa-
« crilége? Croit-elle nous donner une grande idée
« de son génie, en joignant ses petits blasphèmes
« et sa frivole métaphysique aux imprécations des
« Spinosa, et aux sophismes des Bayle? Sans doute
« elle n'a pas dessein de se choisir un époux; car
« quel est l'homme de bon sens qui voudrait s'as-
« socier une compagne impie?

« L'épouse incrédule a rarement l'idée de ses
« devoirs; elle passe ses jours, ou à raisonner sur
« la vertu sans la pratiquer, ou à suivre ses plai-
« sirs dans le tourbillon du monde. Sa tête est
« vide, son âme creuse, l'ennui la dévore; elle
« n'a ni Dieu, ni soins domestiques pour remplir
« l'abîme de ses momens. Mais le jour vengeur
« approche, etc. etc. »

Voilà, Madame, comme la foi fait penser, et
comme elle fait écrire!

Voilà comme on pense, quand on veut laisser un nom honorable.

Voilà comme on écrit, quand on veut laisser un nom illustre.

Voilà comme on pense et comme on écrit, quand on ne s'estime pas seul, et quand on respecte les autres.

Et voilà, pour en finir, comme vous n'avez jamais ni pensé, ni écrit.

DES

CONNAISSANCES DE LA JEUNESSE
EN MATIÈRE DE RELIGION,

ET

DES TRAVERS QUI EN SONT LE RÉSULTAT.

Quand je vois sortir tumultuairement de leurs écoles ces groupes bruyans de bambins, tout brûlans encore, pour ainsi dire, de la férule répressive, je ne puis me faire à cette pensée, que c'est de là que de petits philosophes, bien gonflés d'orgueil et de scepticisme, s'élanceront, comme ont fait leurs devanciers, dans les régions supérieures, pour y jeter leur bave sur les renommées. Ne pouvant, de leurs faibles bras, seulement embrasser les colosses qui les y offusqueront, ils croiront en avoir triomphé en leur insultant outrageusement.

Eh bien, ce sont de semblables docteurs qui, entrés avec des acquisitions imparfaites, et des lumières pires que l'obscurité, dans le domaine des lettres, citent à leur tribunal inexorable les traditions, les systèmes, les événemens, les réputations, les hommes; jugent les talens, les vertus, les erreurs, les opinions, le bien, le mal; répandent l'éloge, le blâme, les conseils, la vie morale ou la mort; mettent en doute toutes les vérités reconnues vérités; remuent la bourbe et la fange pour en faire sortir des brouillards qui obscurcissent des lumières qu'ils ne comprennent pas.

Ce sont ces flambeaux qui éclairent l'antiquité jusqu'à eux ténébreuse, l'histoire jusqu'à eux mensongère, les doctrines religieuses jusqu'à eux incompréhensibles, et qui en tirent des argumens invincibles contre les croyances de vingt siècles qui ont eu le malheur irréparable de n'avoir point été illuminés par eux.

Et pourtant, et pour ne toucher ici qu'aux seules matières de la religion, les premières que, dans l'ivresse présomptueuse de leur misérable orgueil, ces graves personnages aient prises pour but de leur haine, de leurs mépris, de leurs sarcasmes, ne sont-ils pas à leur égard les plus ignorans des hommes?

On s'étonne de cette affection hostile de leur part. Le contraire me surprendrait bien davantage.

Que connaissent-ils de la religion pour l'aimer, au moins pour la respecter?

Où l'ont-ils étudiée?

Où l'ont-ils apprise?

Dans les écoles? Mais il faudrait que tous ceux qui les gouvernent, la pratiquassent par croyance, et ensuite l'enseignassent de conviction, ce qui n'est pas, il faut en convenir, le plus grand nombre.

Dans la maison paternelle? Mais si, par hasard, le mot religion y est usuel, n'est-ce pas, le plus souvent, pour y être bafoué?

Dans les livres? Les livres que lit la jeunesse ne sont-ils pas tous anti-religieux?

Dans la société? Est-ce bien là qu'on s'occupe de religion? Y proférer seulement son nom ne serait-ce pas se faire rire au nez?

En général, la religion n'apparaît à la jeunesse qu'armée de réprimandes, de défenses, d'austérités qui froissent ses idées et qui contrarient ses penchans; de mystères graves qui excèdent son entendement; de préceptes qui effarouchent ses faibles délicatesses; de commandemens qui humilient son amour-propre; d'obligations qui gênent son indépendance; d'anathèmes qui condamnent tout ce qu'elle fait; et vous voudriez après cela qu'elle ne la considérât pas comme une ennemie! vous voudriez, bien mieux, qu'elle la révérât!

Ecoutez ce que disait déjà, au siècle dernier, un homme qui pourtant avait été philosophe selon le siècle, sur la jeunesse de son temps, de laquelle est sortie la jeunesse d'aujourd'hui.

« Elle n'est que trop commune l'ignorance de
« la religion, et il y a à s'émerveiller étrangement
« de la confiance vraiment ridicule des jeunes gens
« qui en parlent d'un ton que leur âge ne rend
« que plus indécent, loin de le rendre plus excu-
« sable. Ils en rougiraient, s'ils étaient seulement
« capables de se rappeler le nom des hommes qui

« ont respecté ce qu'ils méprisent; mais le plus
« grand mal, c'est que la présomption n'est, en
« effet, que de l'ignorance, au point que si on
« leur demandait de nous dire sérieusement ce
« que c'est que cette religion dont ils se moquent,
« la plupart, en se hasardant à répondre, risque-
« raient de dire une sottise à chaque mot. »

Transportons ces réflexions à la jeunesse contemporaine; saisissons un de ces nains bouffis au moment où il croit se grandir en insultant à la foi qui a été celle de Bossuet, de Fénélon, de Henri IV, du grand Condé, de Turenne, de Racine, de Pascal et de tous ses aieux; prions-le de nous expliquer la matière de ses sarcasmes, un rire niais ou moqueur, l'embarras de la confusion, un mot grossier peut-être, et une pirouette, seront sa réponse.

Et voilà les pygmées qui attaquent le monument impérissable !

DU GENRE,

DES MOYENS ET DE LA MULTIPLICITÉ

DES RÉPUTATIONS.

Vit-on jamais tant de réputations, et si peu de renommées ?

Tant de réputations ! Il n'y a pas une famille qui ne jette un nom dans les nuages.

Si peu de renommées ! Empressé d'étaler ses acquisitions, on les fait avorter par sa précipitation à les manifester.

L'orgueil pousse toutes les médiocrités vers l'éclat, et les médiocrités, qui trahissent l'orgueil, périssent impuissantes.

On perd souvent sa réputation, a dit un encyclopédiste, *en voulant enfler sa renommée.*

C'est-à-dire qu'à force de vouloir retentir dans le monde, le bruit que l'on fait se dilate, et ne laisse aucun son.

Car dans l'agitation extrême où nous plongent ces tempêtes de l'orgueil qui exaltent les têtes, qui exagèrent tous les sentimens, qui emportent les hommes dans toutes les régions sociales, qui rendent le pouvoir si faible, son exercice si dangereux pour lui, l'action de l'administration publique si difficile, c'est du bruit que nous voulons faire.

Et tout nous est moyen pour cela : un emploi, une association, l'exercice d'une faculté politique; quand on n'a rien de tout cela, une plume caustique; quand on ne sait pas être insolent par écrit, une attitude injurieuse et impertinente; enfin, quand on n'a rien en soi qui puisse faire violence au dédain ou à l'attention paresseuse des autres, de l'argent.

Et ne croyez pas qu'il y ait des tempéramens étrangers à cette maladie-là.

Ne croyez pas que celui-là sur lequel on remarquera des taches de famille, qu'obscur on ne voyait pas, s'en garantira avec prudence et discrétion.

Non, au milieu de tant de réputations qui irritent sa vanité, il a la sienne à faire; quelqu'abaissée que soit sa position, il faut qu'il la mette de niveau; plus le sort l'aura fait petit et infirme, plus il sera fier, tranchant et, s'il faut le dire, insolent.

Ne rien admirer, ne rien honorer, ne douter de rien, douter de tout, c'est comme cela que l'on se fait remarquer. Fussions-nous les derniers des hommes, heurtons les autres, et nous sommes sûrs que l'on nous regardera.

C'est ainsi que montant sur les tréteaux, chacun

aujourd'hui dit à tous les passans : me voici, celui-ci avec un gros livre, celui-là avec un article de journal, tel avec de petits vers, tel avec ses manières, tel autre avec ses habits, sa table, son salon; tous, plus ou moins, avec le mérite de choses qui sont en dehors d'eux-mêmes.

Et pourquoi tant de peines? pour faire prononcer son nom pendant une journée.

DE LA MODÉRATION,

DANS

SES RAPPORTS AVEC LES OPÉRATIONS
DE LA PENSÉE.

J'AI beaucoup entendu vanter la modération en général ; c'était par tous ceux qui avaient besoin qu'un peu d'indulgence respectât leur passé et tranquillisât leur présent.

Je l'ai beaucoup entendu déprimer ; c'était par tous ceux qui pensaient que la nature ne nous avait pas donné un cœur pour rester engourdis, et n'avait pas fait l'homme eunuque.

La modération, c'est sagesse, dira l'un ; c'est atonie, dira l'autre.

Eh bien! c'est l'une et l'autre selon le caractère des choses sur lesquelles elle s'exerce.

Mise en rapport avec l'emportement, seulement même avec l'exagération, la modération est une vertu.

Dans une position au contraire où il faut de la chaleur, de la vie, et cette exaltation de pensées qui fait le génie, le dévouement, toutes les belles choses, toutes les nobles actions, la modération est un vice.

Chez l'homme réfléchi qui pense que ce qui est bien ne doit pas être produit avec cette fougue, ce nerf, cette impétuosité que n'admettent pas toujours la raison et la vérité, c'est qualité.

Chez l'homme amolli par l'indifférence ou enchaîné par l'impuissance, qui ne voit de bien que dans tout ce qui est analogue soit avec l'incapacité de ses moyens, soit avec la tiédeur de son caractère, c'est défaut.

L'un marche sous l'inspiration de la raison; l'autre *est à la discrétion du moment*.

Dans le premier cas, où la modération est bien certainement utile pour celui qui la professe, peut-être est-elle quelquefois dommageable pour les autres.

Cette proposition a été établie par un philosophe du dernier siècle. Elle entre trop dans le tableau de nos mœurs, qui lui sont contraires, pour ne pas entrer dans un cadre où nos mœurs sont fréquemment jugées.

Nous lisons dans l'Encyclopédie :

« A parler avec précision, en religion comme
« en philosophie, en philosophie comme en mo-
« rale, en morale comme en politique, ceux qui
« ne sont pas ouvertement et affirmativement
« contre tels ou tels principes, telles ou telles
« doctrines, sont nécessairement contre : ce mot

« de l'évangile *qui non est pro me, est contra me*,
« est la devise commune et tacite de toutes les
« sectes, de tous les partis : ils calculent tous
« comme Dieu, qui *vomit les tièdes* et les irré-
« solus.

« En effet, si l'on veut y réfléchir, on verra que
« ces esprits modérés et conciliateurs qu'anime la
« crainte de voir troubler leur tranquillité, sont
« de tous les esprits les moins propres à reculer
« la limite d'un art ou d'une science, à être l'or-
« nement d'un parti, l'appui d'une secte; à tra-
« vailler avec succès à l'extension de leurs sys-
« tèmes, à la propagation de leurs principes ou
« de leurs dogmes.

« Ils n'ont ni l'enthousiasme nécessaire pour
« consacrer leurs veilles et leur vie même à la
« recherche pénible du vrai, ni l'instrument avec
« lequel on le découvre.

« Ce sont des hommes paisibles, d'un tempé-
« rament flegmatique, amis du repos, *surtout du*
« *leur*, aux yeux desquels la vérité ne vaut pas
« la peine qu'il en coûte pour la trouver et pour
« la défendre, à qui toutes les opinions sont à
« peu près indifférentes, et qui en remettraient
« volontiers le choix au sort, comme ce magistrat
« dont parle Rabelais, qui *par sort et jects des dez*
« *faisait ses jugemens*.

« S'ils n'enraient pas le char de la raison, ils
« ne font rien pour l'accélérer, ils le laissent aller
« comme les autres le mènent, et craignent peut-

« être plus encore de le devancer que de rester
« en arrière.

« Des hommes de ce caractère doivent néces-
« sairement déplaire à tous les partis, puisqu'ils
« n'en préfèrent aucun exclusivement.

« On n'a pas sans doute à craindre qu'ils aug-
« mentent le nombre des erreurs, mais on peut
« encore moins espérer qu'ils ajoutent à celui des
« vérités ; il n'y a pas dans tous les individus de
« cette trempe, l'étoffe et la matière d'un seul
« homme de génie, et l'on peut être sûr de ne ja-
« mais trouver leur nom parmi ceux des inventeurs.

« La modestie ou la défiance dans ses propres
« lumières, bien ou mal fondées; la modération,
« l'amour de la paix, peuvent bien être au fond
« des qualités très-propres à assurer à ceux en qui
« elles se trouvent une certaine somme de bonheur,
« dont la douceur et l'égalité constantes peuvent
« compenser des jouissances plus flatteuses pour
« la vanité, et tenir lieu dans le résultat d'une
« grande célébrité : peut-être, en calculant comme
« le peuple, faut-il refuser le nom de sages, et
« surtout d'heureux, à ces esprits enquérans,
« avides de connaissances, d'instruction, et dé-
« vorés de la soif de la gloire, dont l'infatigable
« activité lutte sans cesse contre l'impulsion de
« la nature entière qui leur répète à voix basse,
« qui leur murmure à l'oreille : demeure en repos,
« reste comme tout ce qui t'environne, dure
« comme tout ce qui t'environne, jouis douce-

« ment comme tout ce qui t'environne ; laisse
« aller les heures, les jours, les années comme
« tout ce qui t'environne, et passe comme tout
« ce qui t'environne : peut-être enfin ces enthou-
« siastes du bien public, qui s'agitent, qui se
« tourmentent pour donner cours à des opinions
« dont la vérité ou la fausseté leur sera également
« indifférente dans cent ans, plus ou moins, et
« qui sacrifient sans regret, au plaisir de s'immor-
« taliser par quelques découvertes importantes
« dans les arts ou dans les sciences, les richesses,
« *le repos, la vie et la santé* qui, selon l'expres-
« sion énergique de Montaigne, *sont bien effectuels
« et substantiaux*, sont-ils une espèce particulière
« de rêveurs et de foux qui extravaguent avec beau-
« coup de raison. Ce qu'il y a de sûr, c'est qu'il n'y
« a rien à attendre d'utile et de grand, dans aucun
« genre, de ceux qui ne sont pas animés, soutenus
« dans leurs travaux par le désir d'obtenir l'estime
« de leurs contemporains, de voir leurs noms
« inscrits parmi les bienfaiteurs du genre humain,
« de l'éterniser dans la mémoire des hommes, et
« pour lesquels ce désir si noble, cause de tout
« ce qui se fait de beau et de bon, n'est pas la
« plus forte et la plus impérieuse de toutes les
« passions.

« Il est également vrai que l'homme serait
« encore barbare, et inévitablement condamné à
« tous les malheurs que l'ignorance traîne avec
« elle, s'il n'y avait pas eu de tout temps de ces

« contemplatifs dont le caractère ardent, impé-
« tueux, s'irrite par les obstacles, et qui ressem-
« blent à cet astronome-géomètre qui, dit Plutar-
« que, *souhaitait et faisait prières qu'il peust veoir*
« *de près le soleil, comprendre sa forme, sa gran-*
« *deur et sa beauté, et puis en estre brulé, comme*
« *fut Phaëton.*

« C'est à des hommes tels qu'Archimède *qui était*
« *si ententif à trasser ses figures de géométrie,*
« *qu'il fallait que ses serviteurs l'en retirrassent*
« *par force, pour le mener huiler et laver en l'es-*
« *tuve; encore quand il estait là, trassait-il avec*
« *l'estrille dont on le frottait, des figures sur la*
« *peau de son ventre;* c'est, dis-je, à ces hommes
« extraordinaires, faits pour changer l'état des
« sciences, pour en accroître le domaine, pour
« donner une grande impulsion à leur siècle, et
« sur la tête desquels on voit, pour ainsi dire,
« brûler la flamme du génie, que nous devons les
« lumières dont nous sommes environnés en tout
« sens.

« On l'a dit, il y a long-temps; les grands hommes
« désirent les grands honneurs: l'estime de la pos-
« térité doit être le but de tous nos travaux, de
« toutes nos actions; l'objet de nos désirs les plus
« ardens. Le mépris de la gloire est celui des
« vertus. »

En présence de ces réflexions qui peuvent s'appliquer à bien des genres de modération, mot
heureux inventé de nos jours par l'impuissance

pour dissimuler sa nullité et son néant, j'ai peur que certains esprits flasques, qu'épouvante toujours la plus petite démonstration de vigueur et d'énergie, ne s'effarouchent.

Tant pis pour eux! je n'écris pas, comme je les ai déjà nommés, pour des eunuques.

DE LA MÉCHANCETÉ
FRANCHE ET OUVERTE,
COMPARÉE
A LA VERTU MOLLE ET INDÉCISE.

C'est un bien malheureux caractère que celui de l'homme qui n'en a pas du tout, c'est-à-dire qui n'a, comme je l'ai dit au livre de mes Observations morales, *ni vertus, ni vices*.

Un tel homme est une recrue pour tous les pervers. C'est ce que l'on peut en dire de moins mal.

Dans le chapitre des *Insignifiances*, j'ai tracé et expliqué ce caractère *maussade* et *malencontreux*, résultat inévitable de la faiblesse et de la tiédeur de ce que nous appelons nos qualités.

Cette partie si importante de nos mœurs, dont le cachet est partout, et qui accuse leur flasque servilité, lorsque l'esprit d'amertume, d'aigreur, d'orgueil, de contention, met tant de roideur et d'opposition dans nos actes, je l'ai reproduite et traitée principalement dans mes articles nos *Amitiés et nos Haines; — de la nature de nos Vertus; — comment nous concevons la vertu; — de la qua-*

lification d'honnête homme ; — de la facilité de nos mœurs, et de l'indécision de leur caractère ; — de la froideur de nos affections ; — des caractères faibles, et de leur influence sur l'ordre général de la société ; — comment on est bon citoyen.

Quoiqu'ils peignissent assez bien cette lâche disposition de nos affections, qui nous efféminé, nous décolore, et nous soumet honteusement, comme des instrumens vils, aux passions que nous ne partageons pas, il était possible que, même sans le chercher, je trouvasse encore un trait qui complétât la série de mes observations. Peut-être l'ai-je rencontré. Mon titre l'indique ; étudions-le.

On lit dans Bacon :

La corruption des méchans déterminés est moins funeste à la société, que les irrégularités d'une vertu qui plie et se dément.

Il y a dans la corruption déclarée un caractère certain et une mesure ; et c'est un avantage immense contre son irruption. On sait d'avance ce que l'on doit attendre d'elle ; on sait tout ce que l'on a à en redouter ; on peut se mettre en défense.

C'est un ennemi déclaré, qui marche à vous en droite ligne et le front découvert : on peut l'éviter.

De l'homme méchant et corrompu on n'a à appréhender ni défection, ni ingratitude, ni trahison, ni perfidie. Il est en face ; jamais à nos côtés, ni par-derrière. Il est hors de nos rangs qu'il nous fait serrer ; jamais dans nos rangs qu'il ne peut ouvrir en les désertant.

Il n'en est pas ainsi de la vertu qui plie et se dément.

Aujourd'hui avec nous, sans faire notre force, parce qu'elle manque d'énergie; demain contre nous et toute puissante, parce qu'elle participe, par accession, à la force pernicieuse à laquelle, par sa nullité pour le bien, elle s'est associée.

La perversité n'a guère qu'un genre ou une somme de périls dont elle puisse vous menacer; au contraire, on a à craindre *tout* de la vertu qui plie, parce que c'est une faiblesse, et que la faiblesse est l'auxiliaire de tous les vices, de tous les désordres, de tous les crimes et de tous les maux.

Elle ne commettra pas le crime, mais elle n'avertira pas du crime; elle gémira même sur le crime, mais elle le laissera commettre; elle repoussera loin d'elle la pensée du crime à entreprendre, mais, le crime consommé, elle lui applaudira; et le crime n'aura été commis que parce que l'on aura compté sur son silence et sur sa complicité.

Une vertu semblable prend, dans le langage de la société, qui ennoblit jusqu'aux choses vicieuses, le nom de complaisance. Mais la complaisance, a dit Bacon, *est toujours un effet de la faiblesse qui craint les hommes, ou de la vanité qui recherche leur faveur.*

Ainsi considérée, la complaisance, dans l'ordre de la société, serait un défaut capital.

Un caractère complaisant, ajoute le même philosophe, *s'appelle* pourtant *une nature d'or; la complaisance n'en est pas moins une servitude perpétuelle*, et je crois bien que c'est là son sceau; ce qui fait dire encore au même philosophe : *Les refus du complaisant sont des injures, par la raison que ses offres ne sont pas des services.*

Quelque nom que vous lui donniez, au surplus, la vertu qui peut faire craindre des *irrégularités*, parce qu'elle n'a que de la mollesse et de l'indécision, doit toujours être sans force pour bien faire.

Comme elle endort dans une pleine confiance, parce qu'elle est la vertu, elle aveugle nécessairement la prévoyance de l'homme qui comptait sur elle.

D'alliée incertaine et timide, quand elle était avec lui, elle devient au contraire puissance malfaisante contre lui, sous l'action du vice dont elle a salué les enseignes.

C'est elle alors, comme je l'ai dit au livre déjà cité, *qui donne à la méchanceté toute la force d'activité dont elle a besoin pour nuire.*

DE LA
SOCIÉTÉ DES SALONS.

Des superficies, et point de principes.

C'était là, au dire de Laharpe qui le répète après Boissy, le caractère des hommes de salons de son temps.

S'occupant de plaire à tout le monde, ils n'étaient les amis de personne.

Cela était très-vrai alors. C'est aujourd'hui tout l'inverse. On est l'ami de tout le monde, même de ceux que l'on hait, et on ne s'occupe de plaire à personne, pas même à ceux de qui on dépend.

Là sont nos mœurs avec ce caractère d'indépendance, d'orgueil, d'indifférence qui, avec l'égoïsme et la cupidité, est leur cachet.

Aussi, en dépit quelquefois de démonstrations contraires, combien peu de bienveillance, en général, dans nos habitudes et dans nos rapports ! combien peu de générosité dans nos paroles et dans nos jugemens !

Nous pourrions dire encore avec Desmahis, en parlant de nos conversations et de nos discours :

> La satire embellit les plus simples propos,
> Et l'admiration est le style des sots.

Toutefois, si nous n'admirons jamais parce que notre orgueil n'a point d'hommages à rendre, nous ne chargeons pas toujours, dans la haute société, comme nous faisons dans le monde, nos conversations de critiques, parce que nous sommes trop pâles pour fronder, à moins que nous haïssions ou que nous nous enflions; alors nous ne manquons pas d'amertume, mais ce n'est pas ordinairement au salon qu'elle se manifeste.

Critiquer demande une certaine force d'esprit qui est pesante pour la paresseuse insouciance qui règne dans cette sphère.

La conversation se trouve montée sur ce ton-là.

Et c'est là, pour parler comme le critique, c'est là *le tour d'esprit dont on prend l'habitude dans les cercles nombreux où l'on se rassemble sans se choisir, et où l'on parle de tout sans s'intéresser à rien.*

Il en était à peu près de même autrefois, mais sous l'inspiration d'un autre génie; c'est à savoir la légèreté, le persifflage auxquels à succédé parmi nous l'indifférence en matière de vertu comme de vice, de mensonge comme de vérité.

Gresset avait merveilleusement peint ce côté particulier des mœurs *du monde comme il faut.*

> Tout le monde est méchant, et personne ne l'est.
> On reçoit et l'on rend; on est à peu près quitte.
> Parlez-vous des propos? Comme il n'est ni mérite,
> Ni goût, ni jugement qui ne soit contredit,
> Que rien n'est vrai sur rien, qu'importe ce qu'on dit?

Tel sera mon héros, et tel sera le vôtre ;
L'aigle d'une maison n'est qu'un sot dans une autre.
Je dis ici qu'Eraste est un mauvais plaisant ;
Eh bien ! on dit ailleurs qu'Eraste est amusant.
Si vous parlez des faits et des tracasseries,
Je n'y vois dans le fond que des plaisanteries ;
Et si vous attachez du crime à tout cela,
Beaucoup d'honnêtes gens sont de ces fripons-là.
L'agrément couvre tout, il rend tout légitime.
Aujourd'hui, dans le monde, on ne connaît qu'un crime,
C'est l'ennui : pour le fuir tous les moyens sont bons.
Il gagnerait bientôt les meilleures maisons,
Si l'on s'aimait si fort : l'amusement circule
Par les préventions, les torts, le ridicule.
Au reste, chacun parle et fait comme il l'entend ;
Tout est mal, tout est bien, tout le monde est content.

La révolution nous prit avec ces mœurs-là qui l'avaient elles-mêmes préparée.

Elle en fit d'autres qui mirent dans les manières, à la place de l'immoralité gracieuse et élégante, l'immoralité brutale et sans voiles.

On put devoir, comme a dit Laharpe, *ses succès à ses vices ; on put faire profession d'une perversité hardie ; on put appeler la probité chimère, la vertu ridicule.*

Il n'y eut plus dès lors de sociétés possibles, car les sociétés sont fondées *sur des rapports de devoirs, de délicatesse, d'honnêteté*, d'obligeance et d'agrémens, comme la société sur des rapports d'intérêts.

Mais quand, la tourmente passée, elles renaquirent, elles se trouvèrent empreintes des traces profondes de la tempête.

Chaque cercle devint tribune pour la politique : il y avait vitalité dans les esprits et énergie dans les mœurs.

A la politique succédèrent *les affaires*. Toute réunion pour le plaisir se trouva comptoir, bureau, magasin, achat et bourse : la corruption des nobles affections, des principes généreux, était au cœur des hommes.

De ces élémens divers naquit cette nouvelle société de salons dont l'indifférence extrême paraît être le caractère principal.

La conversation est redevenue avec elle un mélange insignifiant de paroles où respire *cet air d'équivoque et d'insouciance* qu'un homme d'esprit a appelé *le dernier terme de l'esprit de société; esprit*, dit-il, *qui accoutume à tout; qui, à force de perfectionner les formes, a corrompu les choses; qui, en devenant la première des lois, a trop affaibli toutes les autres.*

Ce mot si remarquable, dans la citation de Gresset, si remarquable parce que tout notre esprit est là, ce mot RIEN N'EST VRAI SUR RIEN est, ajoute-t-il, *d'une grande et funeste étendue. Il a tout détérioré, depuis la morale jusqu'aux arts; c'est le refrein des fripons et des esprits faux, et il faut bien qu'ils y trouvent leur compte : avec ce mot les uns s'excusent de tout, les autres se dispensent de raisonner sur rien.*

Nous avons vu une fois où on allait avec une semblable allure.

Courrions-nous la chance d'y être ramenés avec des mœurs, où

L'agrément couvre tout et rend tout légitime;

où

Du reste chacun parle et fait comme il l'entend;

où enfin

Tout est mal, tout est bien, tout le monde est content?

Ce caractère de la société des salons a fait dire à un homme d'esprit qu'aujourd'hui *il y a réunion sans société :* idée profonde que lui a suggérée une remarque qui a fait aussi la matière de l'article *de notre indifférence pour les jugemens du public*, au livre de LA SOCIÉTÉ ACTUELLE. C'est, a-t-il dit, *un des traits caractéristiques de notre époque que cette insouciance des jugemens de l'avenir. Tout se concentre dans la vie matérielle. Qu'on ait des honneurs, de la fortune, de brillans équipages, toutes les jouissances du luxe, on a toujours assez de considération. Le temps n'est plus où une mauvaise renommée excluait de la société l'homme le plus opulent; c'est qu'aujourd'hui il y a réunion sans société.*

DE LA CALOMNIE
ET
DE LA FORFANTERIE,

DANS LEURS RAPPORTS RESPECTIFS,

COMME MOYENS DE POPULARITÉ.

A ceux qui voudront réussir dans le monde, lorsque l'ambition d'y paraître quelque chose les tourmentera, je dirai : ayez une impudence extrême ; niez ce qui est positif et certain, affirmez toujours ce qui est douteux, quelquefois ce qui est faux ; accusez quand on vous accuse, ou quand on peut vous accuser ; calomniez ce dont vous ne pouvez pas médire, agitez-vous en énergumène sur vos tréteaux imposteurs, vantez-vous malgré tous les ulcères qui peuvent faire de vous un sujet de misères et de confusion, et vous serez, pour la partie du public la plus nombreuse, les hommes de la bonne foi, du génie, de la sagesse et de la vérité.

Nos mœurs politiques ont fait de ces manières-là un moyen infaillible de succès.

Plus vous mentirez, plus vous aurez raison.

Plus vos mensonges seront audacieux, plus vous inspirerez d'estime.

Plus vous noircirez, plus vous ferez rire.

Plus vous aurez de forfanterie, plus on vous croira.

Dans l'opinion, vous monterez de toute la hauteur dont vous aurez fait descendre vos adversaires.

Pour eux la calomnie, pour vous la vanterie; ce sera toujours le mensonge, mais qui, dans votre bouche, sera le bon, le vrai, le bien et le juste.

La calomnie! bien grossière, elle généralisera ses blessures; bien acérée, elle mordra à de grandes profondeurs.

La calomnie! c'est le fouet de l'homme qui ne pèse rien, et qui voudrait peser beaucoup; c'est la couronne de l'homme qui a dans la société une supériorité qu'on ne peut envisager sans amertume.

La calomnie! dans ses rapports avec le titre de cet article, voici comme la voyait un poète du dernier siècle (Lefranc de Pompignan), dont je vais emprunter les pensées et les images, parce que ce sont nos mœurs qu'il peignait alors, bien qu'il ne pût en avoir que le pressentiment.

Apostrophant les magistrats, aux mains desquels l'honneur et le repos des familles sont spécialement confiés: Organes de la justice, s'écrie-t-il, punissez sans pitié la langue perfide, qui empoisonne, qui déchire et qui tue! punissez tout calomniateur que des succès honteux ont enhardi, et rendu plus infâme encore! Ah! quel reproche ne serait-ce pas pour vous, si l'innocence des uns, l'honneur des autres, outragés dans leur sanctuaire, accusaient l'indolence de votre ministère! bien plus, si la diffamation cruelle, toujours habilement déguisée, surprenait par malheur vos applaudissemens; si vos fronts austères, devant lesquels le vice doit toujours trembler, accueillaient la malice d'un horrible libelle!

Jamais de pardon pour ces vils assassins! le regard seul de l'honnête homme doit être contre eux un arrêt de réprobation. Qu'on ne pense pas qu'en souriant à leur licence, comme la faiblesse, la servilité, la peur n'en sont que trop capables, on parviendra à détourner de soi leur aveugle, leur effrontée insolence; vos noms, que vous croyez mettre en sûreté, auront leur tour. Mœurs, gouvernement, religion, pouvoirs, Dieu lui-même; il n'est rien de sacré que le méchant n'insulte.

Et quand cela arrive, la renommée, toujours prompte à grossir le mal, toujours froide à vanter le bien, entend sans écouter, accepte sans raisonner, multiplie, exagère, répète en fuyant la clameur mensongère. Le peuple aussitôt de s'abandonner à ces discours trompeurs, de recevoir des préjugés, de se repaître de mille erreurs dont le sage s'indigne, il est vrai, mais dont la voix se perd dans l'océan d'un monde volage, que d'ailleurs la malignité amuse et caresse toujours. C'est la faible autorité d'un cri sans écho.

Que peut la vérité dans ce choc tumultueux de rumeurs ?

Tandis qu'elle marche à pas lents, le mensonge a des ailes.

Ainsi, la calomnie est partout répandue aussitôt qu'enfantée.

Son auteur trouve même un appui dans tout homme, méchant comme lui; et il y en a beaucoup.

Mais, plus il semble mépriser les hommes, plus le mépris le suit lui-même.

Ce sont pourtant ces hommes-là qui disent à la terre, étonnée de leur monstrueuse audace : écoutez nos leçons; c'est nous qui enseignons la sagesse et la vertu; soyez droits comme nous, simples, sincères, équitables, modestes comme nous; comme nous pleins de zèle, de dévouement et d'amour pour nos frères.

Les fourbes !

Le ciel aurait-il mis sa douceur dans des vases de fiel !

Le ciel aurait-il mis sa candeur dans des bouches où règne l'artifice !

Le ciel aurait-il mis sa droiture dans des cœurs voués à l'iniquité !

Si cette humanité, qu'ils célèbrent sans cesse, était au fond de leurs cœurs !

Si cette *sainte philanthropie*, dont ils se font les ardens apôtres, était dans leur conduite aussi bien que dans leurs discours !

Mais il ne faut pas l'espérer d'une secte implacable.

Rendre le vrai douteux et la vertu suspecte, c'est leur première étude, et leur désir le plus cher.

Imposteurs par système, ils sont encore méchans par plaisir.

Et c'était sans modèles que Lefranc dessinait ainsi !

Il avait donc le don de divination ?

QUE

LA HAINE SAIT AIMER,

ET QUE,

PLUS ELLE PARAIT AIMER,

PLUS ELLE EST LA HAINE.

Étrange contradiction !

Cela ne tient-il pas à la grande mobilité de nos caractères, qui serait elle-même l'effet de l'extrême vivacité de nos passions ?

Le caractère pourtant est chose immuable.

Qu'il subisse assez souvent le joug de la contrainte, et se taise, à la bonne heure : dans ce cas, il dort, mais il ne change pas. C'est toujours notre caractère. Seulement les modes sous lesquels il peut se produire ont une variabilité infinie qui lui imprime quelquefois le sceau de l'inconstance, alors que l'inconstance n'est cependant que dans les dehors, dans les apparences et dans les formes.

Je prends une espèce.

Des passions ardentes et impétueuses brûlent au fond des cœurs. Vous y aurez aperçu une haine violente pour certaines institutions, certaines traditions, certaines doctrines, certaines opinions, certaines habitudes, un ordre de chose quelconque enfin, et pour ceux qui y sont attachés.

Elle se sera manifestée à vos yeux par des démonstrations inofficieuses, par des actions mêmes pleines d'hostilités.

Vous croirez à l'esprit d'opposition, de mutinerie, de désobligeance, voire même d'animosité, bien plus d'inimitié profonde, et vous ne vous tromperez pas.

Le lendemain, des actions contraires, des démonstrations d'intérêt et de bienveillance auront remplacé ces sentimens amers.

Vous croirez à de nouvelles pensées, et vous serez dans l'erreur.

L'intention chagrine, la mauvaise humeur, le goût antipathique, le désir pervers, le dessein de nuire seront les mêmes.

La torche dans une main, l'épée dans l'autre, la haine grinçait les dents hier; l'encens et des guirlandes dans ces mains, toujours homicides, elle flattera aujourd'hui, elle sourira, elle caressera.

Dans l'une comme dans l'autre attitude, ce sera pourtant toujours la haine; et la méchanceté et le crime n'auront point cessé de lui tenir compagnie.

Ceci explique ce que nous voyons de contradictoire dans la conduite de bien des gens, que l'on pourrait accuser d'inconstance dans leurs affections, lorsqu'ils y sont cependant toujours fidèles.

C'est ainsi que ces hommes qui, dans nos discordes civiles, ont pris contre la religion, la royauté, le pouvoir, toutes les choses du passé, une aversion que les chances sanglantes des révolutions, l'action du temps, et les conseils éclairés de l'expérience n'ont pas vaincue, demeurés les ennemis de ce qu'ils haïssaient en grondant, continuent de haïr en riant et en chatouillant.

C'est la même envie d'abattre et de triompher, mais avec des moyens nouveaux.

A la force qui attaque, à la force qui appelle la vigilance pour prévenir, ou la force pour résister, ont succédé la ruse qui dissimule, qui enlace et qui trompe; l'hypocrisie qui louvoie, qui réconcilie et qui captive. *Aditum nocendi perfido præstat fides.* (*Œdipus in Senecá.*)

On se ruait sur l'ennemi pour le terrasser; on l'endort par des protestations pour le désarmer.

On allait au succès par l'hostilité, on y va par le sommeil.

Citons un exemple :

On lit dans un pamphlet sur le parti révolutionnaire : (Cottu 1829.) « Pendant long-temps ce
« parti s'était persuadé qu'à l'aide des inquiétudes
« qu'il avait habilement répandues sur le rétablis-
« sement de la dîme et l'annulation des ventes
« nationales, il pourrait opérer un soulèvement

« général, mais le mauvais succès de ses entre-
« prises a convaincu les révolutionnaires que les
« insurrections à main armée ne leur offraient que
« peu de chances de succès. Ils se sont donc dé-
« cidés à changer leur plan d'attaque contre la
« royauté, *et à paraître se réconcilier avec ses*
« *maximes et ses besoins, pour se mettre en mesure*
« *de s'approcher d'elle, et l'étouffer ensuite plus*
« *sûrement.* De là ce changement subit opéré dans
« leurs discours, ces protestations de dévouement
« qui ont succédé tout à coup à leurs accens de
« rage, et ces respects affectés pour le Prince
« que, naguère encore, ils accablaient d'outrages
« et menaçaient de leurs poignards. »

Nous en sommes là avec tous les hommes que des succès malheureux, longs et faciles, que leurs revers ensuite, que leurs fautes, leur éducation et les trente dernières années ont fait les ennemis de tout ce qui est religion, monarchie, supériorité quelconque.

Ce qu'ils ont dit, ce qu'ils ont écrit, ce qu'ils ont signé, nous le savons tous, et ils ne l'ont pas oublié eux-mêmes.

Sortie toute vive de leurs mains, la révolution les a engagés dans ses intérêts et dans ses doctrines pour toute leur vie.

Toute leur vie ils seront les adversaires de ce qu'elle a détruit ou offensé, c'est-à-dire de ce qu'eux-mêmes ont détruit ou offensé.

Laissez-les dire pourtant.... ils n'ont jamais mis

la main ni sur l'autel pour l'abattre, ni sur la couronne pour la briser.

Laissez-les dire..... il n'y a qu'eux encore de véritablement fidèles.

Laissez-les dire.... il n'y a qu'eux de bien dévoués.

Laissez-les dire.... eux seuls savent aimer, bénir, respecter, croire, servir.

Laissez-les faire.... et ce qu'ils embrassent, dans leur haine, avec tant d'amour et de ferveur !!!...

QUELQUES IDÉES
SUR L'ESPRIT DE PARTI,
LES AFFECTIONS QU'ON Y PORTE,
LE PRIX QU'ON EN RECUEILLE.

Que des discordes civiles éclatent dans un pays, toute la population se distribue aussitôt dans trois cathégories :

1°. Ceux qui marchent à la destruction de ce qui est, et à l'envahissement du pouvoir ;

2°. Ceux qui en entreprennent la défense ;

3°. Ceux qui, derrière les deux camps ennemis, attendent avec indifférence l'événement, et qui prendront parti pour la victoire.

Quel que soit le motif qui entraîne dans l'une ou dans l'autre des cathégories où sont les hostilités, il ne faut pas croire que personne y porte alors la pensée des récompenses qui, en cas de succès, peuvent un jour être le prix de ses services.

Généralement on ne met dans ce succès aucune espérance qui ait un autre mobile que le grand intérêt du parti.

Nos affections seules déterminent notre choix, et le penchant nous donne notre drapeau.

La couleur prise, on se dévoue, et c'est avec le cœur; on s'immole, et c'est sans calculs.

Repos, sécurité, fortune, emploi, avenir des siens, on sacrifie tout à la passion unique d'abattre ses adversaires, et de faire triompher sa cause, c'est-à-dire ses principes, ses opinions, et avec eux cet intraitable amour-propre avec lequel on s'attache aux choses qu'on a choisies, et invinciblement parce qu'on les a choisies.

En dehors de son parti il n'y a plus rien, absolument rien, et on n'existe soi-même, bien réellement, que dans la fortune du parti; j'entends que les joies et que les peines, qui font la vie de l'homme, sont toutes en lui.

Va-t-on, dans cette manière de sentir et d'être, lui demander de l'argent, des couronnes, du pouvoir? Non, le succès qui lui donne l'empire, c'est tout; l'amour-propre ne va pas plus loin.

Autres pensées après le triomphe.

La victoire acquise, l'effervescence, que faisait la résistance, et qui faisait à son tour le dévouement, de se refroidir. On commence à s'apercevoir soi-même au milieu de tous les autres, et on convoite pour soi des avantages auxquels on avait été jusque-là loin de penser.

On servait une cause, et c'était bien sans songer à l'utilité *personnelle* que l'on pouvait retirer de ses services.

Les services rendus, l'orgueil s'enfle, l'intérêt s'éveille, on parle de sa fidélité, on voit ses blessures et on les montre; elles ont une valeur, on ne l'impose pas, mais la balance à la main on met le zèle, les sacrifices dans un des bassins, et on demande pour l'autre le contre-poids.

Qu'arrive-t-il alors?

Ceux qui ont été servis n'aiment pas souvent qu'on le leur rappelle.

Ce n'est pas toujours pourtant qu'il faille en accuser ni leur mémoire, ni leur cœur.

L'oubli dans lequel ils tombent envers leurs serviteurs, n'est pas tout-à-fait de l'ingratitude, c'est du calcul.

Ils ont encore besoin d'être généreux, non avec leurs cœurs, mais avec leurs mains.

Leur générosité n'est pas récompense, mais moyen de succès.

Ils ont compris qu'elle ne doit pas servir à payer une fortune acquise, mais à affermir une fortune qui peut chanceler.

Voici comme cela se passait aux belles années de Louis XIV, comme encore avant lui, et comme depuis, et comme de nos jours.

« Quelle justice lui rendit-on, s'écrie Fléchier,
« en pleurant sur le tombeau de Montausier? On
« approuva ses services, et bientôt on les oublia.
« Dans ces jours de confusion et de trouble, où
« les grâces tombaient sur ceux qui savaient à
« propos se faire soupçonner ou se faire craindre,

« on le négligea comme un serviteur qu'on ne
« pouvait pas perdre, et l'on ne songea pas à sa
« fortune, parce qu'on n'avait rien à craindre de
« sa vertu. »

Autant en était-il arrivé sous Henri IV, après ses victoires : économe de faveurs envers ses amis, prodigue envers ses ennemis : les premiers ne pouvaient lui manquer ; il avait besoin d'acheter les autres.

C'est ainsi que le passé est toujours sacrifié au présent; que les services attendus abolissent l'importance des services reçus, et que si l'abandon, où vivent ceux qui les ont rendus, est la preuve de la noble confiance qu'ils inspirent, il ne l'est pas toujours également de leur jugement et de leur prudence.

SUR

LES AFFECTIONS POLITIQUES.

Il fallait une révolution comme celle qui a fait une ruine immense de nos institutions, de nos mœurs et de la génération contemporaine, pour nous faire bien connaître la toute-puissance des doctrines politiques sur l'âme humaine.

Nous savions ce que pouvait le fanatisme, qui est aussi l'enfant des doctrines, et dont la tyrannie sur l'esprit et sur le cœur de l'homme s'exerce avec assez de violence pour qu'il aille jusqu'à s'immoler lui-même à ses inspirations brûlantes.

Nous savions ce que pouvait l'amour, qui est, comme on l'a déjà dit, je crois, dans la personne d'un autre que nous aimons avec ivresse, l'amour de nous-mêmes poussé au délire, porté à ce point que si les jouissances que nous demandons à la possession de l'objet aimé, nous sont refusées, la vie nous devient assez insupportable pour que sa perte fasse notre bonheur par un crime.

Il me semble que, sous le rapport de la vivacité des impressions, nous pouvons mettre aujourd'hui la politique sur la même ligne.

Elle a même cette force de plus qu'elle vit toute la vie de l'homme, lorsqu'au contraire le fanatisme cède à l'exemple, à la lassitude, au temps, à des mœurs nouvelles; l'amour à la maladie, au caprice, à l'âge, à des intérêts, à l'absence.

La politique marche rarement sans la haine, j'entends contre ceux qui suivent des étendards différens des nôtres; or, la haine, par ses violences, est la plus impétueuse, comme elle est en même temps la plus durable des affections.

La politique tire encore son pouvoir de nos passions les plus vaniteuses. Elle engage pour toujours notre amour-propre. Nous ne fléchirons jamais sous des pensées, des principes, des systèmes, des opinions, un parti qui nous ont été opposés et que nous avons combattus.

De ce que tels sont les élémens de force et de vitalité de la politique, il est rare que les opinions que nous tenons d'elle se décolorent avec le temps, comme tant d'autres affections qui s'endorment dans l'indifférence.

Et voilà pourquoi tel homme qui, élancé du berceau avec une manière ardente de voir, de sentir et de juger, met son cœur à des doctrines politiques quelconques, y sera retrouvé attaché avec la même ardeur, à l'autre extrémité de sa carrière.

Ceci rentre dans cette judicieuse observation d'un publiciste, « qu'il n'est pas vrai qu'en poli-
« tique la modération accompagne les années.

« Dans les discussions civiles, dit-il, on vieillit
« sous le poids des antécédens personnels, des
« engagemens pris, des haines contractées, des
« maximes, des opinions proclamées à la face du
« ciel, et sans démordre de pas un seul. »

Et cela est très-vrai.

« Les plus mauvaises doctrines, ajoute-t-il,
« s'enracinent ainsi; les plus mauvais sentimens
« s'exaltent encore sous la main du temps, loin
« d'en recevoir des modifications.

« Ceux qui les professent, finit-il par s'écrier,
« resteront eux-mêmes exaltés jusque dans leur
« cercueil; leur cendre bouillonnera encore; elle
« vous troublera du sein des funérailles triom-
« phales. Le char de mort sera une tribune der-
« nière, d'où sa voix obstinée s'élevera encore
« pour vous épouvanter. »

Concluons de tout ceci que rien n'égale en durée les affections qui ont leur source dans les doctrines politiques, et que le temps en modère rarement la violence.

CE QUE C'EST
QUE NOTRE FIDÉLITÉ.

J'ai dit dans mon livre sur *la Société actuelle*, page 135, que si l'on voulait se faire rire au nez, ou n'être compris de personne, il fallait parler de dévouement.

J'ai dit : L'expression froide et vide du dévouement n'est qu'un calcul. Tel que nous le concevons, tel que nous le pratiquons, le dévouement est tout juste de l'espérance. On paraît dévoué..... on est aux pieds de la fortune.

Cœur humain, vous voilà !

Et c'est parce qu'il est fait ainsi qu'il n'y a pas davantage de vérité dans ce que nous appelons encore la fidélité.

La fidélité !

Mais de quelle fidélité entendez-vous parler ; car il y en a de toutes les espèces ?

Il y a une fidélité orageuse, qui apporte des périls, qui compromet, et qu'aux jours du bonheur, l'ingratitude oublie. Celle-là brille encore.... dans l'histoire.

Il y a une fidélité qui sert le pouvoir, et qui lui est tellement attachée que, le pouvoir éteint, elle disparaît avec lui. Celle-là se trouve aussi dans l'histoire ; mais elle n'y est pas passée tout entière : on la retrouve encore parmi nous.

Il y a une fidélité qui consiste à dire je suis fidèle, c'est celle de tout le monde ; elle court les rues ; elle n'en est pas moins toujours à la mode.

Il y a la fidélité à ses promesses et à ses engagemens dans la vie civile. Il nous prendrait fantaisie de la méconnaître à l'égard des autres, que nos intérêts, les lois et les tribunaux nous ramèneraient à son intelligence.

Il y a la fidélité à ses sermens : expression pleine de valeur et de force, quand on demande et qu'on espère ; locution banale, insignifiante et de style, quand on a obtenu, et qu'on possède.

Il y a la fidélité à un parti.... *donec erit felix;* à la religion.... mais pour être fidèle à la religion, il faut en avoir une ; et quelle religion avons-nous ? au Prince.... c'est ce que nous appelons obéissance.

Celui-là donc est fidèle aujourd'hui, qui n'est pas infidèle.

Faire de la fidélité un noble sentiment, c'est mettre le roman dans l'histoire.

Or, celui-là est un sot qui, dans nos mœurs actuelles, met des affections là où on ne lui demande que de l'indifférence, c'est-à-dire l'absence de toute passion chagrine, et une conduite qui ne soit pas de l'opposition.

(353)

Nous en sommes là, que celui qui fait silence, ou qui, parlant, laisse faire sans regimber, a la somme de fidélité qui constitue l'honnête homme et le bon citoyen.

Si vous demandiez davantage, vous ne comprendriez pas votre siècle, et vous n'en seriez pas compris.

COMMENT
NOUS DISONS LA VÉRITÉ.

Avec douceur, sans doute? — Point du tout.

Avec ce langage de persuasion qui plie, en les amollissant, les oppositions les plus rebelles? — Point.

Avec ce ton de candeur, de simplicité, de souplesse et de dignité, qui exclut de ses démonstrations tout ce qui sent la recherche, le faste, la rudesse, l'aigreur et l'effort? — Nullement.

Quand nous disons la vérité, c'est en grondant, c'est en querellant, c'est en menaçant, c'est en outrageant; c'est avec tout l'éclat, toute l'humeur, tout l'emportement de la passion.

Quand nous disons la vérité, ce n'est point pour l'amour de la vérité, mais parce que la vérité que nous avons à révéler sera pour nous le triomphe d'une affection désobligeante pour d'autres; pour d'autres une cause d'importunité, de tracasseries, de froissement.

Nous mettons dans l'action de dire la vérité, de l'amertume, de la taquinerie, et le plus souvent même de la haine.

En disant la vérité, ce n'est point ses apôtres

que nous nous constituons : peu nous importe la vérité ! Mais si dans la proclamation d'une vérité nous trouvons un moyen de contrarier une opinion, d'offenser un sentiment, d'abaisser une renommée, de flétrir une jouissance, de troubler une position, d'ôter au bonheur d'un autre quelques feuilles de sa couronne, nous nous hâtons de la manifester, et Dieu sait avec quelle chaleur et quelle vivacité !

Et voilà comment nous disons la vérité.

Orateurs, venez nous dire à présent comme vous le disiez, il y a un siècle, à une autre génération :

« Pour l'intérêt de la vérité même, il faut l'an-
« noncer sans fanatisme, comme sans faiblesse.

« Que son langage soit donc simple et touchant
« comme elle !

« Qu'elle ne cherche point à étonner !

« Qu'elle ne parle point aux hommes avec em-
« pire !

« Qu'elle n'insulte pas même avec dédain aux
« erreurs qu'elle combat !

« Elle a déjà assez de tort d'être la vérité.

« Qu'à force de douceur, elle mérite qu'on lui
« pardonne !

« Qu'elle se défende surtout de cette impatience
« du bien, qui en est la plus dangereuse ennemie !

« Regardons la nature : rien ne s'y fait par se-
« cousse, ni par des fermentations précipitées.

« Tout se prépare en silence; tout se mûrit par
« des progrès insensibles et lents.

« Ainsi la vérité agit.

« Jetée au milieu d'un peuple, elle y travaille
« d'abord en secret.

« Elle mine sourdement les opinions.

« Elle se glisse à travers les préjugés.

« Elle s'insinue comme les eaux qui se filtrent
« sans être aperçues, et déposent lentement, à
« travers le limon, les germes de fécondité qu'elles
« portent.

« Un jour viendra que toutes ces eaux éparses
« et souterraines pourront enfin se rassembler,
« et rouleront avec bruit sur la terre.

« Que dis-je? un jour viendra peut-être.......

Belle utopie, sans doute!...... et, en présence des faits, tels qu'ils sont de nos jours, beau morceau de déclamation académique.

DE QUELQUES
MAXIMES EMPHATIQUES,

RÉDUITES A LEUR JUSTE VALEUR;

ET, PAR SUITE,

DE L'AUTORITÉ ET DE LA SOUMISSION.

C'est encore dans une académie que l'on a dit :

Chez un peuple éclairé, la force du pouvoir n'est pas dans le pouvoir même ; elle est dans l'âme de celui à qui l'on commande.

Nous sommes un peuple éclairé, cela est incontestable ; tout le monde le dit, et tous les échos le répètent avec un bruit auquel il est impossible de ne pas céder.

Nous vivons dans un siècle, auquel aucun autre siècle n'est à comparer pour les lumières ; cela est encore incontestable : journaux, livres, pamphlets, tribunes, c'est à qui proclamera cette grande vérité ; et les siècles passés, qui ont tant d'intérêt à contredire, se taisent.

Cependant si, au milieu de tant de clartés, je recherche quelle force le pouvoir tire aujourd'hui de l'âme de celui à qui il commande, je suis tout honteux de comparer cette force-là à celle qu'il exerçait sous un régime qui était, selon l'expression consacrée, celui de l'*absolutisme*, et conséquemment des ténèbres.

Mais continuons nos citations.

Plus on connaît la source de l'autorité, et plus on la respecte.

Grâces à nos publicistes, grâces aux lumières qu'ils ont répandues avec une si généreuse profusion, point d'yeux aujourd'hui qui n'aient pénétré jusqu'aux sources de l'autorité ; personne pour qui l'autorité ait conservé un voile et un mystère. Sortie des ombres du sanctuaire, elle s'est montrée à nu, elle s'est fait toucher par toutes les mains ; et pourtant, quel genre de respect nous lui portons !

On adore dans la loi la volonté générale.

En général, nous n'adorons plus grand chose. Mais que nous adorions ou que nous n'adorions plus, depuis que la loi est appelée l'expression de la volonté générale, je n'ai encore vu personne qui l'adorât.

On se soumet à des conventions d'où doit naître le bonheur.

Oui, en grondant, en trépignant, en ôtant, par des critiques amères, par quelque chose de pis encore, toute leur force morale à ces *conventions*, destinées à faire un bonheur qui n'est accepté que comme un joug.

L'homme altier sait qu'en obéissant il sacrifie une portion de sa liberté, pour conserver l'autre.

Pour cela pourtant il faudrait, ce me semble, que l'homme altier fût un peu philosophe, et encore ai-je beaucoup de peine à croire que cette pensée influerait sur son obéissance.

L'homme avare (sait), *que l'impôt qu'il paie est le garant de sa propriété.*

Eh, mon Dieu non, il ne sait pas cela. Aurait-il cette connaissance qu'elle serait pour lui de la plus grande indifférence.

L'homme robuste et méchant (sait), *qu'il ne serait plus que faible et malheureux, s'il ne mettait ses forces en dépôt dans la masse publique.*

Voilà qui est parfaitement dit, fortement pensé, très-philosophique ; il n'y manque qu'une chose, petite chose à la vérité, c'est qu'il y ait un seul homme robuste et méchant qui fasse cette réflexion.

Les lumières apprennent qu'il n'y a dans l'état qu'une loi, qu'une force, qu'un pouvoir.

Cela n'est-il pas un peu abstrait, malgré la simplicité apparente de la proposition, pour ceux que les lumières illuminent !

Elles adoucissent les mœurs, et ôtent aux âmes cette activité inquiète et forcée, qui ose tout, parce qu'elle ne prévoit rien.

Ah, vraiment oui ! témoins notre bienveillance les uns pour les autres, notre pur et parfait désintéressement, notre docilité, le calme de son passions, notre foi au pouvoir, notre respect pour les choses du passé, notre obéissance et notre dévouement aux choses du présent, notre amour des nobles inspirations........

Et puis, faites donc des phrases !

DU COURAGE,
DE SES ESPÈCES DIVERSES;
ET, PAR OCCASION,
DE LA COMPLAISANCE
ET
DE LA MOLLESSE DU CARACTÈRE.

Un ancien a dit par la bouche d'un personnage tragique : *Quiconque a du courage, n'est jamais malheureux.*

Qu'entendait-il ici par courage, car il y en a de plusieurs espèces ?

Et pour me borner à deux, desquelles toutes les autres peuvent descendre, je remarque :

1°. Le courage qui peut prendre plus spécialement le nom de *force*, parce qu'il est agissant et hostile ;

2°. Le courage que l'on appelle *résignation*, parce que sa force, purement passive, reçoit les coups sans plier, et ne triomphe jamais mieux que dans les disgrâces.

Le premier est le fruit de l'audace, qui ne compte

pas avec les difficultés, qui est affamé d'obstacles et qui les affronte;

Le second est l'effet de la méditation qui réfléchit, qui calcule et qui pèse; de la patience qui accepte, qui se tait et qui souffre.

Le premier fait lui-même les événemens, que le second supporte; il fait la fortune, dont le dernier soutient les revers.

L'un est le privilége des âmes hardies, qui courent les yeux fermés au péril, pour en arracher des bénéfices;

L'autre est le caractère des âmes fortes qui luttent corps à corps avec lui, non pour l'abattre, mais pour ne pas en être abattues.

C'est dans ce dernier sens qu'il faut entendre cette maxime : *Quiconque a du courage n'est jamais malheureux*.

Sénèque-le-Tragique, qui l'a prononcée, fait dire encore à un de ses héros : *Toujours une prière timide entraîne un refus*; et Rotrou, à un de ses personnages : *Qui demande avec crainte, enseigne à refuser*. Ce qui veut dire, mettez de la force même dans ce que vous demandez.

Or, cette force n'est pas, comme dans la résignation, celle qui *supporte*, mais celle qui *emporte*.

Mais quand Juvénal s'écrie : *Un homme ne doit pas être plus faible que malheureux*, il demande au contraire la force qui fait *supporter*, et non celle qui fait *emporter*.

Or, celle-là est la plus rare, parce qu'elle est la plus difficile; et elle est la plus difficile, parce que ne pouvant changer la mauvaise fortune, il faut qu'elle vive d'égal à égal avec elle.

Tel homme libre, indépendant, fier, ambitieux, colère, saura, dans l'exaltation d'une imagination fougueuse, intempérante, emportée, déployer cette espèce de courage qui se précipite et qui défie, qui, sous le joug d'une position fâcheuse, en sera accablé.

Tel autre, au contraire, poussera la vigueur de l'âme jusqu'à savoir insulter à la souffrance qui le déchire, sourire à la mort, déjà commencée, ou, pour parler comme Bossuet, *être doux envers elle*, qui reculera devant la nécessité d'une résolution hardie, la possibilité d'un accident, la plus petite chance d'un mauvais succès.

Ce courage est celui de la résignation, et c'est le plus grand à mon avis.

C'est le plus grand, parce qu'aucune promesse de la fortune ne le soutient comme l'autre qui, s'il fait hasarder la vie, fait tout aussi bien obtenir ce qui en fait le charme ou l'éclat.

Celui qui a le courage de résignation, est en face d'un abîme qu'aucun voile ne lui dérobe, qu'aucune espérance ne lui dissimule.

Il sait qu'il doit y descendre pour ne pas en remonter, ou s'il s'y trouve, qu'il doit y rester.

Quelle force ne faut-il pas dans la soumission à une pareille nécessité !

Tandis que le courage aventureux ne fait que demander un avantage possible, au risque de s'y perdre, le courage de résignation accepte avec fermeté un mal advenu, inévitable, qui est sans compensation.

C'est bien ici qu'est la véritable force.

Mais, pour avoir du courage, quel qu'il soit, il faut être *soi-même*, c'est-à-dire un homme que n'émeut aucune inspiration venue du dehors.

Et nous sommes tous si flasques !

Ce fonds de notre caractère ne serait-il pas la suite de notre indifférence profonde pour tout ce qui ne touche pas immédiatement à nos intérêts ou à nos passions ?

Car, cela excepté, nous sommes, il faut en convenir, les meilleurs gens du monde ; voulant tout ce que les autres veulent, ne voulant rien de ce qu'ils ne veulent pas, disposés à être tout ce qu'ils voudront.

Donnons quelques exemples de cette souplesse de nos mœurs.

Nous voyons à des gens de la religion, non parce qu'ils ont des croyances ; nous les voyons n'en pas avoir, non parce qu'ils sont impies ; pour être impie comme pour être croyant, il faut avoir de la flamme, et nous sommes loin de cette chaleur.

Ils ont de la religion, parce qu'ils appartiennent à une position qui veut que l'on paraisse ne pas être sans religion.

Ils n'en ont pas, parce qu'ils appartiennent à une position qui veut que l'on aille avec le siècle.

Nous voyons encore certains individus respecter le pouvoir, non parce qu'ils l'aiment ; nous les voyons l'accabler de tracasseries, non parce qu'ils le haïssent.

Ils respectent le pouvoir, parce que d'autres avec lesquels ils ont des rapports d'intérêt, d'alliances, d'égards, le respectent.

Ils l'accablent de tracasseries, parce qu'il entre dans le caractère de beaucoup d'hommes de lui être hostile.

Qu'importe telle chose, telle autre, tel événement ! qu'importe ceci, qu'importe cela ! Ce mot de Bassompierre au chevalier de Guise, renferme toute leur politique et toute leur morale : *Je serai toujours paroissien de celui qui sera curé.*

Et c'est bien là aujourd'hui toute la sagesse humaine.

CE QUE
LES QUALITÉS DES HOMMES
DOIVENT
AUX CHOSES EXTÉRIEURES.

Le théâtre fait l'acteur : cela est vrai généralement dans toutes les choses de la vie, parce que l'homme tire de tout ce qui exerce sur lui une grande action des moyens de force et de capacité.

La draperie fait la représentation : cela est encore vrai généralement, témoins tant d'hommes qui ne sont quelque chose qu'avec un costume.

De même, le mérite, quelque grand qu'il soit, ne vaut dans le monde que sous la protection des circonstances.

C'est toujours le piédestal sans lequel la statue n'est pour les autres qu'un bloc inaperçu.

Bacon a dit : *Les honneurs sont les calculs dont la Providence se sert pour apprécier notre mérite et le rendre public.*

De là la conséquence que le mérite ne reçoit de manifestation que par les honneurs qui lui sont décernés.

Cela rentre dans cette pensée que, sans les

dehors qui les mettent en scène, les qualités des hommes s'exercent ordinairement sans éclat tant pour ceux qui les possèdent que pour ceux qui en recueillent le bénéfice.

C'est ce qui a fait dire à un homme qui devait s'y connaître: *Les hommes sont des chiffres qui n'acquièrent de valeur que par leur position.*

L'auteur de cette proposition, aussi juste que bien exprimée, savait par lui-même que les hommes, pris dans leur *valeur intrinsèque*, ne sont rien avec cette valeur, sans l'auxiliaire puissant des à-propos.

Et cet homme avait nom *Bonaparte!*

C'est bien lui qui a pu dire que la position des hommes faisait leur prix, comme un chiffre fait une valeur. Qu'il fût resté soldat, il eût été un excellent soldat, en honneur peut-être dans son régiment. Soldat couronné, il a rempli le passé de son nom, et l'a donné à l'avenir jusqu'à la fin des siècles.

Faites naître Alexandre dans la boutique d'un cordonnier; César dans celle d'un forgeron, et la renommée, dont ils ont fatigué les cent voix, restera muette sur leur cendre; ils n'en auront pas moins été Alexandre et César.

L'homme est un moyen avec lequel la fortune, selon qu'elle le prendra, ou fera un chaînon de l'ordre social, ou soulèvera le monde.

DES LOIS,

COMME EXPRESSION DES MŒURS.

J'ai dit, page 209, que l'on ne faisait pas des lois pour des crimes commis, mais pour des crimes à commettre; bien plus, qu'un code de lois n'était pas la représentation du passé, mais la prévision de l'avenir.

Si on en concluait que j'aie prétendu qu'il ne dût pas être l'image vivante des temps au milieu desquels il serait produit, on se tromperait.

Je conviens qu'en général la loi ne statue pas pour les choses qui sont finies, mais pour les choses qui sont à faire; qu'elle embrasse les éventualités plutôt que l'actuel, le possible plutôt que les choses accomplies; que *plus régulière et plus morale que le peuple qu'elle régit, son but,* ainsi que l'a écrit un homme de lettres, *est d'améliorer la société; qu'elle est toujours le vœu et l'idée de quelque chose de meilleur que l'état présent des choses.*

Mais si de là vous tirez la conséquence que *la société n'est pas faite à l'image des lois,* ce que je ne conteste pas tout-à-fait, vous ne pouvez nier néanmoins que les lois ne soient pas l'image de la société, ce qui est bien différent.

En ce sens, la loi est *l'expression des mœurs des nations*, comme la littérature est *l'expression de la société*.

Sans contredit, les lois sont faites pour un temps qui n'est pas, ce qui ne veut pas dire qu'elles n'*indiquent* pas le temps qui les voit naître.

Les lois naissent des besoins et des misères des hommes, donc elles les manifestent.

Elles servent de remèdes à leurs maux, donc *elles les indiquent.*

Où je vois du quinquina, dit toujours le même écrivain, *je juge qu'il y a de la fièvre.*

De même, *où je vois une loi qui met l'ordre, je suis sûr qu'il y avait désordre.*

Ce désordre, la loi me l'apprend; et quel est-il autre chose que le produit des mœurs du temps?

La loi réparatrice ou préventive me réfléchit alors ces mêmes mœurs.

Indépendamment de ce que les lois, étant l'effet des besoins et des misères des hommes, en sont naturellement la représentation, elles sortent de leurs mains nécessairement empreintes des préjugés et, si vous le voulez, des lumières du siècle qui les enfante.

Les lois politiques et civiles de Clovis, celles de la chevalerie, celles de Louis XIV ne sont-elles pas le miroir des temps où elles ont été promulguées?

Comme la nécessité qui fait faire la loi est elle-même le résultat de l'esprit du temps, elle sort toute vivante des idées de l'époque, de son génie, de son caractère, et elle en est l'explication. C'est son habit et sa livrée, et c'est sur cette couleur que seront jugés ceux qui l'ont faite, parce qu'ils y auront mis leur manière, ceux pour qui elle a été faite, parce qu'elle a été combinée sur leurs besoins.

En retournant la pensée de l'auteur déjà cité, disons donc que *les lois témoignent aussi vivement que la littérature de l'état des sociétés.*

LES HOMMES,

CONSIDÉRÉS COMME MARCHANDISES.

Vous avez raison, Sénèque, *les hommes sont marchands et marchandises.*

Vous vous en plaignez, (lettre à Lucilius) pour avoir le plaisir de dire que *c'est l'argent qui, depuis qu'il a commencé à être en honneur, a fait disparaître le véritable honneur;*

Que *nous ne demandons pas ce qu'est une chose, mais quel en est le prix;*

Que *nous sommes honnêtes gens pour de l'argent, et fripons pour de l'argent;*

Que *nous suivons la vertu tant qu'elle nous fait espérer quelque profit, prêts à suivre une route contraire si le crime nous promet de plus grands avantages;*

Que *nos parens nous ont appris à admirer l'or et l'argent;*

Que *la cupidité qui nous a été infuse dans l'âge tendre, a pris racine en nous, et s'est accrue avec nous;*

Que *peu d'accord sur tout le reste, on s'accorde*

sur ces objets, les regardant avec respect, les souhaitant pour les siens, les consacrant aux dieux en signe de reconnaissance, comme les choses les plus précieuses que l'on trouve sur la terre;

Que *les richesses sont préférées à la réputation;*

Que *chacun demande si l'on est riche, sans que personne s'informe si l'on est homme de bien;*

Que *l'on ne demande pas d'où est venue votre fortune, ne voulant que savoir combien vous possédez;*

Que *partout un homme n'est estimé qu'à proportion des biens qu'il a;*

Que *si vous voulez savoir ce qui est honteux, c'est de ne rien avoir;*

Que *c'est bien mourir, que de mourir en gagnant de l'argent;*

Que *l'argent est le plus grand bien des hommes;*

Qu'enfin *on ne peut pas lui comparer une mère ni des enfans, ni même un père dont les droits sont si sacrés.*

Tout cela, Sénèque, était très-vrai de votre temps, l'a été depuis, l'est encore aujourd'hui, et peut-être plus que jamais. J'en ai dit moi-même quelque chose.

Cela ne prouverait-il pas qu'en morale, et en dépit des livres, et des cent mille modes d'éducation par lesquels les générations ont passé, l'homme est un peu stationnaire?

Sous ces rapports, brillamment présentés, comme tout ce qui sort de votre génie, vous avez très-bien dit que *les hommes étaient marchands et marchandises.*

Il est d'autres rapports encore sous lesquels on peut les considérer ainsi.

Dans l'harmonie générale de la société, tous les hommes étant, à l'égard les uns des autres, des élémens d'utilité, tous sont attachés au service de tous, depuis les rois, que le monde sert à genoux, et que leur position immole aux intérêts du monde, jusqu'aux valets, qui sont aux genoux des autres, pour vivre de leurs besoins, de leurs vices, de leurs passions, de leur paresse.

N'est-ce pas pour de l'argent qu'ils vendent :

La fille publique, sa jeunesse et son corps ;
L'ouvrier, son industrie ;
L'homme du savoir, ses laborieuses acquisitions ;
L'homme de peines, ses muscles et sa santé ;
Celui de la guerre, son dévouement et sa vie ;
L'homme d'affaires, ses études, ses soins, son temps ;
Le commis, ses journées et ses plaisirs ;
Le voyageur, ses fatigues et ses périls ;
Le domestique, ses mouvemens et sa volonté ;
Le médecin, son sommeil ;
L'artiste, son goût ;
L'officier public, ses veilles et sa sollicitude ;
L'usurier, sa conscience ;
L'homme d'Etat, son génie ou son pouvoir ;
Le bourreau enfin, ses bras ?

Ce sont des services que tous rendent.

De ces services ils sont payés.

Dès qu'il y a de l'argent dans la balance, il y a vente.

Et en ce sens, il est donc encore vrai de dire, comme Sénèque, que *les hommes sont marchandises*.

Eh bien, Messieurs, faites les fiers !

QUE

LES EMPLOIS PUBLICS

SONT ENTRÉS

DANS LE DOMAINE DE L'INTÉRÊT PRIVÉ.

De l'argent, ai-je dit déjà dans un article, pag. 97, de l'argent, voilà ce que l'on recherche aujourd'hui dans les emplois publics.

Qu'il me soit permis d'étendre ma pensée; j'ai un caractère de plus à saisir dans ce qu'elle a de relatif à nos mœurs.

L'Etat donne des places pour le servir; c'est comme par le passé.

Les hommes ne les reçoivent que comme des bénéfices; c'est l'esprit du présent.

A qui persuaderez-vous aujourd'hui d'accepter des emplois pour les charges qu'ils imposent?

A qui persuaderez-vous qu'il y a dans les emplois autre chose que l'argent qu'ils rapportent?

A qui persuaderez-vous qu'un emploi est dans les mains de celui qui l'exerce, un prêt dont il doit des intérêts au pays ou au public?

Pour voir cela, il faudrait que les hommes eussent dans le cœur l'amour des hommes, l'amour du bien, l'amour du pays;..... et partout ils n'ont que l'amour d'eux-mêmes!

Il faudrait qu'ils eussent une incomparable modestie de pensées;.... et rien n'est inaccessible à leurs prétentions et à leurs espérances; une immense modération de désirs;.... et rien n'est inaccessible à leurs convoitises!

Il faudrait qu'ils eussent dans l'âme ce foyer de chaleur et de désintéressement, d'où naît le dévouement;.... et de la chaleur, ils n'en ont que pour leurs intérêts! du désintéressement, c'est un mot dont ils n'ont pas l'intelligence.

Il ne serait donc pas vrai de dire avec un orateur: que *l'homme est aux dignités, que les dignités ne sont pas à l'homme?*

Entendons-nous:

Cela est vrai comme devant être; cela est faux comme n'étant pas.

Cela se lit dans tous les livres de morale ou d'éloquence; et cela ne se voit nulle part.

Cela se dit dans tous les discours de place et de tribune, et cela ne se pratique jamais dans le monde.

Personne que je sache ne se fait à lui-même, ne fait moins encore aux autres cette question: *Qu'exige l'exercice de telle place?*

Non, une place, c'est un moyen, pour celui-ci d'existence, pour celui-là d'opulence; pour celui-ci d'élever une famille, pour celui-là de briller dans le monde ; pour celui-ci de se procurer des jouissances, pour celui-là de les accroître.

Une place, c'est la réparation des torts de la fortune.

Une place, c'est une dot, qui nous ouvre l'entrée des grandes familles.

Une place, c'est un capital fictif, qui produit des revenus réels.

Une place, c'est un patrimoine, patrimoine d'honneur quand elle n'est pas rétribuée, et qui nous élève ; patrimoine d'argent quand on y a attaché des émolumens, et qui nous soumet des positions dans la société.

Au milieu de ces considérations personnelles dont une place est l'objet, venez-nous dire qu'elle est un moyen de service public mis dans nos mains, et une obligation pour nous de l'exercer au profit, soit du Gouvernement qui nous l'a décernée, soit du pays dans l'intérêt duquel elle a été créée !

Cette manière de voir est chez nous le résultat de deux passions turbulentes et impérieuses, pleines d'orages et d'exigences, auxquelles nous immolons tout aujourd'hui : 1°. l'amour excessif de nous-mêmes, qui fait que nous sommes tout pour nous, et que les autres ne sont que pour nous ; 2°. l'amour de la supériorité, qui est une émanation, une branche vivace de l'égoïsme, et qui met dans l'exaltation de notre orgueil l'immensité.

Sous l'influence de ces inspirations, quelles idées morales voulez-vous que l'on attache aux choses de la société ?

Sous l'influence de ces affections, peut-il y avoir dans la société quelque chose qui ne soit là pour notre avantage ?

Alors, je vous le demande, prend-on des places pour servir les autres ?

Alors, regarde-t-on les places comme un moyen d'ordre et d'utilité publics ?

Et alors enfin que devient cette vérité théorique : *L'homme est aux dignités, les dignités ne sont pas à l'homme ?*

DE
L'ESPRIT DE SPÉCULATION;
DE
SES EFFETS SUR LA SOCIÉTÉ.

Je parle de la masse. Si c'est dans cette mêlée que vous allez demander à l'homme moral des rapports, je crains bien que vous ne les obteniez pas ; et la raison en est simple, c'est qu'il vous sera bien difficile de l'y rencontrer lui-même. Expliquons cela.

J'ai vu des temps où la magistrature, l'église et l'épée se recrutaient dans les magasins et dans les fermes. Devenus riches par le travail et par l'économie, l'agriculteur et le commerçant prenaient, avec la fortune, de l'ambition, et ils jetaient leurs enfans dans des professions où étaient le pouvoir ou la splendeur.

Autrement arriva-t-il, quand le dur niveau de la révolution eut fait parmi nous table rase.

A être chevalier, vicomte ou marquis, il n'y eut plus que du ridicule et du péril; prêtre, que du péril et de la faim; magistrat, qu'un métier à faire et un salaire à toucher. Les choses morales s'effacèrent entièrement devant celles du positif; la seule distinction qui resta fut celle des écus; on ne valut plus quelque chose qu'avec eux, et comme ils ne se trouvèrent plus que dans l'action d'acheter et de vendre, tout le monde se fit marchand.

Les bénéfices du métier, et la facilité de le faire sans préalable d'études, popularisèrent ce goût. Après s'en être fait un moyen d'existence, on y chercha la fortune; beaucoup l'y trouvèrent. Ceux qu'elle ne favorisait pas au gré de leur ardeur, tentèrent de l'escalader, et ces témérités furent fréquemment heureuses. Dès lors, et à son tour, le siècle devint marchand, et prit des mœurs analogues.

La mine exploitée, elle donna moins, sans que le désir de s'enrichir en fût amoindri. Chacun aspirant toujours après la fortune, il fallut bien se créer de nouveaux moyens. Au commerce de marchandises succéda le commerce d'argent. L'usure prit faveur, elle étendit son invasion dans toutes les classes, elle infecta de son poison jusqu'aux supériorités morales; ici elle démonta des fortunes, là elle en constitua de nouvelles, corrodant partout les principes de vie du corps social. Elle finit à son tour. C'était le moment de rentrer dans le cercle des transactions ordinaires; mais la manie de devenir riche, irritée par tant de succès passés, d'obstacles actuels, brûlait au fond des cœurs. On donna dans la rente : c'était un jeu, il devint une *fièvre*.

Voici comment un orateur s'exprimait sur elle en 1824. C'est un tableau parfait de mœurs.

« Une industrie nouvelle s'est développée sous
« nos yeux, et fait depuis des années de conti-
« nuels progrès.

« Elle consiste à acheter et à vendre, et à sans
« cesse racheter et revendre les valeurs qu'a créées
« et multipliées le système du crédit.

« Ces délégations sur la postérité, qu'on appelle
« *effets publics*, ont la propriété de passer de
« main en main avec la rapidité de l'éclair, affran-
« chies qu'elles sont, par leur nature, des impôts
« de mutation et des difficultés légales qui embar-
« rassent la circulation des autres propriétés.

« Bien plus, la promesse de livrer dans un délai
« déterminé ce qu'on n'a pas aujourd'hui, ce qu'on
« n'aura jamais, fait le même office, et produit les
« mêmes effets que la possession véritable.

« Tout accourt à la bourse, les capitaux réels
« comme les capitaux fictifs, et avec eux les combi-
« naisons hasardeuses et les passions dévorantes.

« On prend en dédain les profits que donne la
« véritable, l'honorable industrie, celle qui se
« fonde sur l'agriculture, les arts et le commerce ;
« on les prend en dédain comme trop bornés,
« trop lents, et surtout parce qu'ils coûtent trop
« de peine.

« Les cultivateurs, les fabricans, les marchands,

« en un mot toutes les classes productrices sont
« effacées devant une classe aventureuse qui s'agite
« dans le même cercle d'opérations, sans repos
« pour elle, comme sans accroissement pour la
« richesse nationale.

« Gardez-vous de croire que ces hommes-là
« aient une opinion politique, une conviction
« morale. Ils n'ont d'autre patrie que la bourse ;
« et la part stérile qu'ils prennent aux affaires
« publiques, ne se prolongerait jamais au delà
« du jour de la liquidation, s'ils avaient le cou-
« rage de réparer leurs pertes par un honnête
« travail, ou s'ils savaient rester riches, lors-
« qu'une fois ils le sont devenus. »

Les calculs, les chances, les coups de dés ne furent pas, comme on le pense bien, toujours heureux. Des fortunes considérables furent renversées d'un coup de vent, sorti de la bourse ; et, ce qui était inévitable et fut plus déplorable encore, les petites fortunes, qui entraient, par les emprunts, dans leur composition, périrent, ou furent tout au moins échancrées.

L'esprit d'enrichissement, comme l'a nommé l'orateur déjà cité, changea-t-il en face de ces revers ?

Non !

Par d'excessives convoitises qui demandent des bénéfices à tout ce qui peut faire la matière d'une spéculation, il a mis dans la société une agitation inquiète, turbulente, désordonnée, convulsive ;

qui ne permet à personne de rester en place; qui fait de chaque individu, à l'égard de l'autre, un agent de profits; de chaque circonstance, de chaque événement, des malheurs publics eux-mêmes, des élémens d'entreprises, d'affaires, de succès.

C'est cet état, qui est encore le nôtre, qui a fait dire, dans l'amertume de son cœur, à un écrivain de mœurs : « Nos mœurs publiques se
« corrompent chaque jour. Les besoins du luxe
« et de la vanité énervent les âmes, et dressent
« les piéges où se prennent la probité et l'honneur.
« La soif de l'or, qu'éveillent sans cesse les jeux
« cruels de la finance et les honteux profits de
« l'intrigue, la soif de l'or flétrit les caractères;
« on ne sait plus vivre dans une indépendante et
« honorable médiocrité; on veut arriver soudai-
« nement à l'opulence, et violer la fortune au
« lieu de mériter ses faveurs. C'est une honteuse
« épidémie. Depuis le grand seigneur jusqu'au
« garçon de bureau, depuis le courtisan qui monte
« dans les carrosses, jusqu'au laquais qui monte
« derrière, tout le monde en est atteint; aujour-
« d'hui le vice est une chance, la pensée est un
« calcul; les devoirs, les plaisirs, les engagemens
« s'expriment en chiffres; le mariage, l'amour
« même n'est plus qu'une règle d'arithmétique.
« Le langage s'est empreint de la corruption des
« mœurs, et le mot de *spéculation* est partout
« employé comme synonyme de bienfaits, de ser-

« vices, de dévouement et d'amitié. Chez nous,
« comme chez les Anglais, on entend aujourd'hui
« par homme *respectable*, un homme *à son aise*;
« par un homme *chaud*, *ardent*, un homme qui
« s'occupe de sa fortune.......

« De là cette inquiétude générale dont la société
« est travaillée, ces changemens subits d'état et
« d'opinion, ces élévations instantanées qui n'é-
« tonnent plus, ces chutes fréquentes, si rapide-
« ment oubliées; enfin ce dévergondage social
« qui confond les rangs, les professions, qui sa-
« crifie tout aux apparences, qui justifie tout par
« le succès.

« L'impulsion, partie du centre, agite tous les
« points de la société; le malaise arrive à la suite
« du luxe dans les moindres villages : où trouver
« maintenant la tranquillité d'esprit, le calme du
« cœur, les vertus hospitalières et les doux loisirs?
« On s'émerveille de la modération comme d'un
« phénomène. Le repos n'est même plus permis
« à l'extrême vieillesse; la cupidité se tourmente
« et s'agite jusqu'au bord de la tombe. »

Cherchez maintenant l'homme moral au milieu
de tout cela.

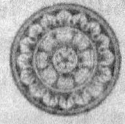

DE LA CONDITION DES HOMMES,

DONT L'ÉDUCATION A FAIT DES SUPÉRIORITÉS INTELLECTUELLES,

DANS SON RAPPORT

AVEC LA CONDITION DES HOMMES,

DONT L'ARGENT A FAIT DES SUPÉRIORITÉS PHYSIQUES.

La considération!

C'était là, au siècle passé, le salaire des emplois, la couronne des services.

Personne ne lui portait envie.

L'argent est venu, et avec lui la basse jalousie.

Payé, l'homme des nobles professions est entré dans le domaine des rivalités.

De la part de qui les rivalités?

De la part de ceux dont l'opulence n'a plus rien à convoiter que les moyens d'en faire usage.

Et quelle est l'importance de ces valeurs pécuniaires, mises par le siècle à la place des valeurs morales que l'on ne contestait pas?

Tout juste la vie.

Est-ce donc trop, je vous prie, à côté de ces

colosses de fortune qui, plus ils grandissent dans l'opulence, plus ils rétrécissent la sphère de la vôtre ?

Il y a, convenons-en, entre les professions mécaniques et celles qui tiennent à l'esprit, des rapports qui blessent. C'est un outrage à la morale de la société.

« Quoi, dirai-je, en empruntant à un homme de lettres ses expressions, et en étendant davantage sa pensée, on amassera 100,000 francs de rentes à vendre du drap, de la toile, de la farine, du vin, du calicot; à spéculer sur l'abondance et sur la disette, sur les fantaisies des hommes et sur les chances de la bourse; on deviendra un homme important chez soi, au dehors, un député peut-être; et celui qui aura consacré sa vie à de grandes utilités publiques, celui qui aura usé ses belles années dans les chaires ingrates de l'enseignement, celui qui aura étudié à grands frais, pendant vingt années, la science du barreau, et qui l'aura appliquée, pendant quarante autres années, au service des malheureux plaideurs; celui qui aura donné aux arts plus de développement et de puissance; celui qui enfin, par son génie, aura accru le bien-être de la société, vous voudriez qu'ils n'eussent d'autre espoir que de vieillir, sinon dans la pauvreté, au moins dans une dure médiocrité !

« N'est-il donc pas juste que les arts, que les sciences, que toutes les choses qui sont du domaine de l'intelligence et de l'esprit, conduisent ceux qui les cultivent avec succès à l'aisance et à la fortune, aussi bien que le talent d'acheter à bon marché et de vendre cher?

« Un géomètre, un mécanicien de génie, un homme de lettres illustre, un magistrat éclairé, un administrateur intègre n'ont-ils pas à la reconnaissance publique des droits tout particuliers?

« Une seule invention heureuse n'est-elle pas pour les peuples un immense bienfait?

« Faut-il murmurer de ce que les hommes d'élite de la société, de ce que cette classe qui, en définitive, et en dépit de toutes les vanités dorées, marche à la tête de la civilisation, trouve la vie à côté de tant d'hommes-machines que la fortune accable de ses dons!

« N'oublions pas que ce n'est pas parmi les hommes riches de leur propre patrimoine que se trouvent les savans, les artistes et le génie. Ce serait une merveille qu'un millionnaire consentant à s'enfermer dans un laboratoire de chimie, ou dans un atelier de peinture; consentant à s'asseoir sur les bancs de l'instruction, ou sur les siéges du barreau. On en rencontre peut-être, mais combien? N'y a-t-il pas mille manières plus douces de jouir de sa fortune? Quand il est si facile de profiter des veilles des autres, pourquoi s'associerait-on à leur condition? Il faut du courage pour se dévouer à de longues études; il faut aussi de la capacité, et il est rare que ces qualités se trouvent là réunies.

« Tout ce qui élève l'âme, tout ce qui éclaire l'esprit, tout ce qui étend et fortifie la raison, éloquence, poésie, peinture, histoire, étude des langues et des monumens de l'antiquité, voilà ce qui fait en grande partie la gloire d'une nation. »

Si ce n'est pas l'avis de ceux qui ne savent que gagner de l'argent, plaignons-les, au milieu des richesses qui les enivrent et qui font leur mérite, ce sont les êtres les plus disgraciés de la nature.

QUELQUES EFFETS
DE L'EXUBÉRANCE DE L'INDUSTRIE,

ET PARTICULIÈREMENT

DE LA MENDICITÉ,

COMME UN DE SES RÉSULTATS.

Les faits parlent : ils sont sous nos yeux.

Tout le monde cependant ni ne les entend, ni ne les voit. L'intérêt assourdit, l'esprit de parti, qui va se fourrer jusque là, fascine ; on obéit au prestige, et, sous les rayons d'un soleil brûlant, on nie l'existence du soleil, comme celui-là niait le mouvement à un homme qui marchait devant lui.

Et pourtant que ne nous dit pas l'état actuel et journalier de la société sur la surabondance appauvrissante de toutes les choses qui tiennent à l'industrie parmi nous !

Tant de fois et si persévéramment l'administration s'occupe des mendians ; la police, des vagabonds ; la justice, des gens sans aveu ; la bienfaisance privée, des indigens, qui tous remplissent nos places, nos rues et nos grandes routes avec le trop plein des maisons de refuge et de mencidité, qu'il faut bien qu'il y ait dans leur multiplicité une cause encore mal appréciée, puisque le mal s'étend chaque jour avec une progression irritante.

Si souvent on nous impose, avec les manières les plus gracieuses, l'indispensable obligation de payer des chansons et des poèmes pour les pauvres, de payer des concerts pour les pauvres, de payer des bals pour les pauvres, de payer la comédie pour les pauvres, de mettre enfin *philanthropiquement* la main à nos poches pour les pauvres, lorsque les secours publics se multiplient pour eux sous toutes les formes, qu'il faut bien chercher la raison de toutes ces exigences et de tous ces modes, également inconnus de nos très-peu fastueux et très-peu philosophiques aïeux.

Peu d'hommes, que je sache, se sont livrés à cette utile et intéressante recherche.

Toutefois en est-il un qui est entré avec franchise dans la question, et qui me semble avoir saisi parfaitement le pourquoi. Sa discussion expliquerait le titre que j'ai attaché à cet article. En l'abrégeant, je n'aurais qu'à le laisser parler. Ce qu'il dit avec énergie, parce qu'il a son franc parler, n'est que la répétition de ce que nous disons chaque jour au foyer domestique, mais au foyer domestique seulement, parce que quand il y a des principes vicieux à réformer, de faux jugemens à rectifier, des préventions enracinées et intraitables à détruire, des amours-propres extrêmes à heurter, les vérités qui produisent ces effets sont toujours un peu périlleuses.

C'est dans les villes manufacturières, écrit le publiciste, *que se trouvent le plus de mendians.*

L'arrêt est dur, mais il est juste; il tranche dans le vif, mais il est vrai, et cet arrêt, l'auteur le justifie par l'état de la société dans les pays de grande fabrique.

Il y a là plus de mendians, parce qu'*il y a là plus d'êtres que l'industrie ne peut en occuper.*

Et il y a là plus d'êtres que l'industrie ne peut en occuper, parce que *la population ouvrière et prolétaire, dont l'accroissement est toujours plus rapide à raison de son nombre, est encore favorisée par les travaux publics plus nombreux que le luxe et le besoin commandent à l'indigence.*

Mais, si ces travaux sont nombreux, me dira-t-on, ils doivent fournir des moyens proportionnels d'existence. Quand ils sont réglés, oui, et c'est alors qu'ils détruisent l'indigence; mais dans les proportions de l'accroissement de moyens de consommation qu'ils opèrent, non! les faits sont là qui déposent du contraire.

Cela décrédite un peu ces belles amplifications qu'il était de mode, qu'il est d'obligation aujourd'hui de faire sur l'excellence de l'industrie, sous peine de passer pour un détracteur, un méchant, un féodal, un jaloux, un imbécille; mais enfin cela est ainsi.

Ecoutons notre écrivain.

Ce n'est pas, comme on le croit communément, le haut prix des subsistances, ou la rareté du travail qui produisent la mendicité. Ces deux causes passagères peuvent bien faire dans quelques lieux des pauvres et des nécessiteux ; mais c'est plutôt le bas prix des subsistances et l'abondance du travail qui, par les facilités de vivre qu'ils donnent, *sont la source du fléau général de la mendicité.*

Jetez les yeux autour de vous, alors même que les ateliers sont pleins, la misère inoccupée vous poursuit jusque dans vos salons ; ce qui justifie cette observation qu'en général *les travaux d'art et d'industrie font naître plus d'hommes qu'ils ne peuvent en nourrir ; bien différens des travaux agricoles qui nourrissent tous ceux qu'ils font naître.*

Ainsi, faites, par tous les moyens, prospérer dans un pays le commerce extérieur ; couvrez-le d'ateliers, de fabriques, de manufactures ; rendez plus active la circulation de l'argent, et forcez à tous prix la population à s'accroître au delà de ce que la religion peut en instruire, de ce que le gouvernement peut en contenir, quelquefois de ce que l'agriculture ou le commerce peuvent en nourrir, et tenez-vous pour assuré qu'il vous faudra bientôt entasser une partie de cette population factice dans les prisons, dans les hôpitaux, dans les dépôts de mendicité, et mettre l'autre au régime.

Voilà le pourquoi de tous ces tiraillemens qui donnent tant de matières à la vigilance des commissaires de police, aux arrêtés des maires, aux décisions des préfets, aux jugemens des tribunaux dans les contrées industrielles.

Il est vrai que, partout où l'industrie fleurit, *les villages deviennent des bourgs, les bourgs deviennent des villes*, les villes deviennent de grandes et opulentes cités. Mais, *en même temps, les maisons de détention, les hôpitaux, les bagnes, les lieux où l'on renferme les grands et petits vagabonds, et qu'il faut sans cesse agrandir,* deviennent des nécessités, *et occupent les derniers plans du séduisant tableau* que l'industrie présente à ces esprits superficiels qui ne voient les choses que d'un côté, et dont des surfaces brillantes forment le jugement.

Ces soins dans lesquels les gouvernemens doivent entrer aujourd'hui, *intervertissent l'ordre naturel. L'homme doit trouver sa subsistance dans la famille qui l'a produit. Lorsqu'il la demande à l'état qui ne laboure ni ne file, l'état ne peut la donner aux uns sans l'ôter aux autres, nourrir les familles indigentes qu'aux dépens des familles propriétaires, ni secourir les pauvres sans faire des malaises.*

C'est alors que *la charité particulière*, appelée comme auxiliaire, *mise par des quêtes de toute* espèce si souvent à contribution, *devient un subside*, et que *la bienfaisance publique ressemble à l'oppression.*

Ces moyens, mis une fois en usage et avec succès, seront répétés toutes les fois que la même cause les rendra nécessaires, ce qui se renouvellera sans cesse, car *comme le nombre des indigens doit croître avec les progrès de l'industrie, et aussi bien avec ses succès qu'avec ses revers, la continuité des besoins doit amener plus tôt ou plus tard la continuité des mesures propres à les soulager.* Et qu'est-ce, je vous le demande, *que cette continuité de bienfaisance, qu'une nouvelle taxe des pauvres*, comme en Angleterre ? *Et n'est-ce pas déjà une taxe des pauvres que cet entretien forcé des hospices et des maisons de correction et de détention ?*

Et voilà où *l'indiscret et excessif accroissement de la riche et féconde industrie, qui trop souvent lui fait trouver en elle-même sa propre ruine*, conduit le pays dont elle fait *l'ornement*, en même temps que *le bien-être* de ceux qui la cultivent et qu'elle favorise de toutes ses splendeurs.

Lorsqu'il n'y avait dans nos sociétés d'Europe ni commerce, ni argent, la bienfaisance songeait à donner au pauvre la poule au pot. Aujourd'hui que les nations regorgent d'argent, qu'elles couvrent les mers de leurs vaisseaux, et les marchés de leurs denrées, la philosophie le met à la soupe économique.

Mais *l'industrie occupe la jeunesse !*

Oui, et *peut-être même un peu trop dans un pays qui a besoin de soldats, et ne peut leur donner la solde que leur donne l'industrie.*

L'industrie occupe la jeunesse ! mais pour la dévorer vivante *par ses travaux, par ses veilles forcées, par l'intempérance* qui use les forces et qui consomme les bénéfices.

L'industrie occupe la jeunesse ! *mais elle abandonne la vieillesse et l'infirmité, qui n'ont aujourd'hui pour ressources que la mendicité ou les hôpitaux.*

Autrement en était-il quand nous avions un peu moins d'industrie et un peu plus de religion ; un peu moins d'ateliers, et un peu plus d'établissemens claustraux. *La religion se chargeait*, alors et à elle seule, *de nourrir les pauvres, et*, il faut en convenir, *elle s'acquittait généreusement de ce pieux devoir ; il n'y avait point de ville qui ne renfermât plusieurs couvens, point de campagnes qui n'eussent dans leur voisinage quelque riche monastère ; les pauvres allaient de l'un à l'autre, et n'affluaient pas comme aujourd'hui dans les mêmes lieux. Ces grandes propriétés, bien cultivées, bien bâties, dont les fermiers, moins pressés par des maîtres moins avides et tranquilles sur leur avenir, faisaient souvent de grandes fortunes ; ces grandes propriétés étaient de véritables greniers d'abondance, les seuls même qu'on puisse établir et surveiller; et si l'on se plaignait que les distributions abondantes qui s'y faisaient favorisaient l'oisiveté, au moins, en faisant, si l'on veut, des pauvres, la religion les nourrissait,* TANDIS QUE L'INDUSTRIE EN FAIT, ET NE LES NOURRIT PAS.

DE L'INDUSTRIE
DANS L'ORDRE MORAL.

J'ai déjà touché cette grave matière dans ceux de mes articles qui commencent aux pages 70, 76, 81, 85, 94, 99, 104 et 112, mais incidemment.

Toutefois en ai-je dit assez pour n'être pas dans la nécessité rigoureuse d'ajouter des idées aux idées déjà émises.

Si pourtant après avoir déjà procédé par le raisonnement, je viens ici procéder de nouveau par des exemples, c'est qu'ayant trouvé en dehors de moi une pierre d'un beau marbre, je n'ai pu me refuser au désir de l'enchâsser dans mon petit monument.

Sous des draperies qui dissimulent trop souvent et trop bien l'austère, l'inévitable vérité, un penseur profond, qui est encore un écrivain brillant, a distingué des rapports qu'il n'est pas donné à des yeux vulgaires ou fascinés d'apercevoir, et il en a fait sortir de sévères leçons.

Un coup d'œil sur les diverses croyances des peuples l'amène à comparer entre elles les nations où *la foi évangélique* est plus vive, et les nations que *la raison philosophique a fait déchoir du véritable christianisme.*

Chez les unes, il voit la loi évangélique *élevant l'intelligence humaine aux plus hautes* conceptions, et mettant dans tous ses actes les affections les plus nobles et les plus généreuses.

Chez les autres, il voit la raison philosophique cherchant dans les seules choses matérielles la vie des sociétés.

De cette comparaison il tire la conséquence que, là où règne la loi évangélique, les choses de l'âme et de la pensée font le ressort des gouvernemens ; que, là où règne la raison philosophique, il n'y a, pour les gouvernemens, de moyens de prospérités que dans le génie mécanique qui invente, et le génie mécanique qui exécute, c'est-à-dire dans la tête et dans la main.

Il n'y a rien là que nous ne l'ayons déjà dit.

Mais, descendant de ces considérations préliminaires à l'industrie, cette fille éclatante de la raison philosophique, cette reine superbe et altière du siècle, et la soumettant à son analise morale, il trace cette belle page :

« Aucun peuple catholique ne supporterait ce
« que supporte le peuple anglais, de la tyrannie
« industrielle, qui, pour assouvir sa cupidité, a
« réduit à un esclavage réel une partie de la po-
« pulation.

« Dans cette *terre classique de la liberté*, cent

« mille personnes encombrent habituellement les
« prisons ; le reste, contenu par des lois de fer,
« vit ou meurt au gré des maîtres dont la classe
« qui ne possède rien dépend pour son travail et
« le prix de son travail. Seulement entre elle et la
« misère poussée à ses dernières angoisses, la loi
« a mis la taxe des pauvres. Lorsqu'en face du
« luxe et de l'opulence, la faim les moissonne
« par milliers, l'état leur jette d'une main, le
« morceau de pain légal, et de l'autre leur mon-
« trant le sabre de la *Yeomanry*, il leur dit :
« que demandez-vous de plus ?

« Considérez, en général, les pays séparés du
« catholicisme, l'Angleterre, la Russie, l'Alle-
« magne protestante, vous ne trouverez nulle
« part une populace aussi abrutie, aussi dé-
« pourvue de sens moral, aussi étrangère aux
« idées intellectuelles, à tout ce qui élève l'âme
« et ennoblit l'existence humaine.

« Sortez de cette boue, montez ; que voyez-
« vous dans les classes plus hautes ? La passion
« de l'or, une ardente recherche des jouissances
« physiques, les soins, les pensées, les désirs tour-
« nés exclusivement vers le bien-être matériel.

« Il y a au contraire, chez les catholiques,
« une certaine dignité de mœurs qui attache à
« ce sybarisme le mépris et le ridicule. L'homme
« parmi eux est d'autant plus grand, il inspire
« d'autant plus d'estime et de respect, qu'il sait
« mieux se passer de la richesse, et se rendre

« indépendant des choses extérieures. Souffrir sans
« peine les privations, s'en imposer même de vo-
« lontaires, lutter contre le corps et le vaincre
« par la force de la volonté, voilà ce qui fait pal-
« piter leur cœur d'une noble admiration. Leur
« vie propre, c'est la vie de l'âme. *Le cœur, que*
« *l'industrie a courbé vers les choses de la terre,*
« *connaît-il celle-là?* Aussi, pour l'ordinaire,
« sont-ils très-peu touchés de certains vices d'ad-
« ministration qui n'intéressent que l'ordre ma-
« tériel. Ils supporteront beaucoup en ce genre,
« bien plus peut-être que les protestans; mais le
« désordre spirituel, mais l'oppression morale,
« jamais. »

Il y a, dans ces dernières réflexions, le germe d'un grand ouvrage.

Faisant abstraction des croyances, et appliquant les effets produits par l'industrie là où elle est le moteur universel, nous aurons toujours ce résultat, que l'obéissance parfaite, le désintéressement pur, la confiance et le dévouement, qui font la durée des choses dans l'ordre moral et dans l'ordre politique, n'entrent pas dans ses élémens; et que la vie qu'elle donne, prise dans la matière, sans flamme et sans noblesse, n'est que la vie d'un jour.

DES PROSPÉRITÉS

QUI FONT

NOTRE APPLICATION ET NOS JOIES.

L<small>E</small> bonheur n'est pas l'état naturel de l'homme.

Les hommes religieux me comprendront. (*)

Les autres.... ce n'est pas pour eux que j'écris.

Tout ce que nous faisons s'écarte étrangement de cette grande et universelle vérité, car nous ne travaillons que pour la prospérité.

Et la prospérité, nous ne la voyons que dans la possession des biens qui réjouissent la vie.

D'où il suit que nous plaçons tous nos soins dans le temps, nos joies dans ses bénéfices.

Ce qui explique ces efforts d'imagination, de génie, d'industrie auxquels nous devons les choses merveilleuses, utiles, commodes, magnifiques qui enrichissent de tant de jouissances les courts instans que nous passons sur la terre.

Les gouvernemens, comme les particuliers, vivent aujourd'hui de cette vie-là.

Nous donnons tout au présent, ou, si vous le voulez, aux sens, davantage conséquemment aux besoins qui ne sont pas ceux de l'intelligence morale.

Dans cette position, nous ne concevons pas qu'il puisse y avoir un lendemain qui ne soit pas la suite d'aujourd'hui.

Nous ne concevons pas qu'il puisse y avoir *une science* des orages, pour savoir les combattre ; *une science* de l'adversité, pour savoir vivre avec elle.

Nos études ne s'exercent, pour parler comme Pascal, que sur *les choses extérieures*, et nos travaux n'embrassent que ce qu'il y a de mécanique dans l'esprit.

Qu'il vienne à s'élever un vent du malheur, et tout tombe en ruines aussitôt.

S'il gronde sur ces gouvernemens brillans, qui mettaient leur force dans l'esprit, dans des calculs, dans des rouages, dans des richesses, dans tout ce qui est en dehors de l'homme, leurs racines, qui n'étaient point enfoncées dans des mœurs puissantes, dans ces mœurs qui ne font pas l'éclat, mais la perpétuité, leurs racines sécheront : ils périront.

Que ce vent vienne à souffler sur l'individu, sans rempart dans ses riches acquisitions contre l'adversité, seul avec elle, il fléchira sous ses coups, si, criminelle par désespoir, sa main ne l'en délivre.

La science des choses extérieures, dirai-je avec Pascal, *ne nous consolera pas de l'ignorance de la morale, au temps de l'affliction.*

Heureux au contraire celui qui aura trempé sa vie dans cette éducation qui apprend à l'homme que le bonheur n'est pas son état naturel, ni le bonheur dans ces jouissances qui sont la matière de nos recherches et l'objet de toutes nos découvertes et de nos arts! *la science des mœurs le consolera toujours de l'ignorance des choses extérieures.*

(*) *Beati qui lugent: quoniàm ipsi consolabuntur.* (S. Math.)

Qui seminant in lacrymis, in exultatione metent. (Ps. 125.)

Militia est vita hominis super terram, et sicut dies mercenarii dies ejus. (De lib. Job.)

L'ÉGOÏSME

PARTOUT.

Au fond de toutes nos actions, parce qu'il en est le mobile universel, vous trouverez l'égoïsme, c'est-à-dire l'amour de nous-mêmes.

Mon livre est plein de cette vérité.

Cette vérité se lit encore à chaque page du livre dont celui-ci est le complément.

L'égoïsme est le principe de nos travers; il est aussi le principe de nos qualités.

La vanité, l'ambition, l'orgueil, l'amour de l'or, tous les défauts qui en découlent, toutes les affections vicieuses qui nous mettent en rapport avec les hommes, et qui ont pour objet nos satisfactions personnelles, ce n'est rien autre chose que de l'égoïsme.

Nos qualités, dont nous faisons aujourd'hui des vertus, parce que ce qu'on appelait jadis la vertu n'a plus de nom que parmi quelques privilégiés, c'est aussi de l'égoïsme.

Si nous sommes honnêtes gens, avouons-le avec franchise, c'est que l'intérêt soit de nos affaires, soit de notre position, nous crie de l'être.

Si nous obéissons au devoir, c'est avec la mesure personnelle, et avec le sentiment du bien qui nous arrive par son accomplissement, du mal qu'il nous fait éviter.

Si, dans une position qui commande un effort, nous nous dévouons, c'est ou pour satisfaire aux exigences de cette position, ou pour le bruit qui en résultera, ou pour des avantages soit pécuniaires, soit moraux qui doivent en revenir.

Si nous aimons, c'est avec des calculs et la balance à la main pour peser ce que nous rapportera tel mouvement, soit en périls, en inconvéniens évités, soit en bénéfices acquis.

Si nous sommes généreux, c'est à nous-mêmes que nous donnons, par le bien, par les avantages qui nous reviendront dans le monde d'une belle ou d'une bonne action.

Si nous chérissons une femme, je ne le dis qu'après d'autres, c'est nous que nous aimons en elle par les jouissances dont elle nous enivre, en preuve les excès auxquels nous sommes capables de nous emporter *contre elle*, si elle blesse nos fantaisies, si elle ne répond pas à la tyrannie de nos besoins, si elle vient à trahir les espérances que nous avons mises en elle.

Inutile de multiplier davantage les exemples.

C'était bien comme cela jadis, mais c'est encore comme cela davantage aujourd'hui.

Un homme, qui connaissait bien les hommes

par la nature singulière de son caractère, par la trempe prodigieuse et par la vivacité de son esprit, par les chances étonnantes de sa vie qui le mirent en rapport avec toutes les positions de la société, et qui le firent la cause ou le but des plus grands événemens qui fussent jamais; un homme, qui creusait le cœur humain à d'immenses profondeurs, a été saisir l'égoïsme, et l'a signalé jusque dans les douleurs de la nature. Dans le 6e. volume d'un long procès-verbal de ses *Dits et Gestes*, on lit ces paroles échappées à l'esprit méditatif du détenu de Longwood:

« Pour moi j'aime assurément ma mère, et de
« tout mon cœur; il n'est rien que je ne fasse
« pour elle, et cependant si j'apprenais sa perte;
« je ne crois pas que je puisse exprimer ma dou-
« leur par une larme; et je n'affirmerais pas qu'il
« en fût de même pour la perte d'un ami, celle
« de ma femme ou de mon fils. Cette différence
« est-elle dans la nature? Quel peut en être le
« motif? Ne serait-ce pas que la raison m'a ac-
« coutumé d'avance à la perte de ma mère, qui
« est dans l'ordre naturel des choses, tandis que
« celle de ma femme et de mon fils est une sur-
« prise, une rigueur du sort, contre laquelle je
« cherche à me débattre? *Et puis, tout bonnement
« encore, est-ce peut-être le penchant naturel à
« l'égoïsme?* J'APPARTIENS A L'UNE, ET LES
« AUTRES M'APPARTIENNENT. »

Ce dernier doute est le mot. Cela est profond, et cela est très-vrai. Nous sommes faits ainsi. C'est pour nous que nous désirons, pour nous que nous agissons, pour nous que nous regrettons. Quand nous en faisons honneur à des sentimens plus généreux, exclusivement généreux, nous mentons à nous-mêmes et aux autres. *L'égoïsme partout!*

DU FANATISME
ET
DE LA TOLÉRANCE;
EN D'AUTRES TERMES,
DE LA CONVICTION ET DE L'INDIFFÉRENCE,
DANS NOS MOEURS ACTUELLES.

On renonçait quelquefois jadis à la foi de ses pères et à la sienne, pour en embrasser une autre.

Cela s'appelait abjurer.

C'était dans la famille un grand événement, un événement dans la cité.

On ne parlait que de cela dans les premiers temps, et on parlait encore de cela long-temps après.

La vivacité des croyances faisait d'une abjuration la plus grande affaire de la vie.

Le mépris, la haine, mille sentimens amers, fruits d'une conviction blessée, s'attachaient à celui qui abdiquait ses aïeux par la profession d'une foi étrangère, et qui condamnait sa vie entière; le faisceau du sang était dénoué pour lui.

Nous n'abjurons plus aujourd'hui, et la chose est toute simple.

Sans doute que notre foi est plus ferme?

Point du tout.

Pour abjurer une croyance au profit d'une autre, il faut avoir une croyance. Est-ce que nous croyons à quelque chose?

Nous sommes tellement privés de foi que, ne croyant plus aux doctrines dans le sein desquelles nous avons été élevés, nous ne croyons pas davantage aux doctrines contraires.

Nous dédaignons nos croyances, mais ce n'est pas pour en changer.

Nous cessons d'avoir foi à une chose, mais ce n'est pas pour attacher notre foi à une autre chose.

Quand nous rompons ainsi avec nos pères, avec nos traditions de famille, avec nos enseignemens, avec nos promesses et nos engagemens, avec les mœurs domestiques, avec toutes nos années, avec les immortels et ineffables souvenirs des premiers jours de la vie, nous n'avons point l'intention d'échanger une chaîne qui nous pèse contre une autre chaîne qui nous pèserait également, nous cherchons à nous débarrasser d'un joug, et ce n'est pas pour nous en imposer un autre. C'est l'indépendance que nous conquérons, et nous ne cherchons pas autre chose.

C'est par l'indifférence que nous allons ainsi à

l'indépendance, c'est-à-dire par cette maladie, qui est la source de toutes les infirmités du cœur; qui est le plus grand dissolvant de l'état de famille et de l'état de société.

Combien cette froide affection s'est généralisée de nos jours!

Comme elle a desséché les hommes! comme elle a désenchanté la vie!

Que de grandes pensées, de grandes actions elle a dû étouffer!

Que de grandes choses mises au néant sous son souffle mortel!

Jamais de flamme, de noblesse, de magnanimité, d'héroïsme, de généreux sentimens là où l'indifférence a endormi les hommes.

Et c'est parce qu'ils dorment dans l'indifférence qu'il n'y a plus chez eux de croyance, c'est-à-dire de ce principe, de ce sentiment féconds qui donnent la vie à l'âme en l'attachant fortement à des traditions.

Et remarquez bien que c'est sous l'empire de mœurs semblables, lorsque le feu du prosélytisme est éteint, lorsque les doctrines sont sans force, lorsque l'homme n'a plus d'entrailles que pour lui, de génie que celui de son bien-être, que vous entendrez exalter avec plus d'emphase comme des besoins du siècle, comme les vertus premières, pour les appliquer à toutes les situations de la vie, à tous les mouvemens des hommes, ces modes insignifians, délétères, que l'on ennoblit fastueusement des noms de *modération*, de *tolérance*, et qui, dans un pareil état de choses, mais là seulement aussi, ne peuvent avoir pour effet que d'éteindre les plus hautes, les plus sublimes inspirations du cœur humain.

Que prétendez-vous faire sortir d'une âme engourdie par les glaces de la méthode ou du scepticisme, à qui on ne demande qu'un sommeil tranquille, de l'inertie, du *laissez faire;* ou dont on mesure mesquinement le mouvement, si toutefois elle en a conservé sous le joug pesant que vous lui avez imposé?

Dans les sciences comme dans la morale, dans les arts comme dans les actions, à la tribune comme dans les camps, dans l'église comme au théâtre, point de vie, point de succès, point de merveilles sans vigueur dans le caractère, et, s'il faut le dire, sans exaltation dans les affections.

Mais, c'est du fanatisme!

Eh bien, si vous appelez cela du fanatisme, oui c'est du fanatisme! et je soutiens qu'il n'y a rien à attendre de bien, de beau, de noble, de grand de celui qui n'a pas ce fanatisme-là, c'est-à-dire de celui dont l'âme n'est jamais remuée par cette fièvre morale ardente qui allume le génie, qui enflamme l'imagination, qui donne l'enthousiasme, à laquelle seule l'homme et l'histoire doivent, l'homme, les choses qui éternisent son nom, l'histoire, ses pages les plus intéressantes.

L'artiste, le savant, l'homme de lettres, le poète, l'orateur, le guerrier, l'homme d'état, l'apôtre, s'ils ne mettent pas dans ce qu'ils font cette force que l'on puise dans un grand amour de sa profession, dans la passion d'une grande renommée et des choses bonnes, dans ce sentiment intime et puissant de conviction qui s'appelle croyance, dans ce foyer brûlant que vous flétrirez, si vous le voulez, du nom impopulaire de fanatisme, et qui pourtant agrandit l'homme en multipliant jusqu'à l'infini ses moyens, n'attendez jamais rien d'eux!

Qu'ils pensent, qu'ils parlent, qu'ils agissent avec *modération*; c'est-à-dire, qu'ils pensent, qu'ils parlent, qu'ils agissent à froid, et vous verrez!

Le dévouement des Curtius et des Décius aux temps anciens, des d'Assas aux temps modernes, de tant d'autres dont les noms remplissent l'univers, qu'était-il à ce compte? du fanatisme, le fanatisme de la patrie.

La vie admirable, la mort héroïque des premiers chrétiens, c'était, toujours en raisonnant ainsi, du fanatisme, le fanatisme de la religion.

La chevalerie, c'était du fanatisme, le fanatisme de l'honneur et de la galanterie.

Les croisades, c'était du fanatisme, le fanatisme de la religion, de l'honneur, de la gloire et de l'héroïsme.

L'action de ce saint prêtre qui se fit forçat pour délivrer un fils dont les travaux pouvaient nourrir un vieux père ; celle de tant d'autres qui allaient se faire empaler, rôtir, dépecer, manger tout vivans, pour civiliser, dans le Nouveau-Monde, des sauvages et la barbarie, c'était du fanatisme, le fanatisme de l'humanité.

Quels caractères !

Trouvez-m'en de pareils, aujourd'hui que la raison sèche et l'égoïsme corrosif ont tout détrempé dans les eaux mortes et croupissantes de l'indifférence !

Siècle du positif, siècle du *moi humain*, siècle des chiffres, siècle aux mœurs molles et tièdes, aux caractères ternes, lâches et flexibles ; siècle d'incrédulité et de néant, ce n'est pas le fanatisme qu'on vous reprochera !

Cette force surhumaine, surnaturelle, que l'on tire d'une croyance en quelque chose de plus noble que l'argent, ce n'est point dans la caisse du capitaliste, ni dans le cabinet du spéculateur, ni dans le magasin de l'industriel qu'elle se puise. 2 et 2 font 4, 4 et 4 font 8, et 8 font 16, voilà leur vertu ; et il n'y a là dedans, en vérité, ni flamme, ni élan, ni générosité, ni héroïsme ; il n'y a là dedans rien dont un pays puisse faire sa gloire, l'histoire quelque chose, l'avenir son profit. Comptez donc, Messieurs, comptez, amassez, entassez, ne vous lassez jamais, faites en un mot votre métier, et ne venez pas médire d'un sentiment que vous n'avez jamais connu, que vous ne pouvez pas deviner, et que vous ne connaîtrez jamais, parce que, pour cela, il faut une âme, et que vous n'avez que des mains.

DE LA RELIGION
ET
DU CODE PÉNAL.

Dans l'état de société, il y a deux choses principales par lesquelles les hommes sont conduits au bien : la Religion et le Code pénal.

Aux jours des orages comme aux jours du calme, ce sont deux ancres sur lesquelles toute l'économie sociale est assise.

La première, qui opère par des préceptes, fait les hommes bons ;

Le second, qui opère par la sévérité, fait les hommes retenus.

Avec la Religion, on pratique tout ce qui est bien.

Avec le Code pénal, on s'abstient du mal.

Observez la première, comme elle doit l'être, et le second est une pure superfétation.

Mais tels sont aujourd'hui le caractère et l'esprit général des hommes, que la perfection des conseils de la Religion a quelque chose qui effarouche leur faiblesse, et que la société, dont elle eût fait seule la règle, la force et le maintien, ne trouve plus ses moyens de conservation que dans cet attirail épouvantable de menaces et de châtimens, qui commence par la captivité, et qui finit par le sang.

Chose étrange, et en même temps déplorable ! les hommes fléchiront sans murmurer, sous la nécessité d'une loi de fer qui demande l'observation des règles de la morale universelle et de la paix publique au nom des geôliers et des bourreaux ; et ils n'auront point assez de flétrissures, de calomnies, de dérision, d'injures, de fureurs mêmes contre une loi d'amour qui ne leur demande que de bien vivre, et qui leur en enseigne les moyens.

Il me prend envie de transporter ses paroles dans mon livre. Je ne puis, ce me semble, donner à mes lecteurs un meilleur adieu.

Tandis que la loi de l'homme, qui a nos respects, ne trouve rien de mieux, pour enchaîner sa perversité, que de lui montrer à chaque transgression des prisons, des mutilations, l'infamie, la mort, la Religion dit, par la bouche d'un de ses apôtres :

« Les injustes ne seront point héritiers du
« royaume de Dieu ;

« Ni les fornicateurs, ni les idolâtres, ni les
« adultères ;

« Ni les impudiques, ni les abominables, ni
« les voleurs ;

« Ni les avares, ni les ivrognes, ni les médisans,
« ni les ravisseurs du bien d'autrui. »

C'est elle encore qui dit, par le même organe :

« Que celui qui est appelé au ministère de l'é-
« glise s'attache à son ministère ;

« Que celui qui a reçu le don d'enseigner s'ap-
« plique à enseigner ;

« Que celui qui a reçu le don d'exhorter exhorte
« les autres ;

« Que celui qui fait l'aumône la fasse avec sim-
« plicité ;

« Que celui qui a la conduite de ses frères s'en
« acquitte avec vigilance ;

« Que celui qui exerce les œuvres de miséri-
« corde le fasse avec joie ;

Que votre charité soit sincère et sans dégui-
« sement ;

« Que chacun ait pour son prochain une affec-
« tion et une tendresse vraiment fraternelles ; pré-
« venez-vous les uns les autres par des témoi-
« gnages d'honneur et de déférence. »

Elle ajoute :

« Ne soyez point lâche dans votre devoir ;

« Réjouissez-vous dans l'espérance ; soyez patiens
« dans les maux, persévérans dans la prière ;

« Soyez charitables pour soulager les nécessités,
« prompts à exercer l'hospitalité ;

« Bénissez ceux qui vous persécutent et ne faites
« point d'imprécations contre eux ;

« On vous maudit, bénissez ; on vous persécute,
« souffrez ; on vous dit des injures, répondez par
« la prière ;

« Soyez dans la joie avec ceux qui sont dans la
« joie, et pleurez avec ceux qui pleurent ;

« Tenez-vous toujours unis dans les mêmes sen-
« timens et les mêmes affections ;

« N'aspirez point à ce qui est élevé, mais accom-
« modez-vous à ce qui est de plus bas et de plus
« humble ;

« Ne soyez point sages à vos propres yeux ;

« Ne rendez à personne le mal pour le mal ;
« ayez soin de faire le bien, non-seulement devant
« Dieu, mais aussi devant tous les hommes ;

« Si votre ennemi a faim, donnez-lui à manger ;
« s'il a soif, donnez-lui à boire ;

« Vivez en paix, si cela se peut, et autant qu'il
« est en vous, avec toutes sortes de personnes ;

« Ne vous laissez point vaincre par le mal, mais
« travaillez à vaincre le mal par le bien. »

C'est encore la Religion qui nous dit par le même
apôtre :

« Que toute personne soit soumise aux puis-
« sances supérieures, car il n'y a point de puis-
« sance qui ne vienne de Dieu, et c'est lui qui a
« établi toutes celles qui sont sur la terre ;

« Il est nécessaire de vous y soumettre, non-
« seulement par la crainte du châtiment, mais
« aussi par un devoir de conscience ;

« Rendez-donc à chacun ce qui lui est dû, le
« tribut à qui vous devez le tribut, les impôts à
« qui vous devez les impôts, la crainte à qui vous
« devez de la crainte, l'honneur à qui vous devez
« de l'honneur;

« Acquittez-vous envers tous de tout ce que
« vous leur devez, ne demeurant redevables que
« de l'amour qu'on se doit les uns aux autres,
« car celui qui aime le prochain accomplit la loi.
« L'amour qu'on a pour le prochain ne souffre
« point qu'on lui fasse du mal : ainsi l'amour est
« l'accomplissement de la loi. »

Quand on considère ce que serait la société où
ces conseils seraient observés par tout le monde,
et en même temps quelle haine tant d'hommes
portent à celle qui les donne, il y a à s'étonner
grandement de tant d'aveuglement ou de tant de
méchanceté; car, et ici il n'y a point à hésiter sur
la qualification qui leur est due : s'ils ne sont pas
des insensés, ils sont des pervers.

CONCLUSION.

Si je la tirais moi-même, que de cris à la misanthropie, au cœur haineux, à l'esprit atrabilaire et morose !

Notre indulgente morale est ainsi faite.

Sous la plume de l'écrivain qui n'a point fait de pacte avec la servilité, avec les ménagemens timides, avec les complaisances lâches, la vérité est, pour les hommes du siècle, comme le scalpel dans les mains du chirurgien.

Nos doux et mielleux optimistes, qui ne veulent pas être troublés dans les enivrantes jouissances de leur orgueil, n'ont point de flèches assez acérées pour les décocher contre ceux qui vont toucher, sous leur oripeau, les choses honteuses qu'il déguise.

Leur société, pour parler comme un écrivain qu'ils ne peuvent désavouer, devient, quand elle n'est point caressée, *l'entrepôt du venin de toute* la secte. *Elle le rassemble comme les crapauds, et elle le darde comme les vipères.*

Devrait-on s'en offenser ?

Le bien, le mal que l'on peut vous dire dans ces cas-là ont-ils en eux quelque chose qui doive vous affecter ?

N'est-ce pas la bouche qui met de l'importance aux choses qui en sortent ?

Or, quand on voit quelles bouches condamnent, et quelles bouches louent, n'y a-t-il pas généralement plus de bonheur dans l'injure reçue que dans la louange ?

C'est une couronne que vous tenez des mains de la haine.

Un philosophe, dans une position à peu près semblable, avait dit déjà : *La manière dont je vois distribuer l'éloge et le blâme donnerait au plus honnête homme du monde l'envie d'être diffamé.*

Cependant, que l'anathème retombe en ce moment sur les hauteurs philosophiques, objets des adorations de nos zoïles. Ce sont elles dont je vais prendre les conclusions.

La conséquence de ce livre, et de celui dont il est la suite et le complément, c'est donc :

Avec Chamfort, que *pour être heureux, en vivant dans le monde, il y a des côtés de son âme qu'il faut entièrement paralyser;*

Avec Fontenelle, qu'*il faut s'accoutumer à ne regarder l'homme que comme un pantin, et la société comme la planche sur laquelle il saute;*

Avec Voltaire, qu'*il faut conserver, si l'on peut, les intérêts qui nous attachent à la société, mais cultiver soigneusement les sentimens qui nous en séparent;*

Avec De Lassay: qu'*il faudrait avaler un crapaud tous les matins, pour ne trouver plus rien de dégoûtant le reste de la journée quand on doit la passer dans le monde;*

Avec Helvétius, que, *dans la société, l'honnête homme est une variété de l'espèce humaine;*

Avec Diderot enfin, que, *en vivant et en voyant les hommes, il faut que le cœur se brise ou se bronze.*

Qu'il se brise! cela n'est pas donné à tout le monde. Il faut une délicatesse exquise dont trop de personnes sont incapables.

Qu'il se bronze! le conseil s'adresse ici à plus de personnes. Il y a tant de gens dont l'indifférence a glacé le cœur, paralysé la tête, et qui voient tout sans rien sentir!

Ceux-là sont en réalité les heureux du siècle, si toutefois il y a du bonheur à se trouver au milieu d'hommes qui pensent et qui agissent, sans avoir une pensée qui nous appartienne, un sentiment qui puisse répondre à un sentiment.

C'est la position d'une statue, indifféremment pour elle couverte de guirlandes de fleurs ou d'urine ; ou, pour parler comme un contemporain, c'est le bonheur d'un *chien placé entre une pastille et un excrément, et ne trouvant d'odeur ni à l'un, ni à l'autre.*

La société semble aujourd'hui partagée entre ces hommes, qui ne sont rien du tout par la froideur et par la stérilité de leur caractère, et ces autres hommes, qui sont tout, au contraire, par la flexibilité, la mollesse et la complaisance du leur : *hommes mobiles*, ainsi que les a appelés un écrivain déjà cité, *dont l'âme est ouverte à toutes les impressions, dépendant de ce qu'ils voient, de ce qu'ils entendent, ayant une larme prête pour la belle action qu'on leur raconte, et un sourire pour le ridicule qu'un sot essaie de jeter sur elle.*

Ceci pourrait faire la matière d'un livre, mais le mien est fini, et puis j'en ai dit quelque chose dans mon précédent livre, au chapitre *De quelques Caractères comme on en voit beaucoup*, et à celui *Des Insignifiances*. Je n'ai rien à y ajouter.

Je couronnerai pourtant encore cet ouvrage par une citation qui en sera le résumé substantiel.

« Nous avons mis à nu toutes les plaies hon-
« teuses des temps modernes : ces vanités incura-
« bles, qui, n'accordant rien aux rangs inférieurs,
« ne veulent rien souffrir au-dessus d'elles ; cette

« soif inextinguible de l'or et des jouissances du
« luxe; cette haute opinion de soi-même, née du
« succès de quelques grossiers calculs; ce dé-
« dain de toutes les professions généreuses; cette
« haine de l'autorité; ce mépris des croyances, et
« cet attrait pour le vide, qui entraîne la jeunesse
« dans les systèmes les plus insensés. » (Cottu. *Résultats nécessaires*, etc. 1829.)

FIN.

TABLE DES CHAPITRES

CONTENUS DANS CE VOLUME.

	Pages.
Avertissement.	5
Quelques Réflexions au sujet des Hommes de lettres, et spécialement des Ouvrages dont les mœurs sont la matière	9
Coup d'œil général sur la Société	17
Ce qu'il y a dans la plupart de nos Démonstrations.	24
Comment nous sommes Amis de tout le monde.	28
De l'état du Pouvoir et des Supériorités parmi nous.	32
Que l'Esprit d'Indépendance est contraire à l'Esprit de Civilisation.	34
De la Susceptibilité, de ses causes et de ses effets dans nos mœurs actuelles	37
L'Orgueil des Infériorités ; de ses effets sur la Société.	42
Union, Amour, Philanthropie.	47
De l'Esprit de Diffamation et de Causticité	54
Que la Haine des Supériorités pousse souvent les hommes aux Professions purement lucratives.	59
Des Causes générales qui poussent les hommes aux Professions purement lucratives.	62

	Pages.
Suites des Causes générales qui poussent les hommes aux Professions purement lucratives	66
Des Effets des Richesses sur l'esprit de ceux qui les possèdent; et, en même temps, du Commerce dans ses rapports avec la prospérité publique et avec les mœurs privées	70
Pour faire suite au Chapitre qui précède	76
Du Commerce, considéré dans ses rapports avec les grandes Facultés de l'Esprit, et avec les Célébrités	81
Si les Siècles de l'Industrie portent en eux le germe de la perpétuité	85
Sur la rapidité des Fortunes	89
D'une Contradiction dans nos mœurs; et, à ce sujet, de la Richesse	94
Ce que nous recherchons dans les Emplois	97
Du Luxe, considéré dans son rapport économique et dans son rapport moral	99
Des rapports du Commerce et de la Propriété, avec l'Etat politique et avec l'Ordre public	104
Du genre de nos Etudes, et de nos Goûts en matière de Sciences exactes et d'Arts de convention	112
Les Parvenus	115
De quelques Grandeurs modernes	118
Que la Civilisation met la Supériorité hors de la force	121
Que l'état de Société met souvent entre les hommes des rapports inofficieux	124
Questions à faire sur l'Ignorance et sur le Savoir	128
De deux Choses vraies en morale, et pourtant contradictoires	132
Que les Honneurs de la popularité ne sont bien souvent que de l'opposition de la part de ceux qui les décernent	136

	Pages.
La Tactique.	139
Pourquoi tant de Haines contre les choses de la Religion.	143
Pourquoi la Haine et la Détraction s'attachent aux talens plutôt qu'aux vertus.	145
La Gloire des Hommes de lettres.	149
Une Manière de juger le Caractère de notre époque.	152
Nous exagérons tout, et nous ne persuadons personne.	156
L'Estime.	159
Que nos Besoins sont des modes nécessaires pour le bonheur.	162
Les Jugemens de la Fortune.	165
Les Débris du Passé, ou de l'ancienne Génération.	169
Rien de nouveau sous le soleil; et, à ce sujet, de la Jeunesse.	173
Traduction ou Paraphrase d'un petit poëme intitulé : *Les Jeunes Gens du siècle*.	177
Que nos Vertus ne sont pas des Habitudes.	181
De l'Originalité et de l'Imitation dans les habitudes de la vie.	185
Moyens de succès dans une mauvaise position; ou de ce que l'on doit faire dans des Professions devenues impopulaires, pour se les faire pardonner.	187
Que Plutarque a quelquefois radoté.	190
De l'Espérance.	197
De la peine de l'Emprisonnement.	201
Quelques Réflexions sur la pénalité.	205
Un Moyen d'être heureux.	213
Que la Malignité est toute autre chose que ce qu'elle nous paraît être.	216
La Liberté de nos esprits, comparée avec la Dissimulation de nos manières.	220

	Pages.
Si nous connaissons les Hommes. Un mot sur le caractère de leurs rapports	224
Qu'est-ce que l'Homme ?	227
Lequel vaut mieux vivre avec les Hommes ou avec les Livres ?	230
De l'Infatuation	236
Des Moyens de succès quand on écrit; et comment nous aimons les livres.	240
L'Esprit.	244
Que les Choses de la société ont une action quelconque sur les Choses du cœur	250
Ce que nous entendons par la Justice	253
Du Chant	256
Du Ton de beaucoup de nos Hommes de lettres, comparé avec les Produits de leur littérature	261
Ce que nous faisons de la Nuit.	266
Diverses propriétés du Soir	271
Le Plaisir	277
La Mode	281
Si la Destruction n'est pas un mode nécessaire	285
Des Choses antiques, et de leurs impressions	290
Des Choses modernes, et de leurs effets.	293
Les Monumens chrétiens	297
Qu'il n'y a rien de médiocre, d'insignifiant ou de vil, d'où ne puisse sortir quelque chose de merveilleux	300
Sur les Mémoires de Mme Roland	304
Des Connaissances de la Jeunesse en matière de Religion, et des Travers qui en sont le résultat.	311
Du genre, des moyens et de la multiplicité des Réputations.	315

	Pages.
De la Modération, dans ses rapports avec les opérations de la Pensée	318
De la Méchanceté franche et ouverte, comparée à la Vertu molle et indécise	325
De la Société des Salons	329
De la Calomnie et de la Forfanterie, dans leurs rapports respectifs, comme Moyens de popularité	334
Que la Haine sait aimer ; et que, plus elle paraît aimer, plus elle est la Haine	339
Quelques Idées sur l'Esprit de parti, les affections qu'on y porte, le prix qu'on en recueille	344
Sur les Affections politiques	348
Ce que c'est que notre Fidélité	351
Comment nous disons la Vérité	354
De quelques Maximes emphatiques, réduites à leur juste valeur ; et, par suite, de l'Autorité et de la Soumission	357
Du Courage, de ses espèces diverses ; et, par occasion, de la Complaisance et de la Mollesse du caractère	361
Ce que les Qualités des hommes doivent aux Choses extérieures	366
Des Lois, comme expression des mœurs	368
Les Hommes, considérés comme marchandises	371
Que les Emplois publics sont entrés dans le domaine de l'Intérêt privé	375
De l'Esprit de Spéculation ; de ses effets sur la société	379
De la Condition des Hommes dont l'éducation a fait des Supériorités intellectuelles, dans son rapport avec la Condition des Hommes dont l'argent a fait des Supériorités physiques	385
Quelques Effets de l'Exubérance de l'Industrie, et particulièrement de la Mendicité comme un de ses résultats	389

	Pages.
De l'Industrie dans l'ordre moral	397
Des Prospérités qui font notre application et nos joies.	401
L'Egoïsme partout	404
Du Fanatisme et de la Tolérance ; en d'autres termes, de la Conviction et de l'Indifférence dans nos mœurs actuelles.	408
De la Religion et du Code pénal.	415
Conclusion.	420

FIN DE LA TABLE.